가상화 기술의 새로운 패러다임

SOI(Service Oriented Infrastructure)

한국IBM 시스템 테크놀로지 그룹 지음

가상화 기술의 새로운 패러다임

SOI(Service Oriented Infrastructure)

한국IBM 시스템 테크놀로지 그룹 지음

한국경제신문

가상화 기술로 변화의 파도를 넘어라

IT 인프라스트럭처를 구성하는 서버와 스토리지 등의 시스템 요소는 빠르게 발전하는 기술로 인해 제품 간의 경쟁이 격화되면서 성능의 차별화가 어려워지고 있습니다. 그렇다고 해서 성능이나 도입 비용의 단순한 비교만으로 수년 동안 기업 또는 기관의 경쟁력을 좌우할 수 있는 IT 인프라스트럭처를 결정하는 것은 위험한 일입니다. 왜냐하면 비슷한 성능이라 할지라도 어떻게 구성하고 활용하느냐에 따라 그 결과는 많이 달라질 수 있기 때문입니다. 가상화는 이런 환경에서 시스템을 이용하고 관리하는 기법의 중심이며, 오늘날 가장 중요한 시스템 기술 가운데 하나입니다.

메인프레임에서 처음 사용되기 시작한 가상화 기술은 이제 모든 서버와 스토리지, 그리고 네트워크 등에 이르기까지 다양한 방법으로 구현되면서 서버와 스토리지 통합을 촉진함은 물론 대규모의 인프라스트럭처를 효율적으로 관리하고 총 소유 비용을 절감할 수 있도록 도와 줍니다. 또한 요즘 많은 데이터 센터들이 안고 있는 전력 문제를 해결할 수 있는 중심 기술로 발전하고 있습니다. 이러한 시점에 본 책을 통해서 가상화의 기능

원리를 일목요연하게 정리해 하드웨어 및 소프트웨어 인프라스트럭처가 지닌 가치를 비즈니스 관점에서 효과적으로 판단하고 평가할 수 있도록 했습니다.

또한 최근 주요 관심사로 대두한 서비스 지향 아키텍처(SOA)의 구현에 시스템이 기반 기술로 지원할 수 있어야 한다는 측면에서, SOA 개념을 인프라스트럭처에 접목시켰습니다. 이에 따라 SOA를 효과적으로 지원할 수 있는 인프라스트럭처를 SOI라고 정의했으며, 이에 대한 새로운 가치를 전달합니다.

이 밖에 오랜 경험을 바탕으로 최신 비즈니스와 기술 동향을 연계해 SOI 기반의 새로운 가상화의 흐름을 기술했습니다. SOA와 SOI는 최근에 더욱 강조되는 '속도 경영'을 위한 기반 아키텍처로서 유연성Flexibility과 재사용성Reuse을 바탕으로 기업의 경쟁 우위를 한 단계 업그레이드시켜 줄 것입니다. 특히 최근에 출시된 IBM POWER6를 포함해서 시장에 나와 있는 다양한 가상화 기술들을 일목요연하게 분류하고 정리해 기본적인 IT 지식이 있는 독자들이라면 누구나 쉽게 이해할 수 있도록 단순 명료하게 풀어 놓았습니다.

이 책은 크게 7개의 장으로 나누어져 있습니다. 1장은 빠르게 변하는 기업 운영 환경에서 SOA와 SOI의 필요성을 제기하면서 가상화의 기본 개념을 중심으로 서술했습니다. 2장에서 4장까지는 SOI의 계층 구조에 따라 인프라스트럭처 자원 가상화(2장), 인포메이션 가상화(3장), 워크로드 가상화(4장) 순서로 설명했으며, 가상화된 운영 환경을 효율적으로 관리하기 위한 가상화 운영 환경 관리(5장)를 다루었습니다. 그리고 다양한 가상화 기술들 중에서 일부를 선별해 가상의 문제 상황에 맞추어 적합한 가상화 기술 요소를 적용해 나가는 시나리오(6장)를 실었으며, 마지막으로 기업의 IT 인프라스트럭처는 비즈니스와 함께 혁신되어야 한다는 의견

(7장)과 함께 끝맺고 있습니다.

이 책이 가상화라는 IT 기술에 관심 있는 분들에게 많은 도움이 되기를 기대할 뿐만 아니라, 기업 운영의 근간이 되는 IT 인프라스트럭처를 더욱 역동적으로 전환시켜 줄 가상화 기술을 업무 환경에 적용하는 적극적인 체험에 도움이 되길 바랍니다. 그럼으로써 가상화 기술이 가진 무한한 잠재 가치를 고객 여러분과 함께 경험할 수 있기를 진심으로 기대합니다.

2007년 9월
한국IBM 시스템 테크놀로지 그룹
전무 김 태 영

차 례

I

비즈니스 **혁신과 가상화**

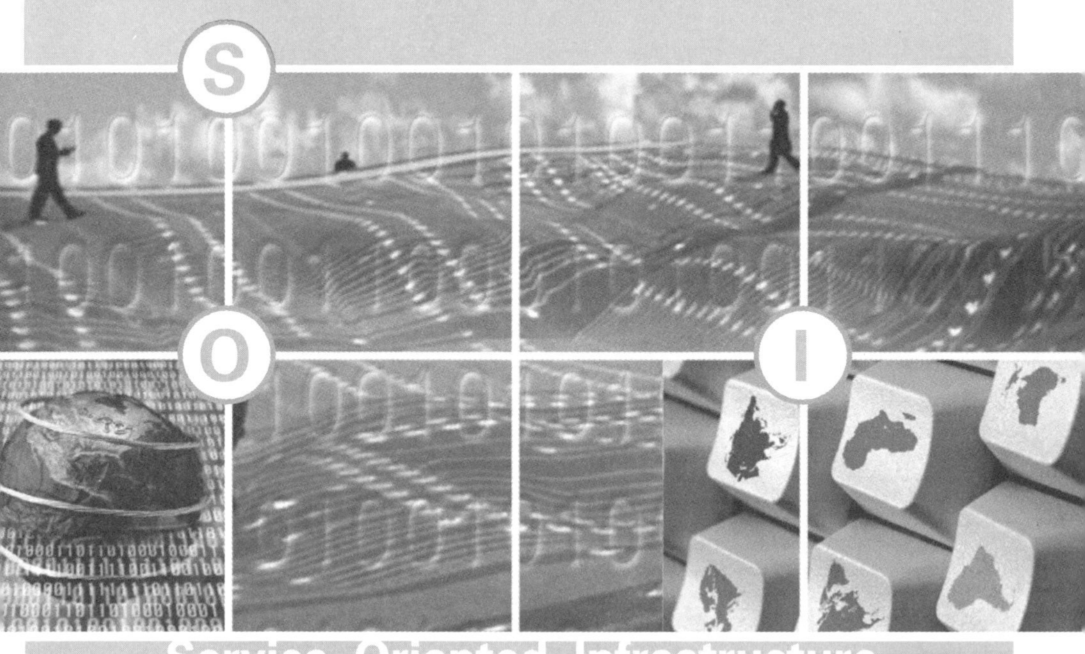

01 비즈니스 혁신 과제 :
서비스 지향 환경 구축

1. 비즈니스 환경의 변화

소비자의 취향이 바뀌고, 경쟁도 점점 심해지는 비즈니스 환경에서 변화는 어느 기업이든 피할 수 없는 화두로 떠오르고 있다. 이미 많은 변화가 예견되는 상황에서, 어느 기업도 현재 비즈니스 환경에서 잘하고 있다는 이유를 들어 미래에도 잘할 수 있다고 확신할 수 없다. 기업들은 과거에도 변화를 강조해 왔고 그러한 변화에 대응하기 위해서 많은 노력을 기울여 왔다. 또한 앞으로도 향후 비즈니스의 변화 등을 예측해 새로운 사업부를 출범하거나 인수·합병을 통해서 새로운 사업에 진출하기도 하고 완전히 다른 업종으로 전환하기도 하는 등의 노력을 기울일 것이다.

그러면 현재 이야기되고 있는 변화와 과거의 변화에는 어떤 차이가 있는가? 한마디로 이야기하면 유연성과 속도라고 말할 수 있다. 과거에는 변화를 미리 예측하고 이에 따라 비즈니스 형태를 변화시켜 왔지만 현재에는 이러한 변화를 예측하기가 매우 어렵다. 소비자의 행동 패턴도 과거와는 아주 다르고 자주 바뀐다. 그뿐만 아니라 경쟁도 과거와 비교할 수 없을 정도로 치열하다. 또한 정부의 규제가 강화되고 기업과 기업 사이의 인수·합병도 활발하기 때문에 과거와 같이 미리 예측하고, 그에 대응하는 형태로는 현재의 변화 속도를 따라갈 수 없다. 또한 지금 같은 경쟁 상황에서 서로 비슷한 상품과 서비스를 제공하다 보니 경쟁 업체와의 차별성을 보여 주기가 매우 어렵다.

한 보고서에서는 1965년 매출액 100위권에 존재했던 기업 중 2004년에 생존한 기업이 12개뿐이라고 한다. 미국의 경우, 1955년 '포천Fortune 선정 500대 기업'에 들었던 기업 중 1994년까지 생존한 기업은 160개이다. 32%가 살아남았다는 얘기다. 또 다른 보고서에 따르면, 한국의 매출액 100대 기업 가운데에서 10년 넘게 살아남은 기업은 1991년부터 2004년까지 평균 66개 정도인 것으로 조사되었다. 미국의 경우에 10년 동안 존속했던 기업은 1965년부터 1994년까지 평균 343개로, 100대 기업으로 환산했을 때 69% 정도가 존속하는 것으로 나타났다. 미국에 비해서 한국 기업의 생존율이 더 낮은 것은 한국의 기업 환경 변화가 그만큼 더 크다는 것을 말해 준다. 미국과 한국의 경우 모두 최근으로 올수록 10년 이상 존속한 기업의 숫자가 적어진다. 현대의 기업 환경이 과거에 비해서 그만큼 힘들어졌음을 보여 주는 것이다.

속도의 경제

산업 시대를 거쳐 현대 정보 사회로 오면서 기업의 경제적 우위성을 확보하는 방법에 많은 질적 변화가 일어났다. 산업 시대에는 대규모 생산을 통한 규모의 경제Economy of Scale 또는 학습 경제Economy of Study 등이 우위성 확보의 수단이었다. 그러나 다품종 소량 생산 시대를 거친 후 기업은 개인이 하나의 시장을 구성하는 분자 시장Molecular Market을 겪고 있다. 일명 다핵화Multi-cores라고도 일컫는 이러한 시장 변화는 기업들 입장에서는 결코 바람직한 현상이 아니지만 어쩔 수 없이 부딪혀야 하는 상황이다.

예측할 수 없는 비즈니스 환경에서 갑작스러운 변화에 잘 대응할 수 있도록 해 주는 비즈니스의 유연성, 그리고 변화가 생기면 다른 경쟁 업체보다 빠르게 대응할 수 있는 속도는 그러한 환경에서 다른 기업에 견주어 차별성을 보여 줄 수 있는 유일한 수단이라고 말할 수 있다. 유연성과 속도는 사실 떨어뜨려 생각할 수 없다. 유연성이 없으면 속도를 낼 수 없다. 현재의 많은 변수를 미리 예측하고 거기에 맞추어 비즈니스 모델을 변경할 수 없기 때문에 어떤 변화가 있더라도 수용할 수 있는 비즈니스 체질을 갖추어 놓아야 한다. 그리고 변화가 감지되었을 때 이를 반영해서 비즈니스 모델을 변경할 수 있다면 그렇지 못한 기업과는 차이가 날 수밖에 없다.

협업 체제로 전환

어떤 설문 조사에서 75퍼센트 이상의 CEOChief Executive Officer들이 기업의 성장을 위한 혁신 과정에서 협업Collaboration과 파트너십Partnership이 매우 중요하다고 지적했으며, 인터넷이나 R&D와 같은 전통적인 아이디어의 출처보다는 직원·비즈니스 파트너·고객순으로 중요한 아이디어의 출처를 꼽았다. 또한 CEO들은 외부 협업에서 무한한 혁신 잠재력을 발견하고 있지만 대부분의 CEO는 원하는 수준으로 협업을 진행하기 어렵다고 털어놓는다. 이런 상황에서 기업들은 기업 내부 및 외부에서 성공적인 협업을 위해 강력하고 세계적인 지적 재산 관리 시스템을 구축해야 한다.

CIOChief Information Officer는 CEO들이 비즈니스를 깊이 있게 살펴본 후, 개방 및 협업을 실시할 부분과 그대로 독점을 유지할 부분을 결정하도록 지원할 수 있어야 한다. 왜냐하면 CIO는 기업의 이런 의사 결정을 단순화할 기술 및 프로세스에 대한 전문 지식을 보유했을 것이라고 기대되기 때문이다.

2. 변화에 대한 IT 경쟁력 확보 방안

765명에 이르는 세계의 CEO · 기업 임원 · 공공 부문 리더들을 대상으로 혁신이라는 주제를 가지고 진행된 'IBM GLOBAL CEO STUDY 2006'에서, 대부분의 CEO들은 자신의 조직이 향후 2년에 걸쳐 변화의 물결에 휩쓸릴 것으로 예측했다. 그리고 조직에 근본적인 변화를 추진할 필요성이 있다고 대답했다. 또한 CEO들은 당연히 그러한 변화를 달성하기 위해 혁신이 반드시 필요하다고 지적했다.

이 행사를 통해 CEO들이 비즈니스의 성공을 위해 중요하다고 생각하는 키 이니셔티브Key Initiatives를 도출했다. 그 중에서 '비즈니스 모델 혁신', '외부와의 협력', '비즈니스와 기술의 통합'을 가장 중요한 3대 이슈로 도출했다. 또한 CEO들은 유연하지 않은 IT 인프라와 불충분한 정보 액세스를 혁신 저해의 주요 장애물 가운데 하나로 꼽았다.

본 연구 결과는 모든 기업 리더들에게 중요한 메시지를 전달하지만, 특히 IT 인프라 차원에서 기업의 혁신 활동을 지원하고 촉진해 온 CIO들에게 나름대로 중요한 시사점을 던진다. 왜냐하면 이를 통해 CIO는 CEO들이 가진 혁신에 대한 견해를 이해하는 한편, 기업의 혁신 활성화 방법과 함께 기업의 혁신적 에너지를 집중하는 분야를 파악할 수 있기 때문이다.

따라서 혁신 촉진의 역할을 맡을 것으로 예상되는 CIO들은 강력한 전망과 방향을 제시하면서 전사적 혁신 노력을 지휘할 수 있는 전문 리더십 역량을 갖추어야 한다. 문제는 CIO들이 혁신 마인드를 가지면서 효율적인 인프라를 능동적으로 구축할 자세는 가지고 있지만 어디부터 시작해야 하는지를 모를 때 발생한다. 여기에서는 그러한 CIO들의 고민을 유연한 IT 인프라 차원에서 해결하는 방법을 제시하려 한다.

혁신과 성장

톰 프리드먼Tom Friedman이나 리처드 플로리다Richard Florida와 같은 저명한 경제 분석가들은 대부분 경영 환경이 근본적으로 변화한다는 점에서는 사실상 의견을 같이한다. 그들은 모두 환경을 변화시키는 힘 중에서 심화된 경쟁, 상승하는 고객 기대치, 예상치 못한 시장 변화 등과 같은 시장의 힘을 가장 중요한 원인으로 꼽는다. 예를 들어, 중국이나 인도와 같은 BRICs—브라질Brazil, 러시아Russia, 인도India, 중국China의 영문 첫 글자를 딴 경제 신조어—국가들의 등장과 같은 경제적 지각 대변동, 고령화 추세에 따른 인구학적 구성 변화, 인터넷 기반의 광대역 통신망Broadband의 보급 등이 대표적인 시장 변화로 떠오르고 있다.

이처럼 세계화와 기술의 발전으로 인해 경쟁 수준이 한 차원 높아졌으며, 동시에 차별화 기회도 그 어느 때보다 많아졌다. 성장뿐만 아니라 심지어 생존조차도 혁신에 의해서 좌우된다. 발명이 노력과 실험, 그리고 때때로 운에 의해서 이루어지는 반면에, 혁신은 기술과 리더십에 의해서 좌우된다. 즉, 혁신의 초점을 집중시킬 곳을 파악하고, 혁신에 이상적인 환경을 만들어 주는 것이 무엇보다 중요하다. 물론 번뜩이는 창의력이 혁신에서 큰 역할을 하지만 CEO는 혁신이 시스템에 의해서 이루어질 수 있도록 방안을 모색해야 한다. 그들에게 왜 혁신을 하느냐고 묻는다면 이렇게 답변할 것이다.

"남보다 앞서 나가고 성장하기 위해서 혁신을 한다."

기술은 새로운 제품 및 서비스 개발의 혁신과 비즈니스 및 운영 모델의 혁신을 촉진하는 촉매제이다. 혁신 잠재력을 십분 활용하기 위해서는 기술과 관련된 전문 지식을 비즈니스 및 마케팅 통찰력Insight과 통합해야 한다. 단순히 새로운 하드웨어를 설치하거나 새로운 애플리케이션을 설치하는 것만으로는 충분하지 않다.

혁신을 통한 유연한 비즈니스의 확보

혁신의 유형에는 [표 1-1]과 같이 비즈니스 모델의 혁신, 운영의 혁신, 제품 및 서비스의 혁신 세 가지가 있다. 그 가운데에서 일반적으로 비즈니스

표 1-1　혁신의 3가지 유형

분야	혁신의 내용	접근 방안
비즈니스 모델	비즈니스 구조 및 재무 모델의 혁신	컴포넌트화
운영	핵심 프로세스와 기능의 효과성과 능률을 개선하는 혁신	서비스화
제품 및 서비스	제품, 서비스 또는 시장(Go-to-Market) 활동에 적용되는 혁신	철저한 시장 분석

방식을 근본적으로 바꾸어 수익을 창출하는 비즈니스 모델의 혁신은 다른 두 가지 혁신보다 더 중요한 차별화 요소로 파악되고 있다. 왜냐하면 비즈니스 모델의 혁신으로 인한 경쟁 우위는 다른 혁신에 비해서 더 오래 유지되기 때문이다.

이처럼 비즈니스 모델의 혁신이 중요성을 인정받는 가운데, 비즈니스 모델 혁신을 수행한 기업들 중에서 절반 이상이 비용 감축과 전략적 유연성을 비즈니스 모델 혁신으로 얻을 수 있는 최고의 이점으로 생각하고 있다. 비즈니스 모델 혁신을 통해 기업들은 전문화될 수 있고, 성장의 기회를 포착하기 위해서 더 신속하게 움직일 수 있다. 전체적으로 비즈니스 모델 혁신이 기업을 더 민첩하고 대응력 있게 변화하도록 도와 주며, 비용 절감에도 효과적이다.

비즈니스 모델 혁신을 위한 선행 조건으로 기업과 IT 조직은 자신의 현재 비즈니스 모델을 정확하게 이해할 수 있어야 한다. 이를 위한 한 가지 방법은 운영을 개별 프로세스로 분류하거나 '컴포넌트화' 하는 것이다. 컴포넌트화는 IT가 비즈니스 운영을 전문적으로 지원하는 방법을 파악하는 체계적인 수단을 제공한다. 비즈니스 및 IT 리더들은 컴포넌트화를 통해 자신을 차별화하는 핵심 강점과 비즈니스의 주요 추진 요소를 파악할 수 있다. 많은 기업들은 이러한 '컴포넌트 비즈니스 모델링' 기술을 활용해 IT 프로세스 개선 및 기업을 위한 더 높은 효율성과 가치를 촉진할 수 있는 소싱Sourcing 전략을 파악할 수 있다.

유연한 비즈니스는 유연한 IT 인프라와 함께

비즈니스의 유연성과 속도를 갖추기 위해서는 IT 인프라의 유연성이 필수 요소이다. 그러나 기존 IT 인프라는 이러한 비즈니스의 유연성과 속도의

 가상화 기술의 새로운 패러다임

필요성을 충족하기가 매우 어려운 상태이다. 소비자의 욕구 변화나 새로운 경쟁자의 등장과 같은 경쟁 상황의 변화가 나타났을 때 기존 IT 인프라의 경우, 이러한 변화를 분석해서 어떻게 IT 인프라에 반영할지 비로소 설계하고, 개발하고, 적용하는 것이 보통이다. 과거에는 이러한 방식을 사용해도 문제가 없었다. 하지만 오늘날과 같이 변화의 속도가 빠를 때 전통적인 방식을 사용해 IT 인프라를 변경하면, 그것이 완료되는 시점에 이미 또 다른 변화가 생겨서 소용없는 경우가 생긴다. 즉, IT 인프라의 변화가 상대적으로 너무 늦어 비즈니스 환경 변화를 따라가지 못한다. 심하게 이야기하면, IT 인프라가 기업 경쟁력을 약화시킨다는 평가를 받기도 한다.

▎ 새로운 IT 패러다임 : 서비스 지향 아키텍처

따라서 전통적인 IT 인프라와는 다른 패러다임이 필요한데, 그것이 바로 서비스 지향 아키텍처Service Oriented Architecture(SOA)이다. 서비스 지향 아키텍처는 변화에 따라 '적절한 시기'에 '적절한 방법'으로 대응할 수 있는 IT 인프라를 구축할 수 있도록 하는 개념이다. 이를 위해서 기업 내부 프로세스와 애플리케이션들을(물리적인 자원까지 포함해) 각각 '서비스'라는 기본적인 기능 단위로 나누는 것이 필요하다. 이들 서비스를 레고 블록처럼 연결해 원하는 기능을 수행하도록 구성하고, 환경이 바뀌었을 때 이 변화를 반영해 서비스의 연결 구성을 바꿔 새로운 기능을 제공하도록 쉽고 빠르게 구성할 수 있도록 하는 것이다. 사실 각각의 애플리케이션을 컴포넌트로 잘게 나눈다는 생각은 과거부터 존재했지만 민첩성을 갖도록 '속도'라는 특성을 부여한 것이 서비스 지향 아키텍처이다(P.22의 [그림 1-1 참조).

▎ 협업을 가능하게 하는 서비스 지향 아키텍처

서비스 지향 아키텍처 접근 방식은 또한 기업에게 내부 협업 과제를 해결

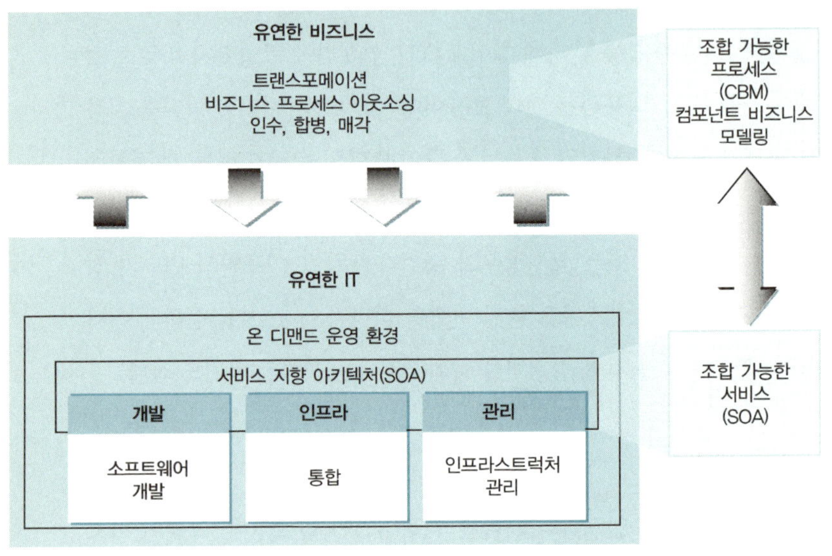

하고 외부 시스템과의 협업을 촉진하도록 지원한다. 표준 기반의 서비스 지향 아키텍처는 통신을 어렵게 만드는 '점 대 점Point-to-Point' 솔루션에서 벗어나기 위한 표준 프로토콜Protocol과 프레임워크Framework를 제공한다. 이를 통해 기업의 방화벽을 넘어 기업 내부 및 외부의 정보를 더욱 쉽게 공유할 수 있도록 만들어 준다. 또한 서비스 지향 아키텍처를 통해서 협업하는 기업들은 어느 한쪽에서 변경되더라도 연결 상태를 유지할 수 있다. 그리고 각 기업이 보유한 IT 환경의 기본적인 기술의 복잡성을 사용자가 인식하지 못하게 감추고, 조직 경계에 걸쳐 있는 비즈니스 프로세스를 더욱 쉽게 통합할 수 있도록 지원한다. 시간이 지남에 따라 서비스 지향 아키텍처는 시스템 연결 및 시스템 협업 비용을 줄여 주고 기업의 협업 방법을 넓혀 줄 것이다. 그리고 무엇보다 하나의 업체에 종속될 수 있는 기존 문제점에서 자유로워져 어떤 솔루션을 구현하든 결정 당시의 절대 가치 기준으로 시스템을 결정할 수 있다.

이제 기업은 시장 환경에 대응력이 높은 온 디맨드on Demand 기업으로 가기 위한 필수적인 아키텍처를 서비스 지향 아키텍처가 제시한다고 본다. 즉, 서비스 지향 아키텍처를 통해서 유연한 IT 인프라를 구축하고, 이를 통해서 비즈니스 변화에 신속하고 적절하게 대응함으로써 기업의 경쟁력을 높이고 성장할 수 있는 기반을 마련할 수 있다고 보는 것이다. 변화를 주도하는 기업만이 미래에 승자가 될 수 있으며, 서비스 지향 아키텍처가 그것을 가능하게 해 줄 수 있을 것이라고 예측하기 때문이다.

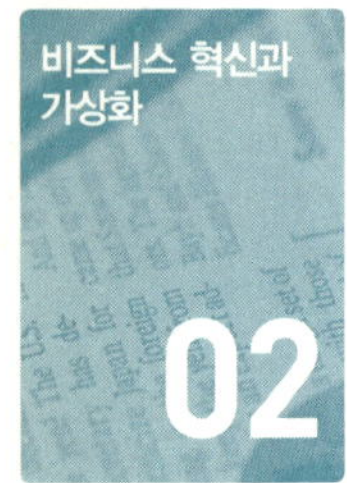

02 서비스 지향 아키텍처와 서비스 지향 인프라스트럭처

1. 서비스 지향 아키텍처

보는 관점에 따라 다양하게 서비스 지향 아키텍처를 정의할 수 있지만 가장 일반적으로 통용되는 서비스 지향 아키텍처의 정의는 다음과 같다.

> 서비스 지향 아키텍처Service Oriented Architecture(SOA)는 비즈니스 프로세스와 그것을 지원하는 IT 인프라스트럭처Infrastructure를, 변화하는 비즈니스 우선 순위에 따라 재사용 또는 결합 가능한 컴포넌트로 통합하는 표준화된 프레임워크이다.

간단히 말해서 서비스 지향 아키텍처는 IT 인프라에 대한 기업의 새로운 아키텍처 스타일로서, 이름 그대로 서비스 지향 아키텍처이다. 서비스 지향 아키텍처가 무엇인지를 직관적으로 이해하기 위해 p. 25의 [그림 1-2]를 살펴보자. 각각의 서비스를 서로 다른 음표라고 볼 때 이러한 음표들

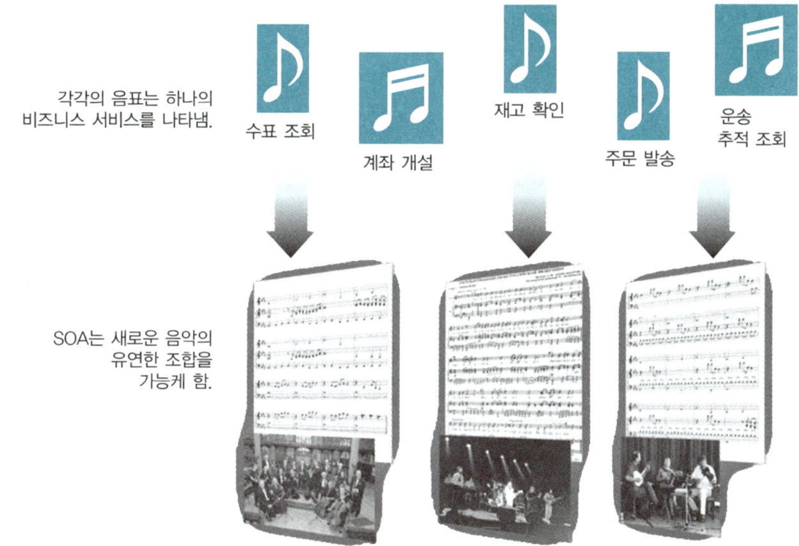

을 조합해서 새로운 음악을 만드는 방식이 서비스 지향 아키텍처 방식이라고 쉽게 이해할 수 있다.

구성 요소

서비스 지향 아키텍처에서 이야기하고 있는 '서비스Service', '서비스 지향 Service Oriented', '컴포지트 애플리케이션composite application'에 대해서 잠깐 살펴보기로 한다(p. 26의 [그림 1–3] 참조).

| 서비스   기업에서 반복적으로 사용이 가능하며 동시에 구분될 수 있는 업무 단위로 정의할 수 있다. 서비스는 개별 기능을 수행하는 단위로서 다

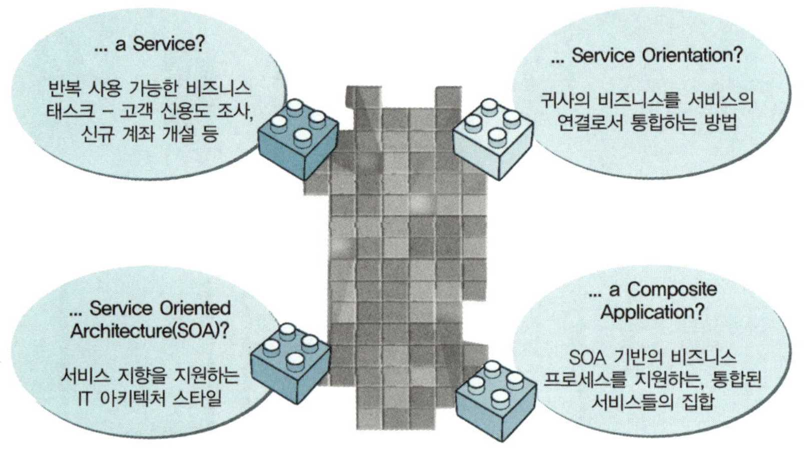

른 서비스와는 독립적으로 정의된다. 예를 들어 해외 배낭 여행을 위한 계획을 수립할 때, 패키지 여행 상품을 선택하는 대신 본인이 직접 항공권을 예약하고, 인터넷에서 호텔을 예약하고, 렌터카도 예약한 후 자유롭게 여행할 수 있다. 서비스라는 것은 바로 항공권 예약, 호텔 예약, 렌터카 예약과 같은 업무 단위를 말한다.

│ 서비스 지향 이미 정의된 서비스를 서로 연결해 특정한 기능을 하거나 특정한 요구 사항을 충족하는 방식을 말한다. 예를 들어 미국이나 일본 여행에서 항공권 예약이나 호텔 예약 기능은 공통으로 사용되니까 재활용하면 된다. 그리고 일본 여행에서 사용한 온천 관광 서비스를 미국 여행에서는 그랜드 캐니언 관광이라는 대체 가능한 서비스로 변경하기만 하면 된다.

│ 서비스 지향 아키텍처 '서비스 지향' 비즈니스를 지원하는 IT 아키텍처 스타일을 말한다. IT 인프라와 소프트웨어 등이 단일 프로세스만을 지

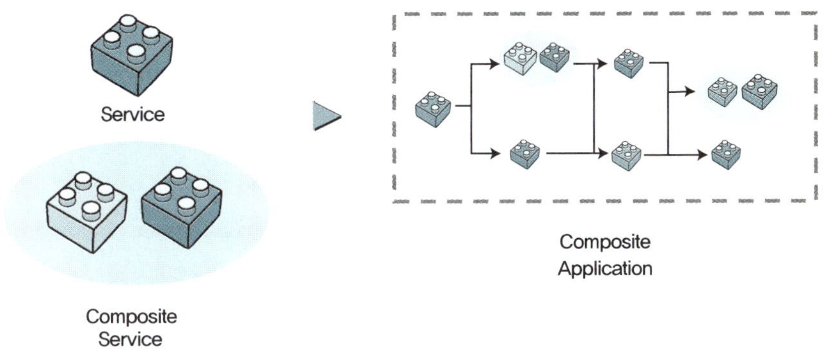

원하는 기존의 수직 방식이 아닌, 반복 사용 가능한 서비스 단위를 지원하기 위한 방식으로 구성하는 것이다.

| **컴포지트 애플리케이션** 서비스 지향 아키텍처 기반의 비즈니스 프로세스를 지원하는 통합된 서비스들의 집합이다. 따라서 컴포지트 애플리케이션은 비즈니스가 수행하는 것을 도와 주기 위해 조합·결합·수행되는 서비스들이다. 서비스 지향 아키텍처는 복합 애플리케이션을 더 빠르면서도 쉽게 만들고 변경할 수 있도록 도와 준다([그림 1-4] 참조).

p. 28의 [그림 1-5]는 서비스의 개념을 오브젝트와 컴포넌트에 대비해서 설명한 것이다. 이들 모두 재사용Reuse 가능한 것에 초점을 맞추어 개발된 개념이지만, 기능과 범위에서 차이가 있다. 오브젝트Object는 대표 이름과 속성 값을 가지는 하나의 개체Entity로서 클래스Class라는 미리 정의된 틀에서 반복해서 생산된다. 마치 자동차 공장의 금형 틀에서 동일한 형태의 자동차 외형이 만들어지는 것과 같다. 컴포넌트는 오브젝트들을 통해 구현되는 단순한 동작이나 기능을 서술한 것으로, 반복 사용이 가능한 일종의 함수나 루틴Routine의 집합으로 볼 수 있다. 반면에 서비스는 오브젝

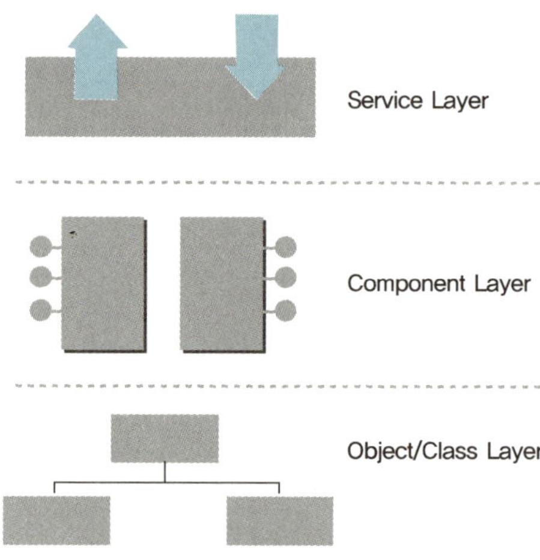

트와 컴포넌트들을 포괄하는 개념으로서 좀 더 의미 있는 기능을 할 수 있는 반복 사용 가능한 활동 단위이다. 하나의 애플리케이션 자체가 서비스가 될 수도 있으며, 여러 개의 단위 애플리케이션이 모여 하나의 서비스를 구성할 수도 있다.

기대 효과

서비스 지향 아키텍처를 구현했을 때 얻을 수 있는 이점은 아래와 같이 크게 다섯 가지로 나누어 볼 수 있다. 다른 기술들도 이와 비슷한 효과를 얻을 수 있다고 주장한다. 하지만 많은 비즈니스 전문가 및 IT 전문가들은 서비스 지향 아키텍처가 아래에서 열거된 이점을 현실화할 수 있는 가장 유력한 대안이라는 사실에 대부분 동의한다.

첫째, 비즈니스의 유연성을 높여 준다.

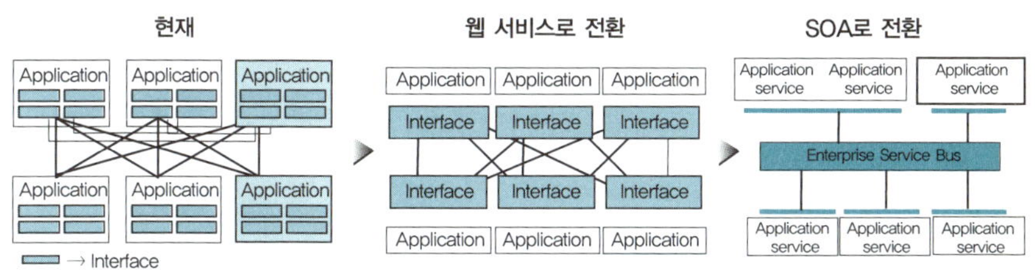

둘째, 좀 더 나은 비즈니스 프로세스를 가능하게 한다.

셋째, 통합을 더 쉽게 해 준다.

넷째, 자산의 재사용을 가능하게 해 준다.

다섯째, 비즈니스의 위험을 낮추어 준다.

서비스 지향 아키텍처의 효과 중 하나인 비즈니스 유연성의 증대를 좀 더 직관적으로 표현하면 [그림 1-6]과 같이 나타낼 수 있다. 기존 방식을 따를 경우, 각각의 서비스들이 서로 통신할 때에는 개별 경우마다 서로 이해할 수 있는 인터페이스를 모두 가져야 하며, 없는 경우에는 새로 개발해야 한다.

그러나 만약 인터페이스를 통일하고 점차 줄여서 그림의 맨 오른쪽 (SOA로 전환)과 같이 서비스 지향 아키텍처의 최종 단계에 이르면, 각 서비스들은 단일 인터페이스를 통해 다른 모든 서비스들과 자유롭게 교류할 수 있다. 따라서 기존 서비스들끼리의 자유로운 조합이 가능할 뿐만 아니라 새로운 서비스가 출현하더라도 기존 서비스들에게 아무런 변화를 일으킬 필요가 없다. 새로운 서비스만 공통 인터페이스를 따르기만 하면, 어떤 서비스들과 통신한다 해도 아무런 문제가 없기 때문이다.

서비스 지향 아키텍처 기반 표준 기술 : 웹 서비스

서비스 지향 아키텍처는 최근에 탄생한 새로운 개념이 아니다. 이전부터 서비스 지향 아키텍처 원칙을 바탕으로 개발되어 성공적으로 활용되는 솔루션 사례도 많이 있다. 다만 이들 솔루션들이 대부분 독점적이고 값비싼 방식으로 적용되어 전사 또는 여러 기업 및 협력 업체에 확장하기가 어려웠을 뿐이다. 달리 말한다면, 서비스 지향 아키텍처를 구현하기 위해서 그와 관련된 필수 표준 기반 기술들이 개발되지 않았을 뿐이라는 얘기다.

최근 들어 서비스 지향 아키텍처가 잘 알려지게 된 원인은 서비스 지향 아키텍처 기반 솔루션의 도입을 더욱 저렴하고 생산성 있게 만들어 주는 표준에 관한 신기술들이 많이 나왔기 때문이다. 그러한 새로운 표준 기술들 중에서 대표적인 기술이 바로 웹 서비스Web Services 기술이다. 웹 서비스라는 표준 기술은 서비스 지향 아키텍처를 위한 최적의 핵심 기술로서 여러 소프트웨어 업체에게 널리 받아들여지고 있다. p. 31의 [그림 1-7]과 같이 특히 XML 기반의 WSDL, SOAP 및 UDDI의 개방형 웹 서비스 표준은 공급 업체와 소프트웨어 프로그램 사이의 비표준 장벽을 부순다는 점에서 더욱 중요하다.

왜냐하면 기업에서 이미 가지고 있는 IT 시스템은 서로 다른 기술을 사용하기 때문에 이들 시스템을 서로 연결하는 데에는 비용이 많이 들고 시간도 필요하다. 이러한 시스템에 개방형 웹 서비스 기술을 적용해 서비스 지향 아키텍처로 재구성하면 각각의 시스템 연결을 위한 시간과 비용을 절감할 수 있고 'JITJust-in-time(적시)' 통합이 가능해진다.

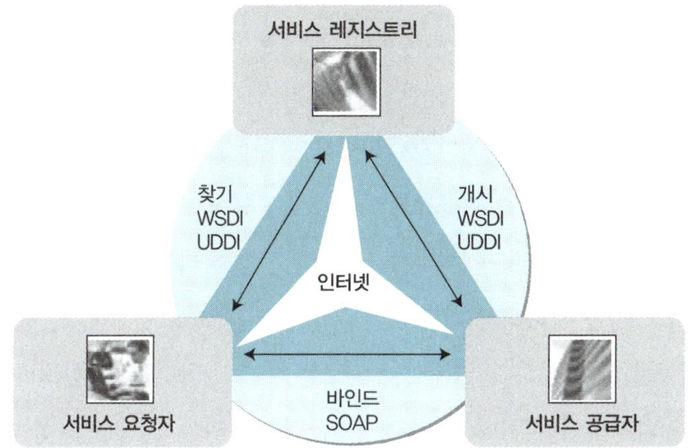

2. 서비스 지향 인프라스트럭처

원래 서비스 지향 아키텍처의 구현은 IT 인프라스트럭처의 업그레이드를 반드시 요구하는 것은 아니며 기존 인프라를 그대로 사용할 수 있다. 하지만 다가올 서비스 지향 아키텍처 환경을 원활하게 지원할 수 있는 유연성과 재사용성을 자체적으로 갖추지 못할 경우, 새롭게 구축된 서비스 지향 아키텍처의 가치는 완전하게 구현되지 못하고 제한적으로 수행될 수밖에 없다.

예를 들어 서비스 지향 아키텍처로 인해서 비즈니스는 새로운 유연성을 가질 수 있는 반면에 기존 IT 인프라스트럭처를 위태롭게 할 수 있는 예측하기 힘든 수요의 폭발을 겪을 수도 있다. 그러므로 일정 수준 이상의 서비스 수준Service Level Agreement에 부합하지 못할 수 있다.

유연성과 재사용성을 지닌 IT 인프라스트럭처

서비스 지향 아키텍처 구축으로 인한 혜택을 최대로 끄집어내기 위해서라도 각 기업들은 현재 운영 중인 IT 인프라스트럭처의 유연성, 성능, 관리성, 가용성 등을 재평가할 필요가 있다. 이처럼 서비스 지향 아키텍처의 성공 여부는 기존 IT 인프라스트럭처의 복잡성에 크게 의존한다. 특히 대규모로 분산된 글로벌 기업일수록 그러한 경향은 더욱 커진다.

서비스 지향 아키텍처 기반 비즈니스 형태의 가장 큰 특징인 유연성과 재사용성을 뒷받침하기 위해서는 새로운 수준의 굳건한 IT 인프라스트럭처가 뒷받침되어야 한다. 여기에서 '굳건하다'라는 의미는 고성능, 안정성, 고가용성, 신뢰성, 보안성이 높다는 의미다. 더구나 기업들이 서비스 지향 아키텍처에 대한 투자로 최대의 성과를 얻어 내려고 한다면, 서비스 지향 아키텍처 모델에 적합하도록 기존의 IT 인프라스트럭처를 재구성하고 변경할 필요가 있다. 달리 말하자면 서비스 지향 아키텍처를 전사적으로 도입할 때에는 비즈니스 프로세스와 좀 더 밀접한 애플리케이션의 구성 및 변경만 고려할 것이 아니라, 관련된 하드웨어 인프라스트럭처까지 함께 고려해야 한다는 의미다.

굳건한 IT 인프라스트럭처

서비스 지향 아키텍처를 지원하면서 시간에 따라 진화할 수 있는 유연한 IT 인프라스트럭처를 서비스 지향 인프라스트럭처Service Oriented Infrastructure (SOI) 또는 서비스 지향 아키텍처 인프라스트럭처SOA Infrastructure (SOAI)라고 일컬을 수 있다. 오늘날 IT 인프라스트럭처는 기업이 수행하는 모든 비즈니스 프로세스를 지원하며, 만약 IT 인프라스트럭처가 신뢰성과 보안성

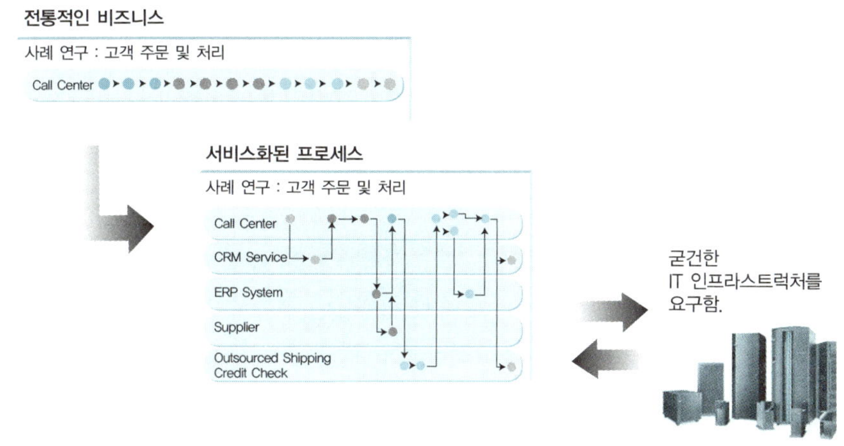

이 없고 빠르게 변경되지 않는다면 비즈니스도 마찬가지일 것이다. 다시 말해 비즈니스가 얼마나 유연할 수 있는지는 IT 인프라스트럭처가 얼마나 유연한지에 달려 있다. 이처럼 유연한 비즈니스는 바위 덩어리처럼 신뢰할 만한 IT 인프라스트럭처를 요구한다([그림 1-8] 참조).

IT 인프라스트럭처의 개념 또는 범위에는 비즈니스 프로세스와 구별되는 하드웨어, 소프트웨어, 유지 및 보수 등의 관리를 포함하는 광의의 개념이 있다. 하지만 여기에서는 범위를 좁혀서 하드웨어 위주의 물리적 자원을 중심으로 이와 관련된 주요 소프트웨어와 관리를 포함하는 협의의 개념으로 사용한다.

서비스 지향 인프라스트럭처의 특성

앞의 설명을 통해 서비스 지향 아키텍처를 위해서 서비스 지향 인프라스트럭처는 필수 요건이라는 명제가 도출될 수 있다. 그렇다면 서비스 지향 인프라스트럭처가 지녀야 하는 특성이 무엇인지 구체적으로 밝힐 필요가 있다. 서비스 지향 아키텍처에 기반한 서비스 지향 인프라스트럭처는 유연성과 서비스 품질Quality of Service(QoS), 그리고 관리에 따르는 가치 창출을 특성으로 가져야 한다([그림 1-9] 참조).

- 서비스 지향 인프라스트럭처에는 유연성이 내재해야 한다. 외부의 수요 변화에 따라서 기업 내 IT 자원들이 우선 순위가 높은 수요가 먼저 처리하는 쪽으로 할당되었다가, 초과 수요 상황이 해소되면 다시 본래 용도로 할당되는 유기적인 메커니즘이 내재되어야 한다.
- 서비스의 품질에 대한 보장이 뒷받침되어야 한다. 일정 수준 이상의 서비스가 지속적으로 유지되기 위해서 빠른 시간 내에, 그리고 안전한 방법을 통해 자원 증설 등이 이루어져 사용자가 느끼는 서비스의 응답 시간이 저하되었다고 느끼지 못하게 해야 한다.

그림 1-9 서비스 지향 인프라스트럭처(SOI)가 갖추어야 할 특성

유연한 인프라스트럭처	서비스 수준 (QoS)	비용 감소
변화하는 비즈니스 요구에 신속히 적응	빠르고 예측 가능한 워크로드 수행	적은 투자 비용으로 더 많은 효과 기대
• 서비스 가상화 환경의 실현. • 서비스 워크로드 필요에 대한 인프라스트럭처의 용이한 구성. • SOA 인프라스트럭처를 위한 동적인 조율.	• 증가된 서비스 성능에 대한 요구. • 높은 서비스 가용성에 대한 요구. • SOA 보안 체인에서 약한 고리가 없음.	• SOA 인프라스트럭처에 대한 적극적인 관리와 제어. • 기존 또는 새로운 시스템 위에서 워크로드를 관리. • SOA 증가에 대한 데이터 센터 제약 요소의 극복.

- 관리 가능성과 가치 창출에 기여할 수 있어야 한다. 구현이 너무 복잡하거나 또는 도입했을 때의 경제적인 효과가 미미하다면 투자의 의미가 퇴색될 뿐이다.

기능 원리 : 가상화

서비스와 서비스로 이루어진 컴포지트 애플리케이션은 자유롭게 옮겨 다닐 수 있는 모바일 속성을 가지고 있어서 어떤 곳에서도 수행되려는 속성이 있다. 서비스 또는 애플리케이션은 이런 속성을 만족시키기 위해서 자신에게 할당된 서버에서 수행되기만 하면 될 뿐 어떤 서버에서 수행되어야 하는지에 대해서 미리 알 필요가 없다. 또한 서비스 또는 애플리케이션은 수행에 필요한 데이터를 얻기만 하면 될 뿐 해당 데이터가 어느 장소에 있는 것까지 구체적으로 알 필요는 없다. 따라서 서비스 또는 애플리케이션이 어디에서 수행되어야 하는지, 어디에 필요한 데이터가 존재하는지 구체적인 장소를 몰라도 정상적으로 수행될 수 있도록 도와 주는 추상화된 미들웨어 영역이 반드시 필요하다. 이처럼 IT 아키텍처 상에서 추상화된 미들웨어 영역을 가상화 레이어Virtualization Layer라고 한다. 가상화 레이어는 서비스 또는 애플리케이션이라는 사용자의 입장에서 바라볼 때 하단에 있는 컴퓨팅 자원들을 추상화한다는 의미에서 붙은 이름이다. 또 하단에 있는 컴퓨팅 자원들의 입장에서 바라볼 때에는 일종의 상부에서 관리 감독을 하는 감독자Supervisor 역할을 하는 셈이다. 결국 가상화는 톱다운Top-down 방식으로 IT에 접근하면서 생겨난 용어의 하나라고 볼 수 있다. 이를 도식적으로 표현하면 p. 36의 [그림 1-10]과 같이 서비스와 애플리케이션은 가상화 레이어를 통해 필요한 데이터와 컴퓨팅 파워를 얻는 것으로 나타낼 수 있다.

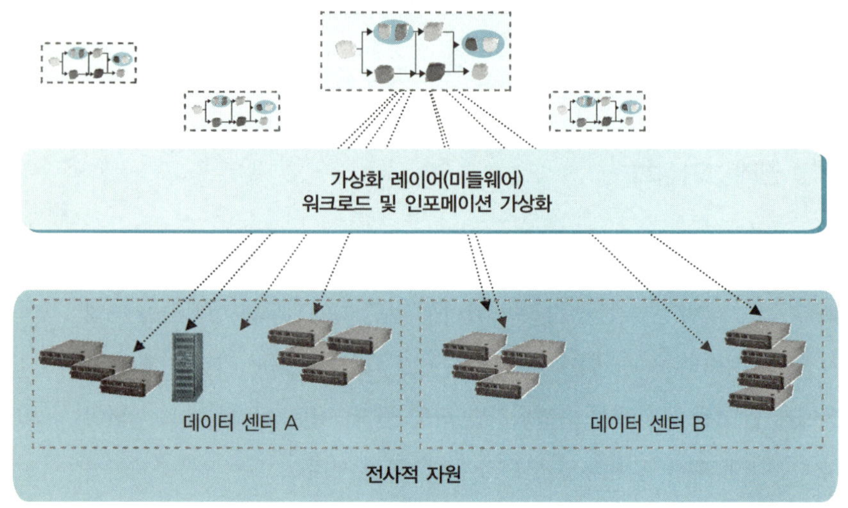

서비스 지향 아키텍처 디자인에서 서비스 또는 애플리케이션은 그들에게 필요한 적절한 자원에 접근하기 위해 분산된 환경에서 수행될 수밖에 없다. 그리고 이런 요건은 해당 서비스들이 공통된 인터페이스를 가지고 가상화된 자원 풀Pool에 접근하도록 해 주어야 한다. 이처럼 가상화된 인프라스트럭처에 대한 접근은 자원의 종류나 장소에 무관하게 일관성이 있어야 한다. 또 자원들은 애플리케이션이나 서비스의 요구에 맞도록 동적으로 조정 및 할당이 가능해야 한다.

정리하자면, 애플리케이션과 애플리케이션이 수행되는 인프라스트럭처 사이의 물리적 연결을 분리Break-down함으로써 서비스 지향 아키텍처를 가능하게 해 주는 것이 가상화Virtualization이다. 그렇기 때문에 서비스 지향 아키텍처 기반의 IT 인프라에서 가상화는 필수불가결한 특성으로 자리를 잡는다. 또한 모든 것이 서비스화되는 완전한 서비스 지향 아키텍처 세계

표 1-2 서비스 지향 아키텍처(SOA)와 가상화의 기능 비교		
구분	SOA	가상화
분리의 대상	서비스로부터 애플리케이션을 분리	인프라스트럭처로부터 애플리케이션과 서비스를 분리
민첩성의 대상	비즈니스 프로세스와 애플리케이션	인프라스트럭처
구조	동적/그물형 애플리케이션	동적/그물형 자원

에서 가상화 레이어 역시 컴퓨팅 자원들을 제공해 주는 컴포넌트가 가능한 서비스가 될 수 있으며 우리는 이를 인프라스트럭처 서비스Infrastructure Service라고 일컬을 수 있다. 결국 인프라스트럭처 서비스의 핵심은 가상화인 셈이다.

서비스 지향 아키텍처와 가상화의 관계를 다시 정리하자면 [표 1-2]와 같이 요약할 수 있다. 서비스 지향 아키텍처와 가상화는 모두 동적인 특성을 가지고 있으며, 단지 대상 측면에서 서비스 지향 아키텍처는 애플리케이션의 재사용에 초점을 맞추고 가상화는 자원의 재사용에 초점을 맞출 뿐이다. 따라서 서비스 지향 아키텍처는 서비스 차원에서 애플리케이션을 따로 분리해 서비스를 단순화하려고 노력하며, 가상화는 인프라스트럭처라고 일컬어지는 자원들을 다른 여러 서비스 또는 애플리케이션과 분리해 단순화하려고 한다. 양자는 결코 별개의 개념이 아니다. 서비스 지향 아키텍처는 비즈니스 프로세스와 이를 구현한 애플리케이션의 민첩성Agility을 확보하기 위한 방법론이다. 그리고 서비스 지향 인프라스트럭처는 서비스 지향 아키텍처가 원활하게 구현될 수 있도록 하기 위한 기반이 되는, 인프라스트럭처의 민첩성을 확보하기 위한 개념의 집합으로 볼 수 있다. 또한 서비스 지향 인프라스트럭처의 핵심 기능 원리가 가상화이므로 결국 가상화는 서비스 지향 아키텍처 구현을 위한 핵심 기능 원리라고 볼 수 있다.

서비스 지향 인프라스트럭처 기반 가상화의 분류

서비스 지향 인프라스트럭처 개념에서 가상화를 세분해 보면 [그림 1-11]
과 같이 크게 워크로드 가상화Workload Virtualization와 인포메이션 가상화
Information Virtualization로 나누어진다. 워크로드 가상화는 애플리케이션에
서 보내오는 태스크Task 또는 업무Job의 요구 사항을 적절한 타임 프레임
에 맞추어 자원들을 일정화Scheduling해서 할당하고, 부족한 곳에는 필요한
만큼 공급Provisioning하며, 전체적으로 워크로드의 균형Balancing이 이루어
지는지 지속적으로 감독Monitoring한다.

반면에 인포메이션 가상화는 데이터가 어떤 형태로 존재하는지와는 무
관하게 원하는 형태로 데이터 값을 제공해 주는 데이터 형식의 가상화와,
데이터가 어떤 위치에 있는지와는 무관하게 필요한 데이터를 제공해 주는
데이터 위치의 가상화가 있다.

그림 1-11   워크로드 가상화 및 정보 가상화의 프레임워크

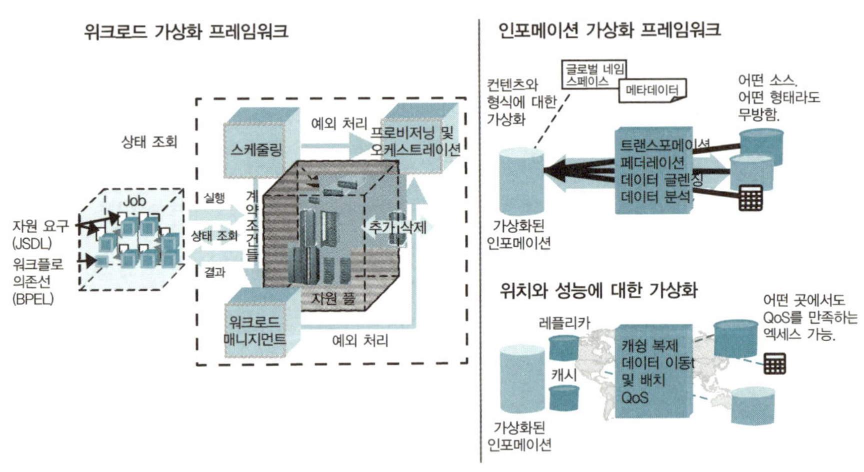

한편, 워크로드 가상화와 인포메이션 가상화는 서비스 지향 아키텍처 방식으로 설계된 서비스나 애플리케이션이 수행되는 과정 또는 개념을 가리키는 말일 뿐, 그것 자체가 어떤 물리적인 형태를 가지고 있지는 않다. 따라서 실제로 태스크들이 수행되기 위해서 또는 데이터의 검색 엔진을 가동하기 위해서라도 프로세서를 포함한 컴퓨팅 파워가 제공되어야 한다. 마찬가지로 데이터가 실제적으로 저장 및 복제될 수 있는 물리적인 저장 공간인 스토리지가 제공되어야 완전한 인포메이션 가상화가 이루어지는 것이다. 그러므로 워크로드 가상화나 인포메이션 가상화가 제대로 동작하기 위한 실제적이고 물리적인 서버·스토리지·네트워크와 같은 하드웨어 인프라스트럭처가 반드시 뒷받침되어야 하며, 이들 하드웨어 레벨에서도 마찬가지로 가상화가 이루어져야 한다. 가상화의 다양한 개념들을 분류하고 정리해 서비스 지향 아키텍처와 서비스 지향 인프라스트럭처의 관계 및 계층도를 그려 보면 [그림 1-12]와 같이 구성할 수 있다.

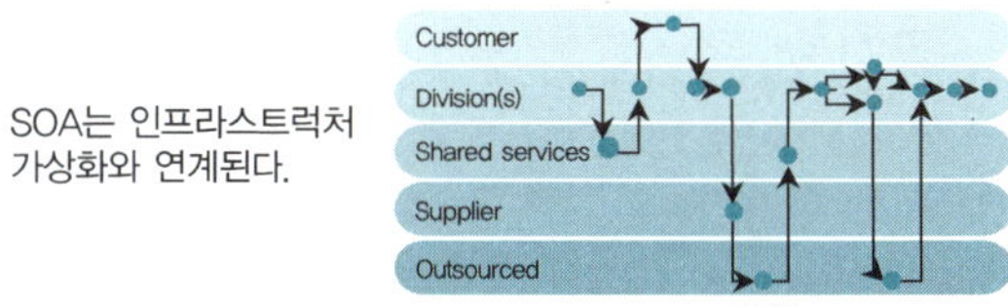

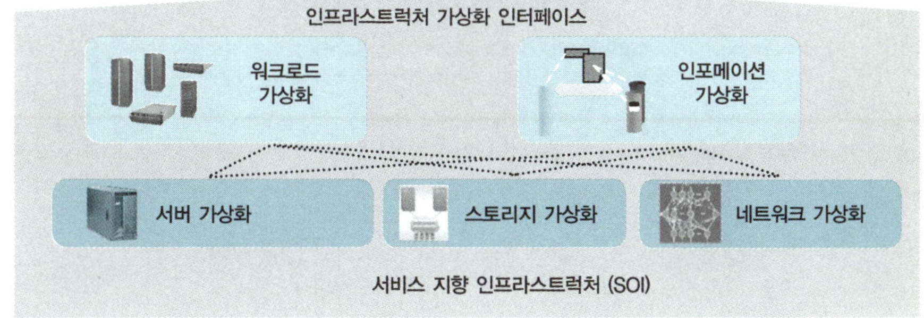

서비스 지향 인프라스트럭처 참조 모델

참조 모델Reference Model은 기능적으로 완전한 애플리케이션이나 솔루션을 만들 경우, 완성도를 높이기 위해 지속적으로 참고하는 준거 모델로, 소프트웨어의 생성에서 폐기에 이르는 모든 라이프 사이클 과정에서 참고하는 일종의 블루 프린트와 같은 것이다. 기업 전체적인 관점에서 서비스 지향 아키텍처를 일목요연하게 제대로 구현하기 위해서라도 [그림 1-13]과 같은 적절한 서비스 지향 아키텍처 참조 모델이 있어야 한다.

서비스 지향 아키텍처 참조 모델에서 모든 애플리케이션은 기능적인 개별 업무 단위로 쪼개져서 서비스라는 단위 업무 형태로 재구성되어 기업 내 모든 서비스의 이동 통로인 엔터프라이즈 서비스 버스Enterprise Service Bus(ESB)를 통해서 자유롭게 왕래가 가능해야 한다. 또한 물리적인 자원에 대한 요구 및 응답도 서비스 형태로 이루어져서, 인프라스트

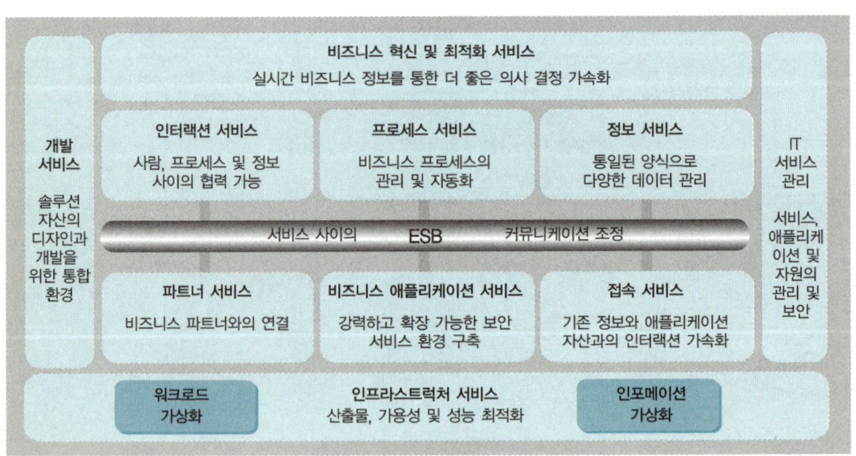

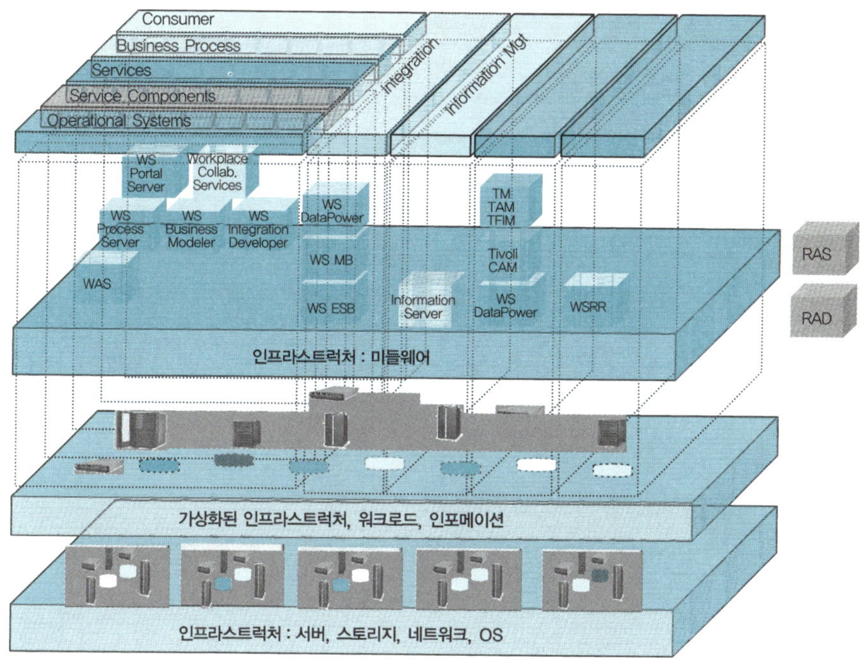

럭처 서비스라는 이름으로 엔터프라이즈 서비스 버스를 자유롭게 왕래해야 한다.

다만 CPU와 스토리지 블록과 같은 물리적인 자원 그 자체는 논리적 서비스 버스인 엔터프라이즈 서비스 버스에 바로 탑재될 수 없다. 따라서 워크로드 가상화와 인포메이션 가상화라는 이름으로 변형되어 캡슐화 Encapsulation되어야 비로소 다른 서비스들이 엔터프라이즈 서비스 버스 상에서 자연스럽게 필요한 기능을 이용할 수 있게 된다.

이처럼 완전한 형태의 서비스 지향 아키텍처 구현을 위해 필요한 서비스 지향 아키텍처 참조 모델을 인프라스트럭처 영역으로 매핑을 시키면

p. 41의 [그림 1-14]와 같이 표시할 수 있다. 이것은 앞에서 언급된 SOA-SOI 계층도와 비슷한 형태를 지니고 있음을 알 수 있다.

03 가상화의 이해

1. 가상화의 개념 및 효과

가상화가 무엇인지에 대해서 여러 가지 개념으로 정의를 내릴 수 있다. 하지만 간단히 설명하면 물리적인 한 개의 자원을 논리적으로 분할해 효율적으로 사용하거나, 물리적으로 다른 여러 개의 자원을 논리적으로 통합하는 기술로 볼 수 있다. 다르게 표현하자면 실재하는 물리적 자원들을 논리적 자원들의 형태로 표시해 줌으로써, 물리적 자원을 이용하는 사용자(구체적으로 애플리케이션)에게는 논리적 형태로만 나타내 주는 기술을 말한다. p. 44의 [그림 1-15]처럼 가상화 기술이 이들 논리적 자원들과 실제 물리적 자원들에 대한 연결을 담당해 주므로, 가상화 자원을 이용하는 사용자는 더 이상 어떤 자원들이 사용되는지를 구체적으로 알 필요가 없어진다. 이처럼 가상화라는 중간 계층을 이용해 애플리케이션과 서비스를 물리적인 실제 자원들과 분리하는 형태는 사용자에게 동일한 자원을 공유하도록 하며, IT 자원들을 개별 자원이라기보다는 논리적인 자원 풀로서

사용하고 다룰 수 있게 해 준다.

가상화 기술은 실제로 존재하는 물리적 자원들에 대한 중재자 역할을 해 주는 기술이다. 이와 같은 가상화 기술이 주목을 받는 이유는 가상화 기술이 궁극적으로 기술의 비호환성을 극복할 수 있을 것으로 기대되기 때문이다.

가상화의 개념을 좀 더 쉽게 이해하기 위해 사례를 들어 보기로 한다. 해마다 겨울철이 되면 춘천의 소양호에서는 꽁꽁 언 얼음 위에 구멍을 파고 낚시를 하는 사람들의 모습을 종종 볼 수 있다. 이것이 바로 얼음 낚시 Ice Fishing인데, 얼음 낚시의 묘미는 얼음 구멍을 파고 오로지 찌의 움직임만으로 낚시를 하는 데 있다. 그런데 어떤 사람이 '여름철에도 얼음 낚시를 할 수 있지 않을까?'라는 의문을 가지게 되었다고 치자. 이 사람은 얼음 낚시의 핵심을 이해하자마자 강 위에 나무로 만든 넓은 평상을 만든 다음, 구멍을 뚫고 낚싯대를 드리운다. 귀마개까지 하고 한껏 멋을 부리면서 낚시를 하는 모습이 겨울철 얼음 낚시와 똑같아 보인다. 여기에서 나무로 만든 평상이 바로 가상화 레이어에 해당하며, 낚시하는 사람은 가상화된 자원을 이용하는 사용자 또는 애플리케이션으로 볼 수 있다.

가상화의 다양한 혜택

가상화를 도입했을 때 얻을 수 있는 혜택은 가상화를 도입하려는 사용자들의 목표나 접근 방법, 채택된 기술 및 기존 IT 인프라스트럭처의 종류에 따라서 크게 달라진다. 대부분의 사용자들은(심지어는 단순히 서버 통합에 가상화를 사용하는 경우에도) 아래에 언급된 혜택들을 어느 정도 누릴 수 있다. 또한 사용자들이 그들의 IT 인프라스트럭처를 가상화하는 데 더 많은 노력을 쏟을 때, 얻을 수 있는 가상화의 혜택은 그만큼 비례해서 커진다. 가상화된 인프라스트럭처에서 얻을 수 있는 이점들은 크게 총 소유 비용Total Cost of Ownership(TCO)의 향상, 유연성의 증가, 공유된 인프라스트럭처를 통한 접근 등의 세 가지로 요약이 가능하다. [그림 1-16]처럼 가상화를 도입했을 때 얻을 수 있는 혜택들을 더욱 구체적으로 열거해 보면 다음과 같다.

그림 1-16 가상화 기술의 혜택

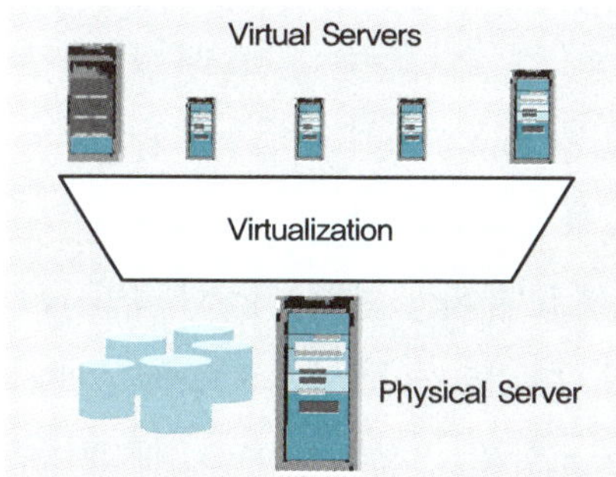

| **높아진 자원 활용률**　가상화는 물리적 자원들과 자원 풀에 대한 동적인 공유를 가능하게 해 주며, 이를 통해 더 높은 자원의 활용률을 얻을 수 있다. 특히 평균 워크로드가 전체 자원의 워크로드보다 훨씬 적은 가변적인 워크로드 상황에서는 더 높은 효과를 얻을 수 있다.

| **낮아진 관리 비용**　가상화는 관리되어야 하는 물리적 자원들을 줄여 줌으로써 관리 인력의 생산성을 향상시킬 수 있다. 또한 물리적 자원들의 복잡성을 숨겨 주고, 자동화·정보화·중앙화를 통해 공통된 관리 작업을 단순화시키며, 워크로드 관리의 자동화를 가능하게 해 준다. 그뿐만 아니라 가상화는 다른 기종의 플랫폼 환경에서도 관리 도구를 공통으로 사용할 수 있게 해 준다.

| **사용의 유연성**　가상화는 빠르게 변화하는 비즈니스 요구 사항들을 만족시키기 위해 자원들이 동적으로 재구성되고 활용될 수 있도록 해 준다.

| **향상된 보안**　가상화는 단순한 공유 메커니즘에서는 불가능한 분리와 격리를 가능하게 해 주어 데이터와 서비스에 대해서 통제되고 안전한 접근을 제공한다.

| **높아진 가용성**　가상화는 사용자 레벨에 아무런 영향을 주지 않고도 물리적 자원이 제거되거나 업그레이드 또는 변경될 수 있도록 지원해 준다.

| **증가된 확장성**　리소스 파티셔닝Resource Partitioning 및 단일화Aggregation는 가상화된 자원이 개별 물리적 자원보다 더 작아지거나 더 커질 수 있도록 해 준다. 이를 통해 물리적 자원의 구성 변경이 없어도 필요한 만큼의 적정한 확장성을 얻을 수 있다.

| **상호 운영성 및 투자의 보호**　가상화 자원들은 기존 물리적 자원들 사이에서는 불가능한 인터페이스와 프로토콜 레벨에서의 호환성을 제공한다.

| **향상된 프로비저닝**　가상화는 자원의 할당을 개별 물리적 단위보다 더 세밀한 조각 단위에서 가능하게 해 준다.

2. 가상화의 기능

가상화 기술을 기능에 따라 분류해 보면 자원의 공유Sharing, 풀링Pooling,
치환Emulation, 절연Insulation이라는 네 가지 형태로 나눌 수 있다. 여전히
가상화라고 하면 가장 먼저 떠오르는 것이 공유 및 풀링이지만 이전부터
HAHigh Availability 또는 고가용성이라고 일컬어지던 기술도 근본적으로는
가상화 기능의 하나인 절연 기능에 바탕을 두고 있음을 알 수 있다. 따라
서 절연 기능이 있는 가상화 기술을 도입할 경우, 기업 내 비즈니스 프로
세스의 안정성도 같이 향상된다고 볼 수 있다. p. 47의 [그림 1-17]은 가
상화의 기능별 분류 및 이에 따르는 사례들을 보여 준다.

공유Sharing

가상화의 가장 대표적인 기능으로서 다수의 많은 가상 자원들이 하나의
동일한 물리적 자원과 연결되어 있거나 가리키는 것을 들 수 있다. 물리적
자원의 일부분을 가상화된 자원마다 할당하거나 또는 물리적 자원에 대해
서 시분할Time Sharing 기법의 공유 방식이 주로 사용된다. 이러한 형태의
가상화는 가상화 자원을 사용하는 여러 사용자들(애플리케이션 또는 서비스)
이 물리적 자원을 공유하게 해 준다. 이때 각 사용자는 마치 자기가 해당
자원을 혼자서만 사용하는 것과 같은 착각에 빠진다. 대표 사례로는 서버
내의 논리적 파티셔닝LPARs, 가상 머신VM, 가상 디스크VD, 가상 랜VLANs을
들 수 있다.

풀링Pooling

공유의 반대되는 가상화 개념으로서, 가상 자원은 여러 개의 물리적 자원
들에 걸쳐 만들어질 수 있으며, 이를 통해 외견상 전체 용량을 증가시키고
전체적인 관점에서 활용과 관리를 단순화시켜 줄 수 있다.

예를 들어 스토리지 가상화는 여러 개의 물리적 디스크 시스템에 남아 있
는 각각의 유휴 디스크들을 하나의 가상화된 디스크로 만들어 주는데, 이렇
게 만들어진 가상 디스크는 어떤 물리적 디스크보다도 더 커질 수 있다.

그림 1-17 가상화 기술의 기능별 분류

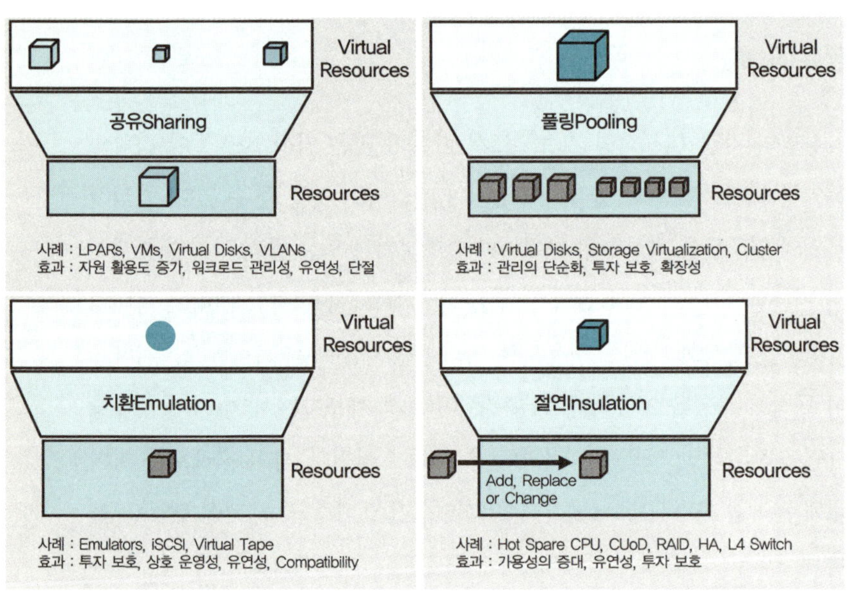

치환Emulation

물리적 자원 자체에는 원래부터 존재하지 않았지만 가상 자원에는 마치 처음부터 존재했던 것처럼 어떤 기능들이나 특성들을 가질 수 있다. 예를 들어 IP 네트워크 상에서 가상 SCSI 버스를 구현하는 iSCSI 또는 물리적 디스크 스토리지 상에 구현된 가상 테이프 스토리지 등이 여기에 속한다. 또 다른 형태의 에뮬레이션에는 여러 개의 다른 물리적 자원들을 표준 구성 요소 형태인 것처럼 가상 자원으로 표시하는 것이 있다. 여러 종류의 이더넷Ethernet 인터페이스를 마치 하나의 특정한 표준 이더넷 인터페이스 모델로 나타내는 것이 그 예이다.

절연Insulation

가상화된 자원들과 물리적 자원들 사이의 상호 매핑은 가상화 자원들 또는 가상화 자원들을 사용하는 사용자들에게 아무런 영향을 미치지 않으면서 물리적 자원들이 교체될 수 있도록 해 준다. 이것은 '투명한 변경Transparent Change' 이라고 일컬어지며, 투명한 변경은 가상화에서 하나의 부가적인 혜택이기도 하다. 그렇지만 때때로 그 자체가 하나의 기술로서 중요한 의미를 갖기도 한다. CPU 보호CPU guard 옵션처럼 결함이 발생했거나 또는 발생하려는 물리적 프로세서에서 다른 정상적인 물리적 프로세서로 자동으로 치환된다거나, 디스크의 결함을 사용자들에게서 숨기기 위해 다중 디스크Redundant Disk를 사용하는 RAID 스토리지 컨트롤러가 대표 사례들이다. 달리 말해서 장애 방지Failure Proof 효과라고 볼 수 있다.

3. 가상화의 역사

하드웨어 가상화의 시도는 1960년대 후반 메인프레임의 가상 메모리 기술에서 시작되었다. 그 후 가상 스토리지, 물리적 파티셔닝뿐만 아니라 현대 가상화의 총화인 다이내믹 파티션을 지원하는 하이퍼바이저Hypervisor 기술이 시장에 출시되는 등 많은 영역에서 가상화의 신기술들이 메인프레임의 주도로 단계적으로 세상에 소개되었다. 수십 년 동안의 지속적인 혁신에 힘입어 메인프레임 플랫폼 상의 가상화는 이제 시스템 아키텍처에서 선도적이고 확고한 위치를 차지하고 있다.

예를 들어 메인프레임의 새로운 이름인 System z를 이용한 클러스터는 중단 없는 가용성과 아주 높은 확장성(대개 가용성과 확장성은 Trade-off 관계에 있음.)을 모두 만족시킬 수 있도록 디자인되었다. 이런 특성을 가진 System z 클러스터는 24x7 운영 환경에서 99.99999%를 훨씬 넘는 가용성을 보인다.

이제 유닉스 서버인 System p와 기존 AS/400 서버로 일컬어지던 System i는 메인프레임의 유산을 그대로 물려받아 IBM의 새로운 가상화 제품으로 탈바꿈해서 기록적인 성능치를 수립하고 있다. 그리고 System z 역시 가상화에서 선구적 위치를 계속 유지 및 발전시키고 있다. 향후 우리의 도전은 업계 최고의 지속적인 가용성과 높은 확장성, 그리고 동적 워크로드 관리를 개방함으로써 공개 표준화된 가상화 환경으로 전수하고 광범위한 가상화 기술 기반 위에 산업 파트너들과 협업을 이루는 데 있다.

p. 50의 [그림 1-18]에서 보여 주는 서버 내 가상화의 역사는 가상화 기술을 주도적으로 이끌어 온 메인프레임의 역사를 그대로 보여 준다.

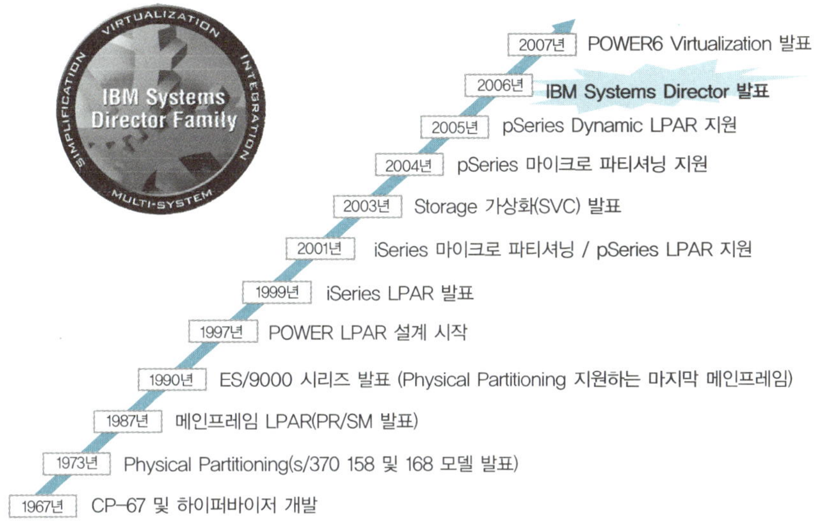

4. 가상화 기술의 도입 단계

가상화를 도입하려고 할 때 처음부터 전사적 차원에서 접근할 필요는 없
다. 오히려 장기적인 IT 발전 방향에 대한 로드맵Road-map을 수립한 다음,
단계적으로 기업 내에서 가상화를 확산해 나가는 접근 방법이 필요하다.
이러한 접근 방법에 맞추어 가상화를 도입하는 순서는 동질적 가상화에서
시작해 이질적 가상화와 전사적 가상화를 거쳐 마지막으로 글로벌 가상화
로 점점 범위를 확대하면서 기업 내의 역량이 이에 따라갈 수 있도록 보조
를 맞추어 가는 것이 중요하다. p. 52의 [그림 1-19]는 가상화의 단계별
발전 과정을 모형화해서 보여 준다.

┃ 동질적 가상화 Virtualize like Resources　가상화의 도입을 처음으로 고려할 경우에 많이 발생하며, 조직 또는 부서 단위에서 동일한 또는 비슷한 자원들을 하나의 가상 풀로 묶는 것이다. 스토리지 가상화가 대표적인 예이다.

┃ 이질적 가상화 Virtualize unlike Resources　운영 체제Operating System 또는 애플리케이션처럼 성격이 다른 자원들을 하나로 묶는 것으로, 워크플로Work Flow와 관련 있는 모든 자원들을 가상화하는 단계를 말한다. 여기에는 트랜잭션 또는 워크플로의 자동화가 필수적이며, IBM의 가상화 엔진 또는 그리드 구축이 구체적인 예이다.

┃ 전사적 가상화 Virtualize the Enterprise　가상화가 기업 내에 어느 정도 진척되면 전사적 가상화Virtualize the Enterprise 단계로 넘어간다. 이 단계에서는 모든 자원들이 동적으로 관리되며, 각 부서 사이에 사용량에 따른 비용

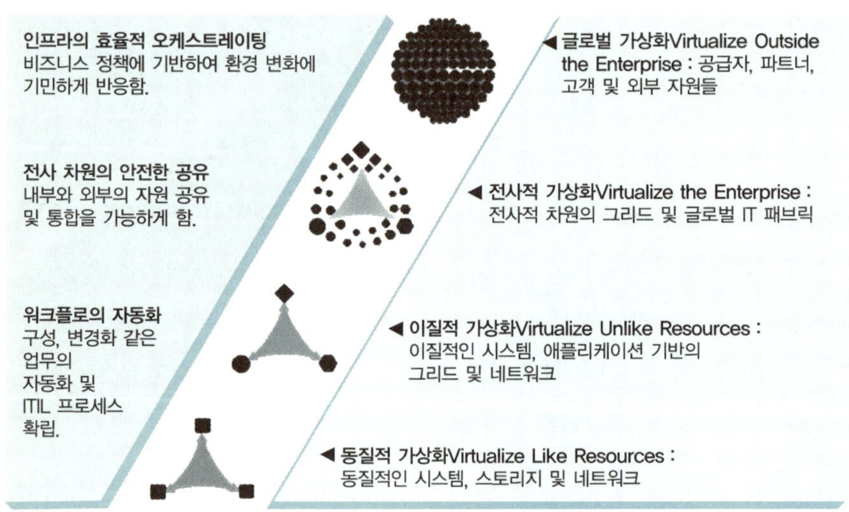

그림 1-19 가상화 기술의 도입 단계

할당이 가능해진다.

│ 글로벌 가상화 Virtualize Outside the Enterprise   가상화의 마지막 단계는 기업의 경계를 넘어서서 비즈니스 파트너, 나아가서는 고객까지도 가상화의 주체로 참여하는 글로벌 가상화로 이행한다.

5. 가상화 기술의 분류

그동안 가상화는 일반적으로 서버, 스토리지, 네트워크와 같은 전통적인 단위 하드웨어 자원에 많이 적용되어 왔다. 그러나 최근의 가상화는 p. 54의 [그림 1-20]처럼 단순히 하드웨어 차원의 IT 리소스에만 한정되지 않고 애플리케이션, 미들웨어, 분산 시스템 및 가상화 자원들 자체를 포함해서 비실체적인 자원들에 대해서도 확장되고 있다. 즉, 미들웨어를 통한 워크로드의 가상화에는 잡 스케줄러Job Scheduler가 이용될 수 있다. 또한 애플리케이션 레벨의 가상화에는 애플리케이션 서버가 스스로 인스턴스를 제어해 워크로드를 관리할 수도 있다.

대표적인 사례로, 전자에는 다양한 그리드 스케줄러가 있고, 후자에는 웹스피어 XDWebSphere XD 같은 웹 애플리케이션을 들 수 있다. 이처럼 가상화는 하드웨어 자원뿐만 아니라 애플리케이션 및 관리 영역까지 IT와 관련된 모든 영역에서 적용이 가능하다.

향후 전통적인 자원 가상화의 추세는 여전히 개별 하드웨어를 중심으로 이루어져 가겠지만, 새로운 형태의 가상화 역량이 추가로 요구된다. 새로운 가상화 역량에는 작은 다수의 시스템 집합에서 가상 시스템을 만들어 내거나 플랫폼과 벤더의 경계를 넘어서서 단순화되고 일관된 방식으로 관리될 수 있는 가상 시스템을 구현하는 것이 포함되어 있다.

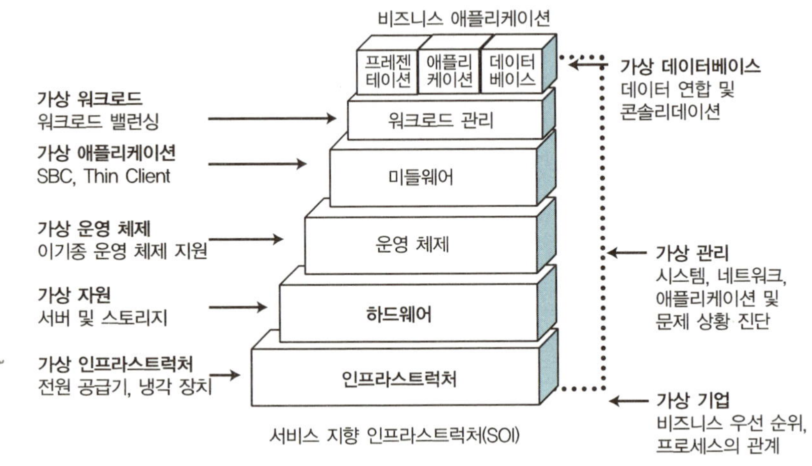

시장에서 실제 활용되고 있는 다양한 가상화 기술들은 분류 방식에 따라 여러 가지로 나누어 볼 수 있다. 먼저 [그림 1-20]처럼 가상화 레이어의 위치에 따라 하드웨어 가상화에서부터 운영 체제 가상화, 애플리케이션 가상화, 관리 가상화처럼 단계적으로 나누어 볼 수 있다. 또는 가상화가 적용되는 물리적 범위를 기준으로 시스템 내부 가상화, 시스템 외부 가상화 등으로 나누어 볼 수 있다. 물론 이외에도 다양한 분류 방법이 가능하다.

여기에서 서비스 지향 아키텍처와 서비스 지향 인프라스트럭처의 계층적 구조에 따라 가상화 기술을 크게 분류해 정리하면 p. 55의 [그림 1-21]과 같이 나타낼 수 있다. 인프라스트럭처 자원 가상화는 가장 일반적인 개념의 가상화로서 서버, 스토리지, 네트워크의 가상화를 포함하고 있다. 그리고 인포메이션 가상화는 데이터 그리드의 개념이 많이 들어간 것으로 파일 시스템 차원의 가상화와 데이터베이스 또는 데이터 차원의 가상화로

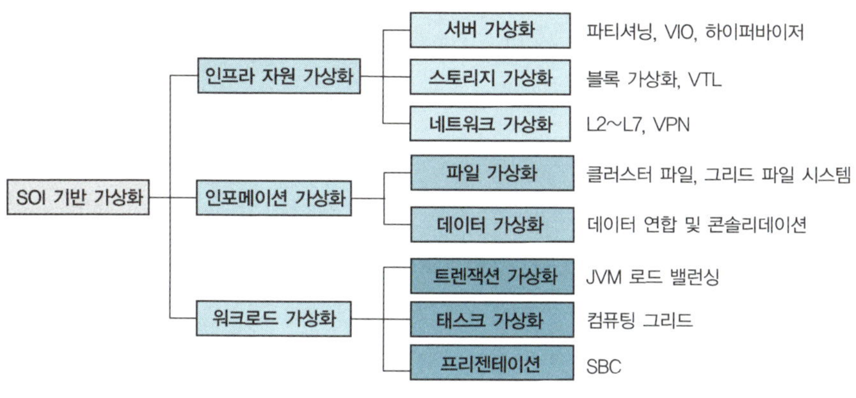

나눌 수 있다. 마지막으로 워크로드 가상화는 인프라스트럭처 자원의 개념에서 약간 벗어나 애플리케이션 레벨에서 접근하는 것으로, 자원의 접근도에 따라 세 가지로 나눌 수 있다.

여기에서는 우선 서버, 스토리지, 네트워크 등과 같은 주로 하드웨어 인프라스트럭처 차원에서의 가상화 기술(2장)을 설명한 다음, 인포메이션 가상화(3장)와 워크로드 가상화(4장)에 대해서 설명해 나갈 예정이다. 그리고 마지막으로 관리상의 가상화(5장)를 다룬 다음, 실제 적용 가능한 가상화 시나리오(6장)를 통해 가상화를 도입했을 때 얻을 수 있는 실제 혜택들을 다루기로 한다.

6. 가상화의 발전 동향

앞에서 간단하게 다양한 가상화 기술들에 대해서 살펴보았다. 여기에서는 향후 전개될 가상화의 발전 방향에 대해서 개략적으로 소개한다. 이를 통해서 개별 기업은 향후 도래할 가상화 기술의 방향과 완성도를 고려해 기업에 적합한 가상화 전략을 도입할 수 있다. 그렇게 함으로써 유연하면서도 신속하고, 비즈니스를 좀 더 원활히 지원해 생존 가능성 높은 IT 인프라스트럭처를 설계할 수 있다.

예상되는 미래 가상화의 방향으로 세 가지를 꼽을 수 있다. 첫째, 가상화의 적용 범위가 개별 자원 단위에서 집단으로 확대되고 있다. 둘째, 블레이드 서버와 같이 전원 공급기와 냉각팬 및 방화벽 등을 모두 포함하는 인프라스트럭처 차원의 통합 가상화가 활발히 진행된다. 셋째, 전사적 워크로드 관리 기능의 확대이다.

가상화 개념의 변화

그동안 가상화의 개념은 스토리지 가상화를 제외하고는 하나의 자원을 내부적으로 잘게 쪼개는 파티션 기술이 주를 이루었다. 그러나 앞으로의 가상화는 물리적으로 다수의 자원들을 하나의 자원인 것처럼 보이게 하는 방향으로 개념 변화가 일어날 것이다. 스토리지 가상화는 이미 오래 전부터 이런 방향으로 발전되어 왔다. 하지만 서버는 자체의 구조상 파티셔닝과 같은 자원 세밀화 분야로 많이 발전되었을 뿐 여러 서버들의 통합 가상화는 멀리 있는 것처럼 보였다.

최근 들어 워크로드 관리와 같은 요소를 강조하는 서버들 사이의 가상화 기술이 탄력을 받고 있다(5장의 운영 관리 상의 가상화 참조). 또한 네트워크 분야에서도 그동안 I/O 네트워크와 IP 네트워크는 각기 다른 네트워크 영역을 구성했으며 제각기 다른 장비들을 사용했다. 그러나 최근 인피니밴드Infini Band와 같은 네트워크 가상화 기술이 진보하면서 하나의 네트워

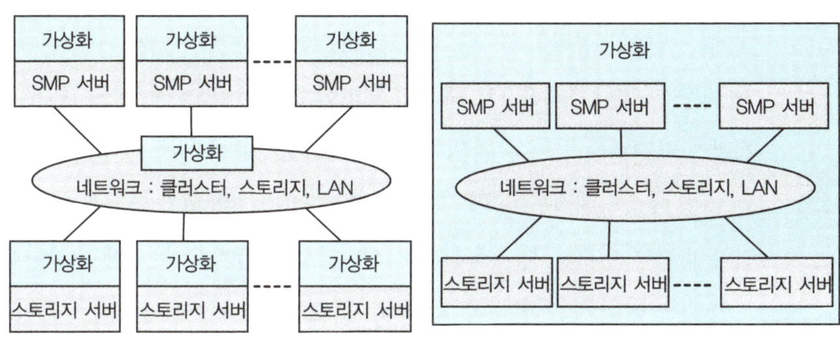

크 디바이스로 I/O 또는 IP 데이터에 무관하게 모든 데이터 통신이 고속으로 가능해졌다. 요약하면 [그림 1–22]와 같이 가상화의 범위는 서버나 스토리지와 같은 단일 자원 레벨에서 총체적인 집합체로 확장된다고 볼 수 있다.

오랫동안 서버 가상화는 주로 서버 자원을 얼마나 잘게 쪼개어서 하나의 물리적 서버 안에 다수의 운영 체제 이미지를 탑재할 수 있는지에 많은 초점이 맞추어져 왔다. 이런 파티션 기술은 서버 통합을 위한 기술적 타당성을 제시해 준다.

그러나 최근 서버 기술의 비약적인 발전으로 인해서 예전에는 경험하기 힘든 가상화 기능들이 속속 구현되고 있다. 대표적인 서버들 사이의 가상화 기술은 둘로 나누어 볼 수 있다. 첫째, 운영 체제 이미지와 애플리케이션이 모두 들어 있는 파티션들이 서버들 사이를 자유롭게 움직일 수 있는 파티션 무빙 기술이다. 둘째, 운영 체제 내에 존재하는 특정 애플리케이션 및 관련된 메모리 영역을 다른 파티션으로 이동시킴으로써 전체적인 워크로드 및 안정성을 올릴 수 있는 애플리케이션 재배치Relocation 기술이 여기에 해당한다.

예를 들어 대형 트럭이 여러 개의 컨테이너를 신고 있으며, 각 컨테이너에는 다양한 형태로 포장된 박스들이 들어 있다고 가정해 보자. 여기에서 대형 트럭은 물리적으로 하나의 서버에 해당하며, 개별 컨테이너는 쪼개어진 파티션이라고 볼 수 있다. 그리고 컨테이너 속에 들어 있는 박스들은 개별 애플리케이션이라고 보면 된다. 따라서 가상화가 지금보다 더 발전하게 되면 트럭들 사이에 컨테이너들이 쉽게 옮겨갈 수 있게 발전한다. 또한 각 컨테이너 속에 들어 있는 박스들도 쉽게 다른 컨테이너로 들어갔다가 나올 수 있게 발전함으로써 서버 가상화의 경계가 사실상 허물어지는 형태가 나타난다.

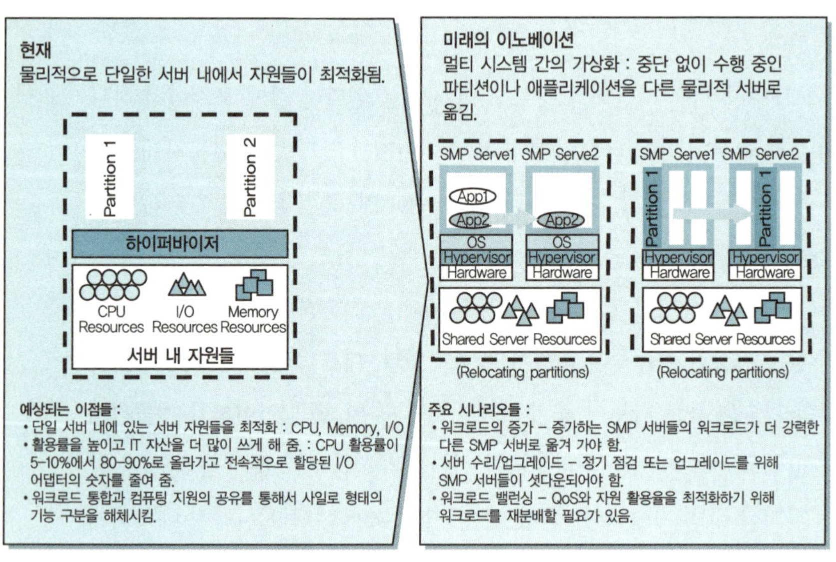

인프라스트럭처 차원의 통합 가상화

최근의 두드러진 가상화 현상 중 하나는 서버, 스토리지, 네트워크 등 인프라스트럭처 차원에서 통합적으로 접근하는 가상화 기술이 뚜렷하게 대두한다는 사실이다. 원래 하드웨어 측면의 IT 인프라스트럭처에는 서버뿐만 아니라 스토리지, 네트워크, 프린터 디바이스, 보안 장비, UPS, 항온·항습 장비 등 다양한 종류의 요소들이 존재한다. 이처럼 다양한 하드웨어 요소들을 하나의 집약된 형태로 구성하는 기술이 발전되고 있으며, 대표적인 사례가 바로 블레이드 서버이다.

[그림 1-24]의 오른쪽 그림처럼 블레이드는 현재의 복잡한 IT 인프라스트럭처를 단순하게 재구성할 수 있도록 모듈화 형식으로 설계되어 하나의

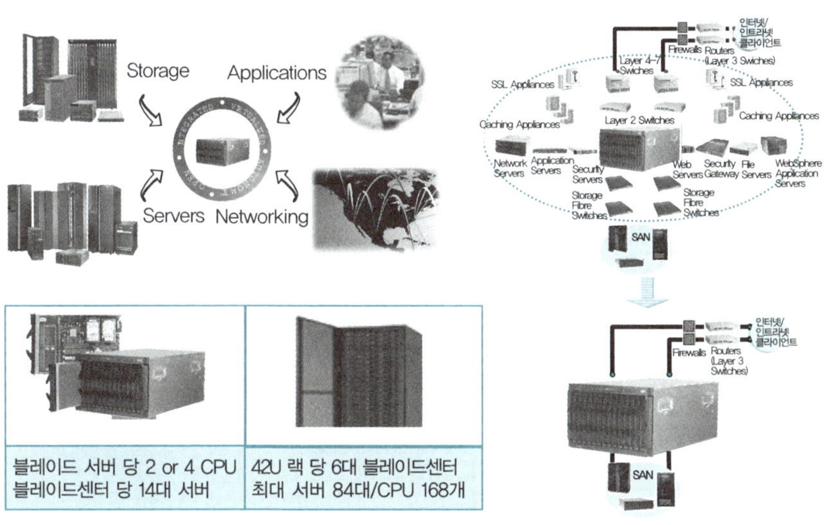

하드웨어 박스가 그대로 IT 인프라스트럭처가 되는 'One-box' 인프라스트럭처 정책을 강하게 지원하고 있다.

전사적 워크로드 관리

단일 서버 내에 여러 애플리케이션들이 함께 존재하는 경우, 각 워크로드의 우선 순위에 따라 차별적으로 자원 할당을 수행하는 워크로드 매니저 Work Load Manager(WLM)는 오래 전부터 존재해 왔다. 특히 메인프레임 기반의 중앙 집중형 인프라스트럭처에서는 워크로드 매니저를 통해서 업무별로 효율적인 자원 배분을 수행해 왔다.

그러나 IT 인프라스트럭처가 중앙 집중형에서 분산 개방형 구조로 바뀌면서 단일 서버에서 단일 애플리케이션을 수행하는 형태가 정착되었다. 그러면서 서버의 대수는 폭발적으로 증가하기 시작했다. 이에 따라 서버의 계층을 p. 61의 [그림 1-25]와 같이 프리젠테이션 영역(웹 서버)-애플리케이션 영역(애플리케이션 서버)-데이터 영역(데이터베이스 서버)으로 나누는 전형적인 '3-tier' 구조가 확립되었다. 이와 같은 환경에서 개별 서버의 워크로드 또는 특정 계층의 워크로드를 점검하고 로드밸런싱Load Balancing(부하 분산) 하는 것은 가능하지만 전체적인 비즈니스 프로세스 차원에서 워크로드를 관리하는 방안은 존재하지 않았다. 따라서 기존 접근 방향과는 차원이 다른 전사적 워크로드 관리를 위한 새로운 방법론이 필요하다.

전사적 워크로드 관리는 업무 중심으로 워크로드를 관리한다. 즉, 최종 사용자 입장에서 바라볼 때 자신이 요청한 트랜잭션이 어떤 경로를 거치는지는 알 필요가 없으며, 단지 시간이 얼마나 지난 뒤에 결과 값이 도착하는지를 워크로드의 만족성 여부로 판단한다. 따라서 전사적 워크로드

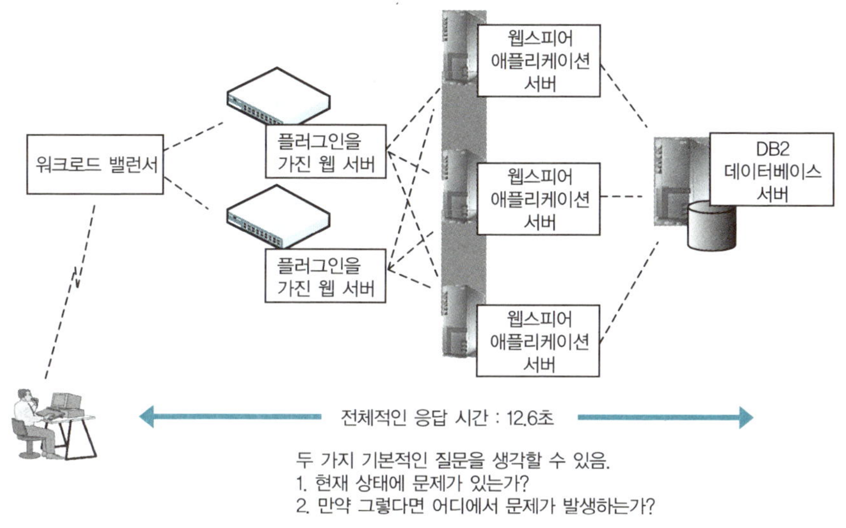

관리는 비즈니스 지향적 IT 인프라스트럭처 관리라고 할 수 있다.

이런 환경에서 IT 관리자는 전체적인 시각에서 현재 사용자들에 대한 서비스의 상태는 문제가 없는지를 살핀다. 또 문제가 있다면 어디에서 문제가 발생하고 있는지, 그리고 어떤 행동을 취할 경우에 전체적인 서비스의 질은 어느 정도 향상될 것인지에 대한 질문을 계속 하게 된다. 전사적 워크로드 매니저는 IT 관리자의 그러한 질문들을 만족시키면서 동시에 전체적인 워크로드를 최적으로 관리할 수 있는 능력을 가지고 있다.

인프라 **자원의 가상화**

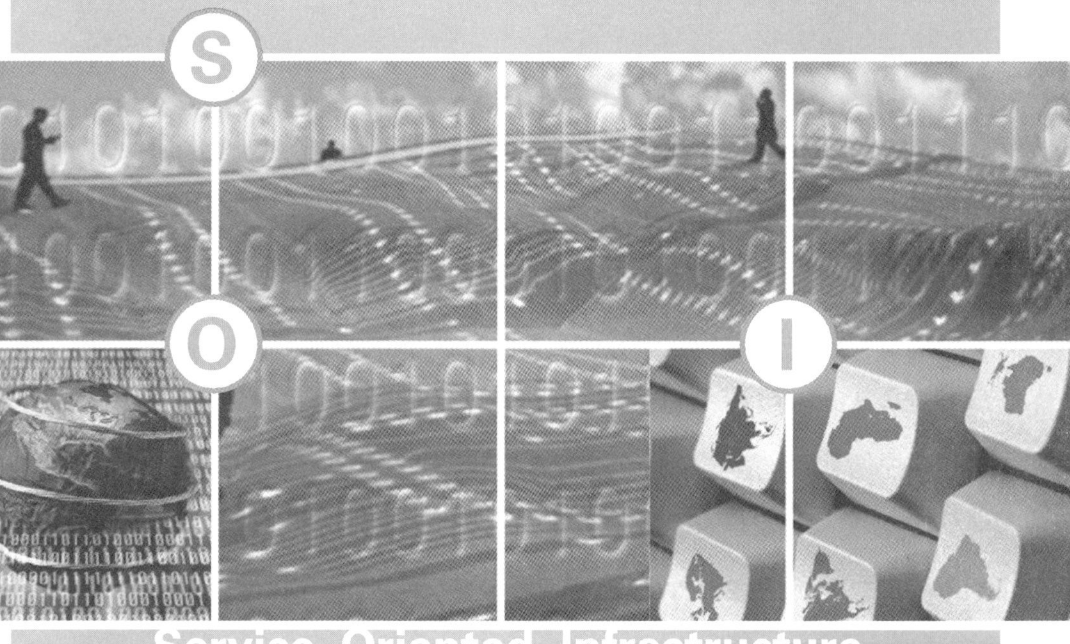

01 통합을 위한 핵심 기술

1. 가상화를 통한 IT 단순화

2000년 초 중반 무렵에 서버 통합 또는 스토리지 통합 등 시스템 통합 Consolidation 바람이 한창 불었다. 기술 세미나 등 강연장의 주요 메시지는 거의 시스템 통합이라 해도 과장이 아닐 만큼 통합 중심의 메시지가 유행처럼 번지던 때였다. 그런 열풍이 불던 시기의 초창기에, 하드웨어 업체에서 통합의 당위성과 이점에 대해서 전달하면 '과연 그런가?' 하고 고개를 갸우뚱하거나 가로젓는 많은 고객들을 본 기억이 아직도 생생하다.

지금도 시스템 통합의 열기는 그대로 남아 있다. 예전에 비해서 달라진 점이 있다면 많은 사람들이 체계화된 시스템 통합이 p. 65의 [그림 2-1]처럼 효율성과 관리성 등 여러 측면에서 많은 이점을 가져다 준다는 사실을 인정한다는 사실이다. 바꾸어 말해서 예전에는 통합을 통해 효율성과 관리의 편리성을 얻을 수 있었다면, 지금은 자원의 효율성과 관리의 편리성

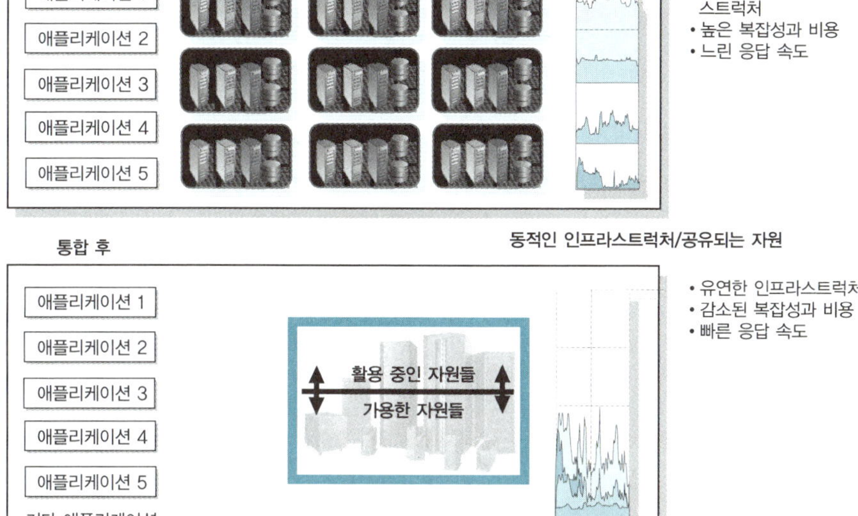

을 얻기 위해 시스템 통합을 한다고 볼 수 있다. 예전에는 하드웨어 벤더 입장에서 '통합을 해야 이러저러한 효과를 얻을 수 있습니다.' 라고 주장했지만, 지금은 좀 더 적극적으로 고객들에게서 '이러저러한 효과를 얻기 위해 통합을 해야 한다'라는 메시지가 나오고 있다. 그리고 이러한 변화를 다시 벤더들이 수용하고 있다는 의미이다.

시스템 통합을 가능하게 해 주는 가장 핵심적인 기술이 무엇인지 생각해 볼 때 가장 먼저 떠오르는 두 가지로는, 무엇보다 하드웨어의 기술적 진보, 즉 하드웨어 자원의 성능 향상과 하드웨어 자원의 가상화 기능을 들 수 있다.

예를 들면 스토리지 하드웨어의 성능이 향상되었기 때문에 여러 업무들의 데이터를 하나의 스토리지 장비로 통합할 수 있으며, 서버의 파티션이라는 하드웨어 차원의 가상화 기술이 가능하기 때문에 여러 개의 운영체제와 워크로드를 별다른 마이그레이션Migration의 위험 없이 하나의 서버에서 구동하는 서버 통합이 가능하기 때문이다.

만약 자원의 성능 향상이 없다면 통합 자체가 불가능하다. 비즈니스 환경이 복잡해지면서 워크로드는 증가하는데 여러 개의 워크로드를 한곳에 몰아넣을 수는 없기 때문이다. 오히려 서버와 워크로드의 1:1 관계가 더욱 강화될 뿐이다. 또한 파티션 기술이 없었다면 모든 운영 체제와 애플리케이션은 하나의 단일 운영 서버 안으로 들어가는 시스템 형태를 취할 수밖에 없다. 따라서 고객들은 단일 운영 환경에서 오는 마이그레이션이나 업그레이드의 위험은 물론이며 운영 환경에서의 위험도 같이 안고 갈 수밖에 없다. 이러한 점을 고려해 볼 때 물리적 시스템 자원의 가상화는 거스를 수 없는 대세이다. 따라서 가상화는 당연히 현재 IT 벤더뿐만 아니라 고객들에게도 최대의 화두가 될 수밖에 없다.

2. 구매 패턴의 변화

p. 67의 [그림 2-2]를 살펴보면 최근 x86 서버의 구매 패턴에 큰 변화가 있음을 확인할 수 있다. 즉, 2004년 2사 분기 이후로 x86 서버의 신규 구매 증가율이 하락하기 시작했다. 시장 조사 기관인 IDC에 따르면 이런 현상을 '가상화 효과Virtualization Effect'라고 일컬으며, 이런 현상은 기업들이 가상화 기술을 이용해 점점 더 많은 워크로드를 점점 더 적은 수의 물리적 서버로 통합하기 때문이라고 분석한다. 이런 경향은 신규 서버 대수의 감

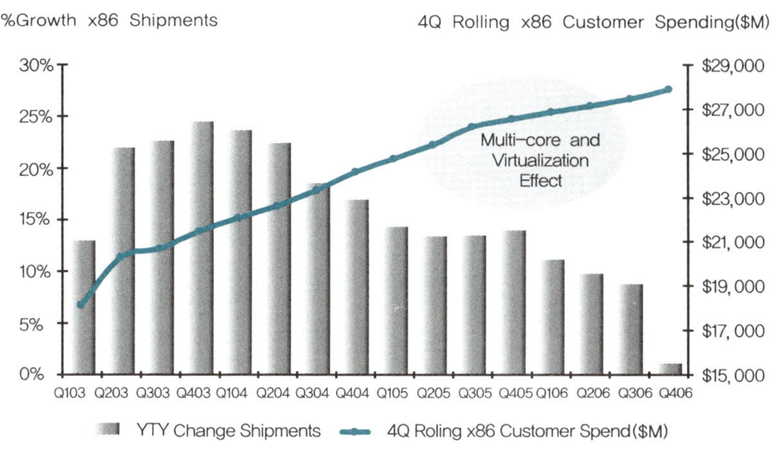

출처 : IDC, 'Virtualization and Multi-core Innovations Disrupt the Worldwide Server Market', 2007년 3월

소율에 맞추어 가상화 기술의 활용률은 반대로 증가하고 있다는 사실을 보면 금방 이해할 수 있다. 또한 대부분의 x86 서버들의 평균 활용률이 5~15% 정도라는 사실도 적극적으로 가상화 도입을 검토하게 만드는 요인이다. 즉, 85~95%에 이르는 유휴 용량을 활용하기 위해서라도 자연스럽게 생각해 볼 수 있는 다음 단계는 하나의 시스템에 여러 개의 워크로드, 즉 단일 서버에 복수의 운영 환경을 활용하는 가상화 기술일 수밖에 없기 때문이다. 한편, 인텔 계열 서버의 구매 자료에서 나타난 구매 패턴이 유닉스 서버 계열에도 비슷하게 적용될 것으로 예측할 수 있다.

3. 시스템 가상화 기술의 분류

시장에서 실제로 활용되는 다양한 가상화 기술들은 분류 방식에 따라 여

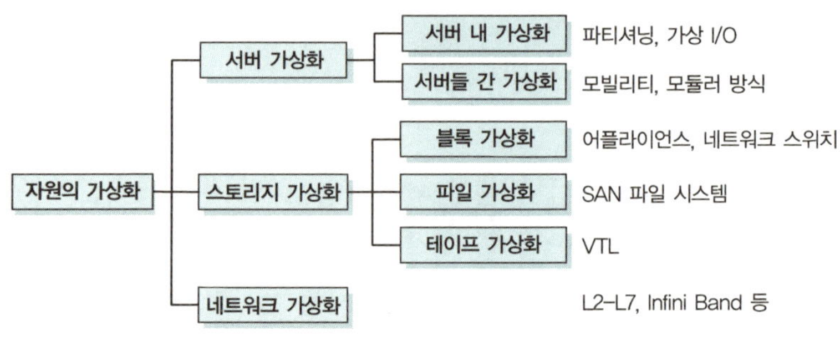

러 가지로 나누어 볼 수 있다. 먼저 p. 54의 [그림 1-20]처럼 가상화 레이어의 위치에 따라서 하드웨어 가상화, 운영 체제 가상화, 애플리케이션 가상화, 관리 가상화 등처럼 단계적으로 나눌 수 있다. 또는 가상화가 적용되는 물리적 범위를 기준으로 시스템 내부 가상화나 시스템 외부 가상화 등으로 나눌 수도 있다. 물론 이외에도 다양한 분류 방법이 가능하다.

여기에서는 [그림 2-3]과 같이 서버, 스토리지, 네트워크를 중심으로 하드웨어 자원에 대한 가상화를 주로 다룰 예정이며, 각 항목들을 다시 세분화해 세부 항목별로 주요 가상화 기술들을 살펴보기로 한다.

예를 들어 서버 가상화는 플랫폼과 무관하게 공통적인 개념을 소개한 후 서버 내 가상화와 서버들 사이의 가상화 기술로 세분해서 구체적인 기술을 살펴볼 것이다. 또한 스토리지 가상화는 스토리지 자원별로 디스크, 파일 시스템, 테이프로 나눈 다음 각각에 대해서 살펴보기로 한다.

02 서버 가상화

1. 서버 가상화의 일반적 이해

서버 가상화라고 하면 한 대의 물리적인 서버를 여러 개로 쪼개어서 다양한 운영 체제를 구동하는 파티셔닝을 가장 먼저 떠올리는 사람들이 대부분이며, 실제 그처럼 생각해도 큰 무리는 없다. 그러나 가상화를 제대로 이해하기 위해서는 다양한 주변 개념들과의 연관 관계를 이해하고 고려할 필요가 있다. 즉, p. 70의 [그림 2-4]와 같이 가상화에는 중심 개념인 파티셔닝뿐만 아니라 I/O, 소프트웨어 라이선싱 및 워크로드 관리 등의 개념들이 함께 포함되어 충분히 고려되어야 한다.

예를 들어 파티션의 자원 할당이 온라인 중에 동적으로 변경이 가능한 상태에서 초기에 2 CPU에 대한 소프트웨어 라이선스를 구매했다고 하자. 그런데 나중에 파티션의 CPU 자원을 온라인 상태에서 4개로 증설할 경우, 소프트웨어 라이선스에 대한 법적 권한 및 규제의 범위가 뒤따라 올 수 있다. 따라서 서버 가상화에 대한 폭넓은 이해를 위해서는 파티셔닝이라는

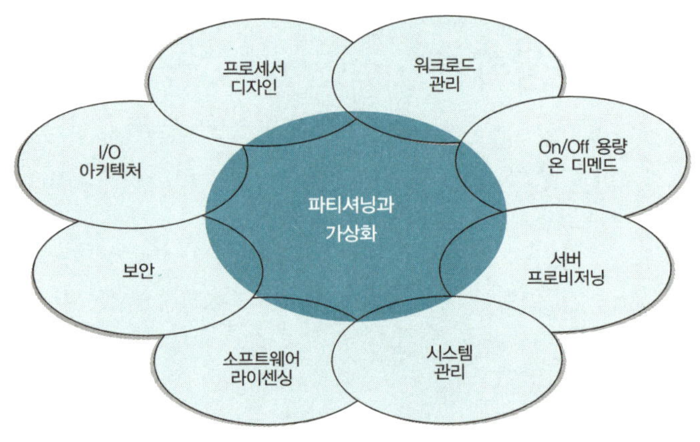

기술 중심의 개념만 바라볼 것이 아니라 관련된 주변 개념들도 함께 고찰해 볼 필요가 있다. 그러나 여기에서는 다른 요소들을 모두 깊이 있게 다루지는 않으며, 여전히 파티셔닝을 중심으로 서버 가상화를 설명한다.

서버 가상화는 하나의 서버에서 여러 개의 애플리케이션, 미들웨어, 운영 체제들이 서로 영향을 미치지 않으면서 동시에 사용될 수 있도록 해 준다. 서버 가상화의 최초 형태는 확장 메모리 영역으로 일컬어지는 가상 메모리였으며 점차 가상 I/O, 가상 CPU 그리고 에뮬레이션 등으로 확대되었다. 이러한 초기 형태의 가상화 기술들은 곧 애플리케이션 및 서브 시스템의 가상화로 발전되어 다수의 애플리케이션, 서브 시스템, 미들웨어 스택들이 하나의 운영 체제 아래에서 통제를 받으며 수행될 수 있게 해 준다. 이처럼 서버 가상화를 가능하게 해 주는 기술 유형들은 다양하며, 이를 바탕으로 수많은 제품들이 출시되어 그것들 모두를 소개하는 데에는 무리가 뒤따른다. 여기에서는 가상화 기술들을 비슷한 유형끼리 묶은 다음, 각 유형에 포함된 가상화 기술들의 공통된 특성을 알기 쉽게 소개하는

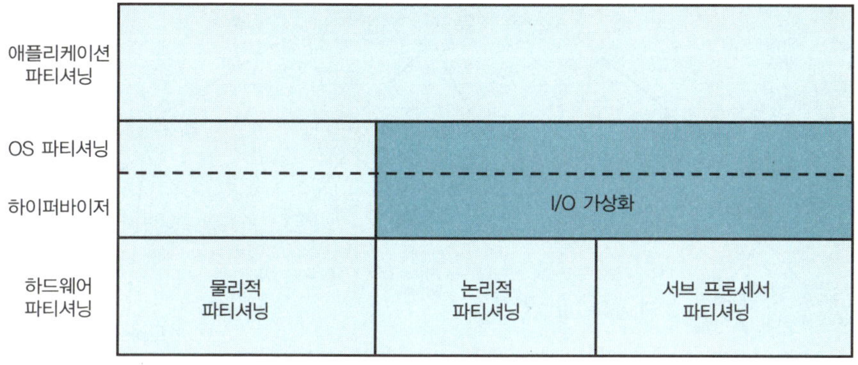

방향으로 진행한다. [그림 2-5]는 일반적인 서버 플랫폼 기반 아래에서 서버 가상화의 다양한 계층 형태를 간단히 보여 준다.

가상화 기술 레이어

다양한 가상화 기술들을 하나씩 설명하기 이전에 현재 시장에 출시된 다양한 제품들이 가상화 레이어에서 어떤 위치를 차지하고 있는지, 그리고 어떤 기술 요소들을 가지고 있는지를 살펴보면 많은 도움이 될 것이다. 여기에서는 유닉스와 인텔 계열 서버에 대해서 각각 분류했다.

유닉스 서버

유닉스 시스템 서버에서 적용되는 가상화를 계층적으로 분류하면 p. 72의 [그림 2-6]과 같이 도식화가 가능하다. 인텔 계열 서버와 달리 하드웨어, CPU, 운영 체제의 공급 업체가 대체로 일치하기 때문에 각 벤더별 가상화 접근 방법에서 명확한 차이를 보인다. 또한 벤더별로 세부적으로 다양한

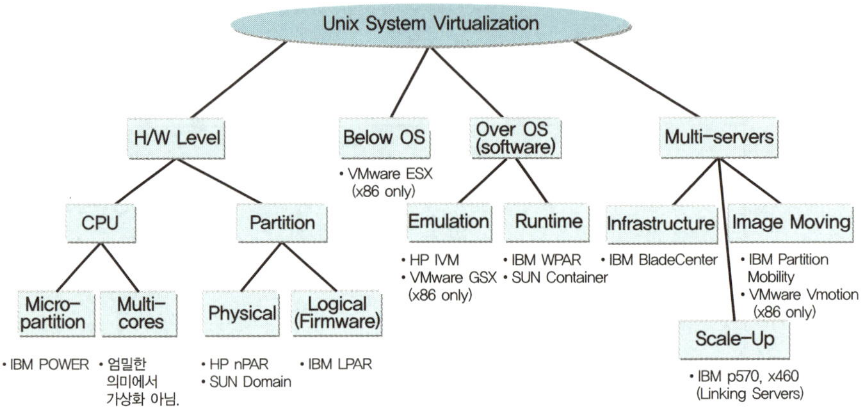

기술 요소를 가지고 있어서 고객의 요구 사항이나 사용 환경에 따라 적합한 가상화 요소를 선별 또는 조합해 적용할 수 있다.

인텔 계열 서버

인텔 계열 서버 군의 가장 큰 특징은 하드웨어, CPU, 운영 체제의 제공 업체가 모두 다르다는 사실이다. 이런 환경 때문에 가상화 기술도 업체에 따라서 제공되는 내용과 수준이 판이하다. 예를 들어 인텔이나 AMD와 같은 칩 제조 업체는 하드웨어 차원의 CPU 가상화를 주로 다루며, VMware나 마이크로소프트 및 오픈 소스 커뮤니티에서는 소프트웨어 기반의 하이퍼바이저 방식의 가상화 제품을 내놓고 있다. 따라서 인텔 계열 서버 환경에서 가상화 기술은 어느 하나의 업체만으로 설명할 수 없으며, 다른 업체와의 협력 관계와 기술 조합의 안정성 등 전체적으로 살펴보아야 한다. p. 73의 [그림 2-7]은 이와 같은 복잡한 관계를 고려하면서도 각 기술들이 가지고 있는 포지셔닝에 대해서 분류한 것이다.

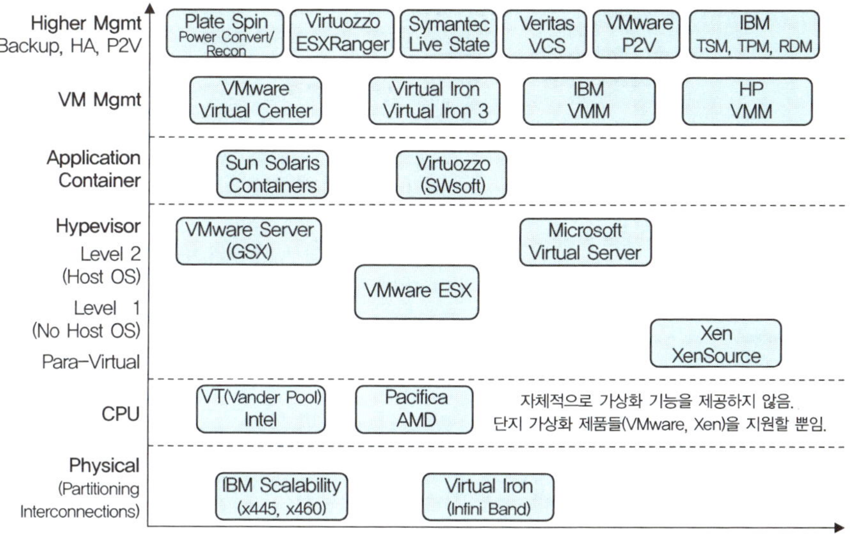

파티셔닝의 혜택

기능적인 측면에서 각 파티션 내에서 애플리케이션들은 단일 서버에서 운영되는 것과 같은 방식으로 운영된다. 즉, 단일 서버에서 운영 중인 여러 개의 운영 체제를 파티션들로 가져와도 전혀 문제가 없다. 따라서 시스템의 파티션 디자인은 각 파티션들이 독립적으로 분리되어 다른 파티션의 장애에 영향을 받지 않는 구조로 되어 있다. 그러므로 파티셔닝을 통해 서버를 통합하면 p. 74의 [표 2-1]과 같은 구조적 이점을 갖는다.

파티셔닝의 도입으로 얻을 수 있는 일반적인 운영상의 혜택으로는 여러 가지를 들 수 있으며, 간단히 정리하면 p. 74의 [표 2-2]와 같다.

표 2-1 파티셔닝의 구조적 이점

구분	이점
파티션 사이의 데이터 액세스로부터 보호	파티셔닝의 기본 디자인은 정상적인 네트워크 접속을 제외한 파티션 사이의 데이터 접속을 막아서 파티션 사이의 허가받지 않은 접속을 차단함.
예측하지 못한 일부 장애로부터 보호	한 파티션 내의 애플리케이션의 장애가 다른 파티션에 전혀 영향을 미치지 않음. 즉, 애플리케이션의 장애나 OS의 장애가 다른 파티션의 운영에 간섭되는 일은 없음.
공유 자원에 대한 강제적 사용의 거부	한 파티션이 자기에게 할당된 자원 이상을 가져가는 것을 차단해서 다른 파티션에 할당된 자원의 부족 현상 등을 차단함. 예를 들면, 한 파티션의 I/O에 병목 현상이 발생해도 그로 인한 다른 파티션에의 I/O 병목 현상이 생기는 일은 없음.

표 2-2 파티셔닝의 일반적 효과

항목	세부 설명
서버 통합	시스템 관리의 효율화 및 전체 시스템의 총 소유 비용을 줄이기에 적합.
자원 할당에 대한 증가된 유연성	수시로 변화하는 각 파티션별 자원 요구량에 맞추어 전체적인 시스템 자원을 재배치함으로써, 자원 활용도를 높일 수 있음.
운영 및 테스트 서버의 동시 운영 / 이행 서버 환경의 조성	새로운 버전의 애플리케이션 또는 OS를 도입하고자 할 경우, 새로운 서버를 추가하지 않아도 되며, 아주 간편하게 애플리케이션의 마이그레이션이 이루어질 수 있음. 이행 테스트를 할 때 테스트하는 동안의 일시적 자원 재할당으로 부하 상황까지 테스트 용이.
정확한 서버 사이징	필요한 자원만큼만 할당한 파티션을 구성함으로써, 불필요한 비용 낭비 절감 가능.
안전한 서버 사이징	예측 불확실한 새로운 서버를 구성할 때, 파티션으로 구성. 서버 전체적인 자원을 대상으로 확장 및 각 파티션 단위 재구성 용이.
사용 빈도가 낮은 자원 파티션별 공유	CD나 테이프처럼 사용 빈도가 낮은 자원을 공유함으로써, 불필요한 디바이스 추가/관리를 위한 비용 절감.

 가상화 기술의 새로운 패러다임

파티셔닝 기술의 선택 기준

p. 71의 [그림 2-5]에서도 미리 언급했지만 각 레벨별로 분류 가능한 파티셔닝 기술은 서로 장·단점을 가지고 있기 때문에 이 기술이 다른 기술보다 모든 면에서 월등하다고 보기는 힘들다. 다만, 적용 환경에 따라서 가장 적합한 기술을 취사선택하면 된다. [표 2-3]은 '가트너 그룹Gartner Group'에서 발표한 것으로, 파티셔닝 기술을 선택할 때 적용 가능한 기준을 제시한 것이다. 파티셔닝 기술을 선택할 참조 가능한 기준으로 이용할 수 있다.

표 2-3 파티셔닝 기술의 선택 기준

시스템의 필수 요건	요건 상세화
재구성 자체가 제약 없이 자유롭게 이루어지는가?	새로운 자원의 추가 변경시 신속한 자원 할당 가능 여부. 서비스 중단 없이 CPU, 메모리, I/O 배분의 가능 여부.
파티션의 세밀화Granularity가 보장되는가?	최소의 자원을 통한 단일 파티션 구성 가능 여부. → CPU, 메모리, I/O의 최소 구성 단위 여부 확인.
파티션을 얼마나 많이 생성해 낼 수 있는가?	향후 확장성을 고려해 지원 가능한 최대 파티션의 개수 확인.
융통성 있는 자원의 공유가 가능한가?	CPU, 메모리, I/O, 네트워크 등의 자원 공유 가능 여부. → 물리적인 자원의 한계를 넘어야 함.
파티션 사이에 커뮤니케이션이 잘 이루어지는가?	파티션 사이의 통신 효율성 극대화 여부. → 직접적인 메모리-메모리(Memory-to-Memory) 사이의 이동이 가능해야 함.

출처 : Gartner Research, 2003년 2월

2. 하드웨어 파티셔닝

서버 가상화라고 할 때 가장 먼저 떠오르는 개념이 파티셔닝 기술이다. 파

티셔닝이란 하나의 서버를 물리적으로 또는 논리적으로 여러 개의 작은 서버로 쪼개는 것을 의미한다. 파티셔닝은 서버 내의 CPU, 메모리, I/O 장치와 같은 하위 시스템 자원들이 물리적으로 파티션이라는 경계 단위로 분할되어 사용될 수 있도록 도와 준다. 일반적인 개념의 파티션은 최소한 1개 이상의 CPU 프로세서와 메모리 및 I/O 장치를 가져야 한다. 이때 하위 자원들은 반드시 정수 단위로 할당된다. 즉, CPU 1개 또는 이더넷 어댑터 2개와 같은 형태로 할당되며, 뒤에 설명할 서브 프로세서 파티셔닝을 이용할 경우에 한해서 CPU 0.4개 및 이더넷 어댑터의 공동 사용 등이 가능해진다. 여기에서는 일반적 개념의 파티셔닝을 위주로 설명한다.

파티셔닝의 종류에는 p. 77의 [그림 2-8]과 같이 크게 물리적 파티셔닝과 논리적 파티셔닝의 두 가지로 나눌 수 있다. 각 기술은 공통적으로 펌웨어Firmware를 사용하며, 단지 펌웨어를 어느 정도까지 활용하는지의 차이가 있을 뿐이다.

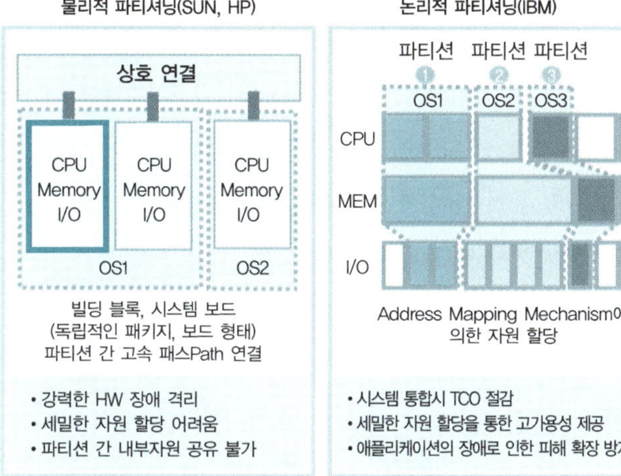

물리적 파티셔닝

물리적 파티셔닝이란 시스템 내부를 구성하는 물리적 시스템 보드 단위로 서버를 분할해 파티셔닝하는 기술을 의미한다. 시스템 보드란 일정 개수의 프로세서, 메모리, I/O 슬롯의 집합체를 의미하며 보드의 구성 요소 및 개수는 업체나 시스템 모델에 따라 달라질 수 있다. 이러한 물리적 파티셔닝 환경에서는 파티션에 자원을 할당하거나 추가하는 것이 대부분 보드 단위로 이루어진다. 그러므로 물리적 파티션은 가상화 단계 중에서 가장 기본 단계에 해당하는 가상화 형태이며, 자원의 유연하고도 정교한 분배가 이루어지기 어렵다.

물리적 파티션은 p. 78의 [그림 2-9]에서처럼 전체 시스템이 각 보드마다 물리적으로 분할되며, 각 분할 단편마다 하나의 운영 체제가 구동된다. CPU 같은 시스템 자원의 분배는 기본적으로 CPU 단위가 아닌 물리적 보드 단위로 가능하다. 즉, CPU와 같은 시스템 자원을 보드 단위로 물리적으로 분리하며 각자의 운영 체제, I/O, 디스크를 가지고 운영된다. 이런 형태의 장점으로는 하드웨어 차원의 독립성Isolation을 제공하므로 부분적인 하드웨어 장애에 대해서도 어느 정도 분리 대처가 가능하다. 물리적 파티션의 단점은 파티션 사이에 CPU 같은 자원의 공유가 불가능해서 세밀한 자원 할당 및 동적 자원 할당이 어렵다는 것이다. 즉, CPU와 메모리 및 I/O 디바이스 자체가 보드 위에 탑재되므로, 이런 형태의 파티셔닝에서는 CPU 같은 시스템 자원들이 보드 단위로 함께 움직인다고 볼 수 있다.

물리적 파티셔닝을 최초로 구현한 것은 역시 메인프레임이다. 1973년의 IBM S/370 모델에서 처음 이루어졌으며, 1990년 ES/9000 시리즈 모델이 물리적 파티셔닝을 지원하는 마지막 모델이다. 반면에 유닉스 기반 서버에서의 대표적인 사례로는 2000년 중반에 나온 HP의 nPAR, SUN의 DSDDynamic System Domains를 들 수 있다.

물리적 파티셔닝은 나름대로 파티션 사이의 독립성을 강조해 나온 구조로서 다이내믹한 재구성이 힘들다. 파티셔닝의 특성인 유연성이 떨어지는 구조이기 때문에 세밀한 파티셔닝이 필요한 서버 통합 환경에서는 부적합하다. 그러므로 일반적인 서버 통합에서 워크로드가 많은 서버들을 대상으로, 정확한 워크로드 사이징이 이루어진 다음에 통합해야 한다.

논리적 파티셔닝

파티셔닝의 두 번째 형태는 논리적 파티셔닝Logical Partitioning(LPAR)으로서 [그림 2-10]과 같이 주소 매핑 메커니즘Address Mapping Mechanism에 의해서 서버 자원을 각 파티션별로 격리해 제어한다. 논리적 파티셔닝은 하나의 물리적 서버 시스템을 다수의 파티션으로 나누어, 각 파티션별로 필요한 CPU, 메모리, I/O 자원을 할당해, 별도의 운영 체제를 가동할 수 있는 기능을 제공한다는 점에서는 물리적 파티셔닝과 동일하다.

그러나 CPU 같은 자원의 분배가 CPU가 탑재된 보드 단위에 제한을 받지 않으면서 파티션 사이에 논리적 자원 단위로 이루어진다. 따라서 거의 모든 종류의 조합 및 용량에 대해서 구성이 가능하다는 점이 특징이다. 즉, 물리적인 빌딩 블록과는 무관하게 프로세서, 메모리, I/O 슬롯 등의

그림 2-10 논리적 파티셔닝의 기본 구조

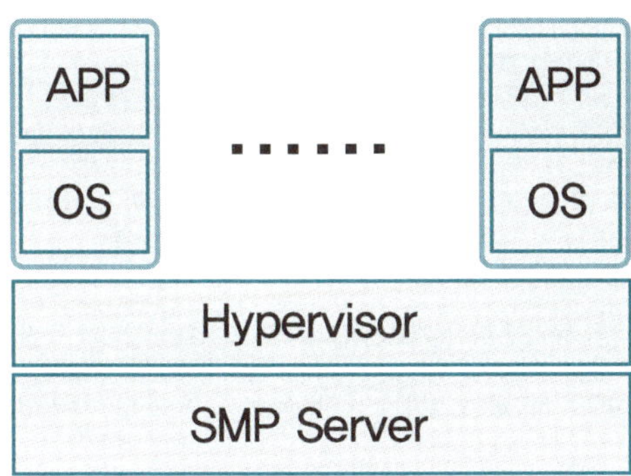

자원을 각각 원하는 개수만큼만 지정해 운영 체제를 구동하는 방법으로 훨씬 더 유연한 서버의 분할을 가능하게 한다.

논리적 파티셔닝 역시 하드웨어에 기반한 파티셔닝의 하나이며, 따라서 논리적 파티셔닝의 구성 형태에 따라 물리적 파티셔닝과 동일하게 구현할 수도 있다. 즉, 물리적 파티셔닝이나 논리적 파티셔닝이나 모두 하드웨어적으로 파티셔닝을 가능하게 하는 서버 가상화 기술 중의 하나이다. 단지 논리적 파티셔닝은 물리적 파티셔닝에 비해서 파티션을 구성할 때 훨씬 더 유연하게 구현할 수 있다는 장점이 있다.

논리적 파티셔닝의 시초는 1970년대에 출시된 IBM S/370으로서 이때 출시된 논리적 파티셔닝 기술은 오랜 검증을 통해 안정성을 인정받았으며, 지난 1999년에는 IBM AS/400 서버(현 System i)에 전수되었다. 또한 2001년에 IBM UNIX 시스템인 POWER 서버에서도 이러한 논리적 파티셔닝 기술을 채택하고 있다. 이처럼 업계 최고의 안정성을 제공하는 IBM 메인프레임의 축적된 기술력을 바탕으로 한 IBM System p 유닉스 서버의 논리적 파티셔닝은 여러 다른 경쟁 업체가 제공하는 파티셔닝 기술과는 차원이 다른 고기능 및 고가용성을 제공하고 있다. [표 2-4]는 위에서 언급된 두 가지 파티셔닝 방식에 대한 장·단점을 비교한 것이다.

표 2-4 물리적 파티션과 논리적 파티션의 장·단점

구분	장 점	단 점
물리적 파티셔닝	좀 더 우수한 OS 사이의 격리가 가능함. 예) 파티션별 파워 on/off	생성할 수 있는 파티션 수에 제약이 있음. 유연한 파티셔닝 구성이 어려움.
논리적 파티셔닝	더욱 유연한 파티션 구성이 가능함. 자원을 세분화해 할당하는 것이 가능하므로 하드웨어 서버 수가 감소됨.	파티셔닝의 독립성이 물리적 파티셔닝에 비해서 약한 경향이 있음. 하이퍼바이저의 종류 및 구현에 따라 달라짐.

파티션의 진화 : 서브 프로세서 파티셔닝

CPU 단위 또는 그룹별로 시작한 서버 파티셔닝 기술은 오늘날에는 더욱 진보해서 [그림 2-11]과 같이 한 개의 프로세서 상에 여러 개의 독립적인 파티션을 구동할 수 있는 서브 프로세서 파티셔닝Sub-processor Partitioning으로 발전되었다. 기존 하드웨어 방식의 파티셔닝인 물리적 파티셔닝이나 논리적 파티셔닝 모두 CPU를 '정수 개' 단위로 각 파티션마다 할당해야 하며, I/O 디바이스도 정수 개 단위로 각 파티션마다 할당해야 한다.

그러나 최근 단위 CPU당 성능이 비약적으로 발전했으며, 고객 업무의 워크로드가 크지 않은 상황에서 각 업무마다 최소 1개 이상의 CPU와 같은 단위 자원을 할당하는 것은 자원의 효율 측면에서 바람직하다고 볼 수 없다. 이런 요구를 반영해서 나온 물리적인 서버 차원의 가상화 기술이 서

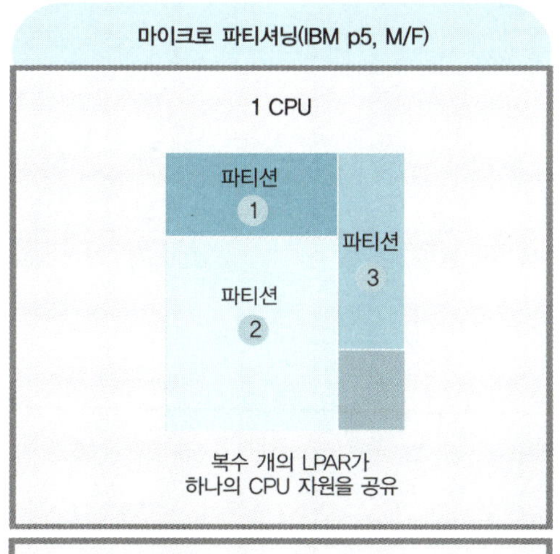

브 프로세서 파티셔닝이다. 때로는 업체에 따라서 '마이크로 파티셔닝'
또는 '버추얼 파티셔닝' 등으로 표현하기도 한다.

  서브 프로세서 파티셔닝은 [그림 2-12]처럼 어떤 서버에 있는 물리적
CPU의 개수보다 더 많은 수의 파티셔닝 실행을 가능하게 해 준다. 따라서
물리적으로 개인 CPU 자원을 더욱 작게 쪼개어 사용함으로써 필요한 용
량만큼 파티션 구성이 가능한 기술이며, 이를 통해 자원의 효율적 사용 및
비용 절감을 기대할 수 있다. 서브 프로세서 파티셔닝은 기본적으로 1개
미만의 CPU 자원으로 파티셔닝을 구성하고, 남는 CPU 자원을 버리지 않
고 다른 파티션 업무에 할당이 가능하다. 즉, 어떤 파티션에 0.6 CPU만큼
의 용량을 할당할 경우에 남은 0.4 CPU 용량은 다른 파티션을 구성하는
데 사용될 수 있다. 따라서 서브 프로세서 파티셔닝은 복수 개의 파티션

그림 2-12 서버 파티셔닝 기술의 발전 과정

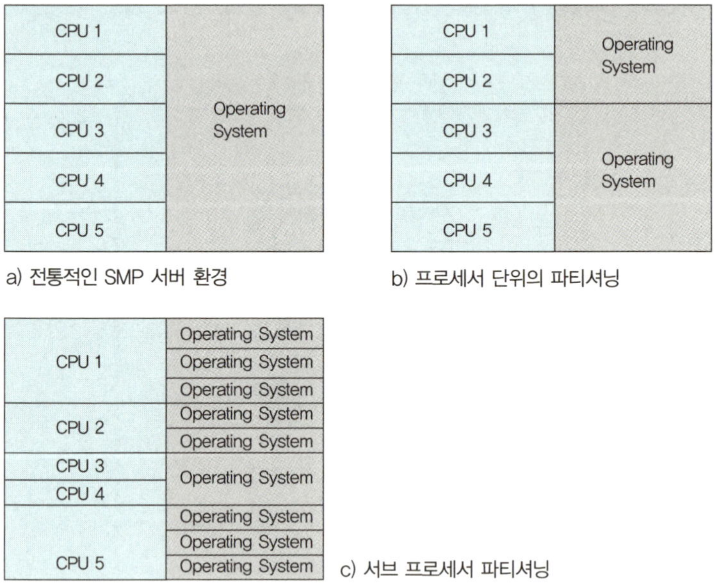

a) 전통적인 SMP 서버 환경

b) 프로세서 단위의 파티셔닝

c) 서브 프로세서 파티셔닝

사이에 하나의 CPU 자원을 공유하는 것을 허용한다. 앞에서 말한 물리적 파티션이나 논리적 파티셔닝만으로는 불가능한 수준의 세밀한 자원을 공유하는 방법이며, 이를 통해 CPU와 같은 자원의 효율성을 극대화할 수 있다.

이러한 기술은 이미 오래 전부터 메인프레임에서 지원해 왔던 검증된 기술로, 근래에는 유닉스 운영 체제 서버에서도 다양한 가상화 기술의 진보와 함께 등장했다. IBM의 마이크로 파티셔닝 기술, HP의 인테그리티 가상 머신Integrity Virtual Machine(IVM) 같은 기술이 대표적인 사례이다. p. 82의 [그림 2-12]는 서버 가상화 기술의 핵심인 파티셔닝 기술이 어떤 식으로 발전해 왔는지를 보여 준다. 서브 프로세서 파티셔닝이 가능할 경우, 물리적 CPU보다 많은 수의 운영 체제를 하나의 서버에서 실행할 수 있다.

서브 프로세서 파티셔닝은 어떤 레벨에서 지원하는지에 따라 하드웨어적인 파티셔닝과 소프트웨어적인 파티셔닝으로 구분할 수 있다. 대표적인 사례로 IBM의 Micro Partition은 하드웨어 차원의 파티셔닝이며, VMware는 소프트웨어 차원의 파티셔닝으로 볼 수 있다. 참고로 HP의 vPAR라는 이름은 가상 파티셔닝이라고 하지만 서브 프로세서 파티셔닝 기능이 지원되지 않는다. 즉, CPU 한 개 단위로 할당이 가능하며, nPAR 단위 안에서만 분할이 가능하다는 제약을 가지고 있다.

아무튼 서브 프로세서 파티셔닝은 파티셔닝의 단위Granularity를 최소화한 것으로 업체에 따라서 1/10~1/20 수준까지 세밀하게 단위를 구분할 수 있다. 단위의 세밀화 측면에서는 하드웨어 차원의 서브 프로세서 파티셔닝보다는 소프트웨어 차원의 서브 프로세서 파티셔닝이 더 세밀하게 할 수 있다. 그러나 이와 반대로, 성능 측면에서는 하드웨어적인 접근 방법이 좀 더 큰 장점을 가지고 있다.

3. 하이퍼바이저 파티셔닝

하이퍼바이저는 물리적 서버 위에 존재하는 가상화 레이어로서 운영 체제가 구동할 수 있는 하드웨어 환경을 가상으로 만들어 준다. 일반적으로 많이 알려진 가상 머신Virtual Machine을 하이퍼바이저라고 보아도 무방하다. 하이퍼바이저를 이용한 서버 가상화 기술은 소프트웨어적 파티셔닝이라고도 일컫는다. 하이퍼바이저를 통해 사용자들은 추가 하드웨어 구입 없이도 새로운 운영 체제의 설치, 애플리케이션의 테스팅 및 업그레이드를 동일한 물리적 서버 상에서 동시에 수행할 수 있게 되었다. 이를 통해 같은 물리적 서버 상에서 다른 운영 체제 이미지로 가동되는 운영 시스템들 사이에 아무런 영향을 끼치지 않고 새로운 애플리케이션들을 동시에 테스트할 수도 있다.

오늘날 하이퍼바이저는 아주 세밀하고 가변적으로 자원 설정이 가능하다. 실제 자원의 가상화뿐만 아니라 가상 자원을 생성 또는 공유할 수 있으며, 가상 머신들 사이에서 시스템의 재시동Rebooting 없이도 자원들이 동적으로 파티션들 사이에 전환될Switching 수 있도록 해 준다.

하이퍼바이저(또는 가상 머신)라는 개념은 최근에 나온 것이 아니다. 1967년 IBM 메인프레임에서 처음 소개된 가상 머신VM은 운영 체제 이미지의 가상화를 구현함으로써 가상화의 새로운 장을 열었다. 그리고 현재는 z/VM으로 명칭만 바뀌어서 여전히 System z에 적용되고 있다.

하이퍼바이저와 관련된 기술들을 분류하는 데에는 여러 가지가 있다. 먼저 플랫폼별로 분류하면 인텔 계열의 하이퍼바이저로는 VMware, MS Virtual Server, Xen 등이 있으며, 유닉스 계열로는 IBM의 POWER Hypervisor 등이 있고, 메인프레임 계열로는 z/VM과 하드웨어 펌웨어로 분류되는 PR/SM을 들 수 있다.

한편, [그림 2-13]과 같이 가상화를 제공하는 하이퍼바이저가 물리적인 하드웨어 또는 호스트 운영 체제와의 관계에서 어디에 위치하는지에 따라 베어메탈Bare-metal 하이퍼바이저(Host OS 이전 단계라는 의미)와 호스트 기반 하이퍼바이저로 나눌 수 있다. 베어메탈 하이퍼바이저는 다시 반가상화Para Virtualization와 완전 가상화Full Virtualization로 구분할 수 있다. 이 분류 방식을 따를 경우, 베어메탈 하이퍼바이저 형태에는 System z의 PR/SM과 z/VM, System p의 POWER Hypervisor, VMware의 ESX Server, Xen Hypervisor를 들 수 있다. 그리고 운영 체제 기반 하이퍼바이저에는 VMware의 Workstation, MS의 Virtual Server, HP의 IVM 등을 들 수 있

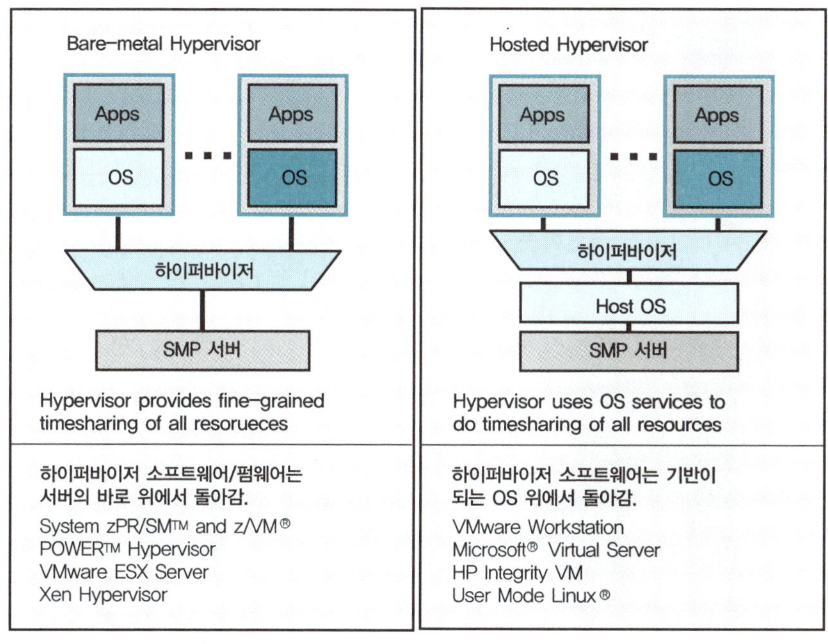

그림 2-13 하이퍼바이저를 이용한 두 가지 종류의 가상 머신

다. 리눅스Linux의 사용자 모드User Mode도 알고 보면 운영 체제 기반의 하이퍼바이저라고 볼 수 있다.

서버 가상화의 대표적인 기술인 VMware의 ESX Server와 IBM의 POWER Hypervisor 사이에는 뚜렷한 차이점이 있다. VMware의 ESX Server는 리눅스 운영 체제의 핵심인 커널을 작게 만들고 특화시켜 재구성한 것으로서, 어떤 의미에서는 가벼운 운영 체제라고 볼 수 있다. 반면에 IBM POWER Hypervisor는 하드웨어의 펌웨어 자체가 하이퍼바이저를 구성하고 있어서, 어떤 경우에는 하드웨어 하이퍼바이저라고 일컫기도 한다. 아무튼 하이퍼바이저의 가장 큰 특징은 높은 효율성과 가용성을 제공한다는 것이다. 특히 자원 공유를 통한 서버의 효율을 더 높게 유지하기 위해서는 베어메탈 하이퍼바이저 방식이 선호되는 편이다.

베어메탈Bare-metal 하이퍼바이저

베어메탈 하이퍼바이저는 호스트 운영 체제 없이 또는 매우 가벼운 호스트 운영 체제 위에서 하드웨어를 직접 제어하는 하이퍼바이저를 통해 서버 가상화를 구현하는 방식을 말한다. 여기에는 하드웨어의 모든 자원들을 제어함으로써 게스트 운영 체제를 수정하지 않은 채 100% 그대로 가상화된 환경 위에서 사용할 수 있는 완전 가상화와 게스트 운영 체제의 일부분을 수정해야 하는 반가상화로 나눌 수 있다. 반가상화의 대표적인 사례로는 IBM POWER Hypervisor와 Xen 2.0을 들 수 있으며, 완전 가상화의 대표적인 사례로는 VMware ESX Server를 들 수 있다. 완전 가상화 방식과 반가상화 방식 중 어느 하나의 방식이 다른 방식보다 우월하다고 단정할 수는 없다. 각 방식은 나름대로 장점과 단점을 가지고 있으며, 플랫폼과 상황에 따라서 발전 구조가 다르기 때문이다.

완전 가상화

완전 가상화는 CPU뿐만 아니라 메모리, 네트워크 장치 등 모든 자원을 하이퍼바이저에서 직접 제어하고 관리하기 때문에 어떤 운영 체제라도 수정하지 않고 설치가 가능한 장점이 있다. 반면에 하이퍼바이저에서 자원을 직접 제어하기 때문에 워크로드의 부담이 발생한다. 또한 자원들이 하이퍼바이저에 너무 밀접하게 연관되어 있어서 온라인 중 게스트 운영 체제에 할당된 CPU나 메모리 등의 자원에 대한 동적 변경 작업이 단일 서버 내에서 불가능하다. 굳이 변경하려면 해당 파티션을 중단한 다음에 변경하거나 VMware의 VMotion과 같은 파티션 모빌리티Partition Mobility 기능을 이용해야 한다.

반가상화

반가상화는 하이퍼바이저에서 대부분의 가상화 작업을 수행하지만 CPU 또는 메모리에 대한 사용 제어를 하이퍼바이저가 직접 수행하는 것이 아니라 게스트 운영 체제에게 처리하도록 넘겨준다. 이에 따라 게스트 운영 체제의 일부분이 수정되어야 하며, Xen 기반 아래에서 수행되는 리눅스의 경우에는 무려 20% 정도의 커널 수정이 있어야 한다. 이처럼 수정된 게스트 운영 체제는 CPU나 메모리와 같은 자원에 대한 직접적인 제어권을 스스로 행사하며, 자원의 변화와 같은 동적 가상화 환경에 유연하게 적응할 수 있다. 그 때문에 반가상화 기반에서 파티션에 대한 CPU와 메모리 등 자원의 동적 변경이 파티션의 중단 없이 쉽게 이루어질 수 있으며, 완전 가상화 방식에 비해서 성능이 뛰어나다.

운영 체제 기반 하이퍼바이저

하이퍼바이저를 이용한 파티셔닝 기술 중에서 운영 체제 기반 파티셔닝 기술은 가상화 구현의 전제 조건으로 [그림 2-14]와 같이 완전한 형태의 운영 체제가 미리 설치되어 구동되어야 한다. 즉, 중심(호스트)이 되는 운영 체제 위에 하이퍼바이저가 별도로 설치된 후, 파티션을 나누어 게스트 운영 체제들이 설치 및 운영되는 아키텍처이다. 그러므로 게스트 운영 체제 측면에서 별도의 수정 및 간섭 없이 호스트 운영 체제가 인식한 하드웨어를 가상 하드웨어로 재사용한다. 따라서 '호스트 기반 하이퍼바이저' 라는 이름으로도 일컬어진다.

운영 체제 기반 하이퍼바이저는 다른 가상화 환경에 비해서 성능은 물론이고 자원 관리 능력 측면에서 제약 사항이 많은 편이다. 이런 방식의 가장 큰 약점은 단일 운영 체제의 취약성에 있다.

그림 2-14 운영 체제 기반 하이퍼바이저의 구조

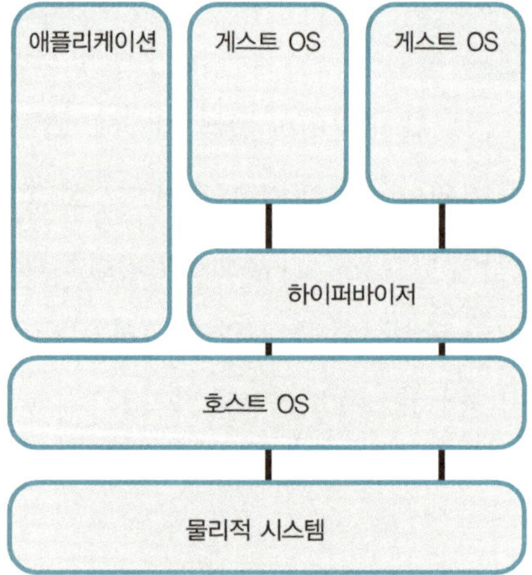

예를 들어 호스트 운영 체제 레벨에서 보안 이슈가 생길 경우에는 전체 게스트 운영 체제의 신뢰성에 문제가 발생할 수 있기 때문이다. 그러나 가상화 기능의 구현 및 활용 측면에서 운영 체제 기반 하이퍼바이저는 테스팅 환경이라는 체험 공간을 편리하게 제공하기 때문에 나름대로 의미가 있다. 호스트 기반 하이퍼바이저의 대표 사례로는 VMware의 Workstation, Microsoft의 Virtual Server, HP의 IVM을 들 수 있다.

4. 애플리케이션 파티셔닝

오래 전부터 System z와 같은 대형 서버들은 단일 운영 체제 시스템(또는 운영 체제 이미지) 위에서 높은 가용성이 요구되는 애플리케이션들이 서로 영향을 미치지 않으면서 돌아갈 수 있도록, 독립적인 메모리 공간 영역을 별도로 할당하는 아키텍처 디자인을 유지해 왔다. [그림 2-15]처럼 애플리케이션 중심의 단일 사용보다는 애플리케이션들끼리 공유에 적합하도록 디자인된 좀 더 발전된 형태의 아키텍처가 애플리케이션과 미들

그림 2-15 애플리케이션 파티셔닝의 기본 구조

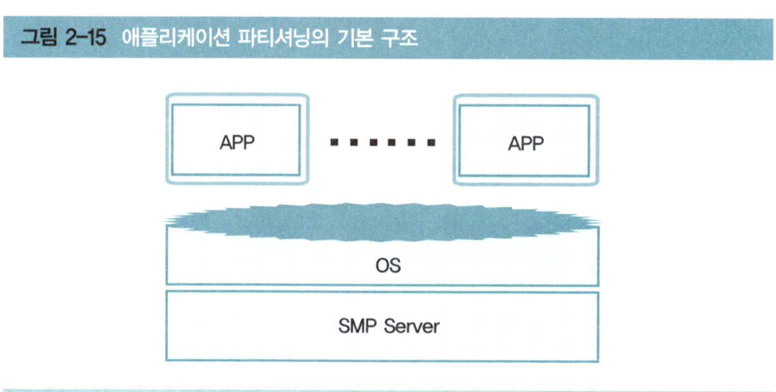

웨어 사이에서 독립성을 제공하며 데이터 정합성을 보장해 준다. 이처럼 단일 운영 체제 상에서 애플리케이션들이 CPU나 I/O 디바이스 등을 공유하면서도 독립된 메모리 활동 영역을 할당받아 서로 영향을 미치지 않으면서 가동되는 형태를 애플리케이션 파티셔닝Application Partitioning이라고 한다. 또한 매니지드 런타임Managed Runtime 등 다양한 이름으로 일컫기도 한다.

애플리케이션 파티셔닝의 대표적인 예는 1970년대에 소개된 메인프레임의 MVS가 있으며, 유닉스 시스템에서는 선 솔라리스Sun Solaris의 Container, IBM AIX의 Workload Partition을 들 수 있다. x86 플랫폼에서는 일부 비슷한 형태의 제품들이 있으나 그다지 널리 알려진 기술은 아직 나오지 않고 있다. 애플리케이션 파티셔닝이 운영 체제와 밀접한 연관이 있는 관계로 운영 체제 업체의 적극적인 지원이 필요하기 때문인 것으로 판단된다.

애플리케이션 파티셔닝은 단일 운영 체제 상에서 다양한 애플리케이션을 통합함으로써 서버 통합을 위한 하나의 접근 방법을 제공한다. 또한 관리 대상인 운영 체제 이미지 개수를 줄여 줌으로써 관리 부담이 줄어들며, 높은 유연성을 제공하는 등 많은 장점이 있다.

그러나 단일 운영 체제 환경 위에 모든 애플리케이션들이 존재한다는 것이 가장 큰 약점이다. 그러한 취약성 때문에 운영 체제에 오류가 생겼을 때에는 모든 애플리케이션 파티션에 장애가 발생할 수 있다. 또한 모든 애플리케이션은 운영 체제의 동일한 버전을 지원해야 하는 등 약간 까다로운 환경도 요구한다.

일반적으로 애플리케이션 파티셔닝은 물리적 파티셔닝과 같은 하드웨어 파티셔닝보다는 장애의 단절이라는 측면에서 안정성이 낮은 편이나, 유연성과 워크로드 관리라는 측면은 애플리케이션 파티셔닝이 물리적 파티셔닝보다 우수하다.

5. I/O 가상화

앞에서 소개한 서브 프로세서 파티셔닝 기술을 이용하면 한 개의 CPU에 여러 개의 운영 체제를 구동시키는 것이 가능해진다. 이러한 상황에서 가장 먼저 당면하는 문제는 I/O 슬롯의 부족 문제이다. 현재 하이엔드High-end 서버들은 CPU, 메모리, I/O 장치 측면에서 많은 확장성을 제공해 준다. 하지만 물리적인 I/O 장치의 확장성 제한은 한 서버당 생성할 수 있는 파티션의 수를 제한하는 요소가 될 수 있다.

왜냐하면 서버는 운영 체제를 위한 SCSI 어댑터SCSI Adapter 1개, 외부 통신을 위한 이더넷 카드Ethernet Card 1개가 필요하기 때문이다. 그리고 이런 I/O 장치는 초창기의 파티션 환경에서는 공유할 수 있는 자원이 아니었다. 그러므로 현재 서버에 꽂혀 있는 I/O 장치의 수에 의해서 파티션 개수가 제한되는 경우가 일반적인 상황이었다.

그러나 근래에는 I/O 장치의 대역폭이 획기적으로 향상되었으며, 또한 한층 발전된 가상화 기능은 이처럼 향상된 대역폭을 여러 파티션 사이에 공유하는 기능들을 지원함으로써 문제를 간단하게 해결한다.

따라서 CPU 자원의 파티셔닝만으로는 가상화를 통한 진정한 서버 통합을 구현한다고 볼 수 없으며, 이를 보완하기 위해 어댑터와 같은 I/O 자원들을 공유할 필요가 있다. 또는 가상 머신이나 파티션들 사이에 I/O 통신이 이루어져야 한다. 이를 위해 가상 디스크 어댑터, 가상 이더넷 어댑터, 공유 이더넷 어댑터 등과 같은 몇 가지 기술들이 보완·적용되어야 한다.

I/O 가상화는 구현 형태에 따라 하드웨어 수준에서 지원할 수도 있으며, 운영 체제와 같은 소프트웨어 수준에서 지원할 수도 있다. 구체적인 사례로 IBM의 VIOVirtual I/O 서버는 하드웨어(정확히 말해 펌웨어)에 좀 더 무게중심을 둔 방식이다. 이와는 달리 VMware의 I/O 가상화는 VMware

라는 중간 소프트웨어에서 지원하는 방식이다. 참고로 물리적 파티셔
닝 방식은 파티션 사이의 I/O 가상화를 원칙적으로 지원할 수 없는 구
조이다.

가상 이더넷

가상 이더넷은 대표적인 I/O 가상화 기술의 하나로, 가상화 기능 중에서
물리적으로 존재하지 않는 자원을 만들어 내는 에뮬레이션 기능을 이용한
다. 가상 이더넷 기능을 사용할 경우, 각 파티션들 사이에 물리적인 네트
워크 어댑터 없이도 메모리 버스를 통해 파티션 내부 사이의 고속 및 고효
율의 통신이 가능하다. 또한 가상 이더넷은 IEEE 802.1Q 가상 LAN 기술
을 기반으로 네트워크 파티션도 가능하게 한다.

　예를 들어 하나의 서버에 4개의 파티션을 구성하고 파티션 1과 파티션
2를 하나의 가상 LAN으로 묶고, 나머지 파티션들을 또 하나의 가상 LAN
으로 묶으면 두 개의 네트워크 파티션으로 분리된 파티션 사이에는 서로
통신할 수 없다. 이처럼 가상 이더넷을 통해 사용자들은 별도의 물리적 어
댑터와 케이블을 사용하지 않고서도, 그리고 어댑터 구매에 따르는 관리
및 비용 부담 없이도 네트워크의 이중화, 네트워크의 안정적인 단절, 그리
고 향상된 보안 체계를 가질 수 있다.

공유 이더넷 어댑터

공유 이더넷 어댑터Shared Ethernet Adapter는 여러 개의 파티션이 물리적인
네트워크 카드를 공유할 수 있게 하며, 공유된 물리적 카드를 통해서 외부
네트워크와 통신이 가능하게 한다. 특히 파티션의 개수보다 물리적 어댑

터의 개수가 적은 경우에 여러 파티션들이 물리적 이더넷 어댑터를 공유
할 수 있게 해 주므로 유용하다. 또한 가상 이더넷에서 실제 네트워크 어
댑터로 네트워크 트래픽을 보내 줌으로써 가상 이더넷과 실제 물리적 이
더넷을 연결해 주기도 한다.

[그림 2-16]은 POWER 서버 환경에서 가상 I/O 서버, 가상 이더넷 어
댑터, 공유 이더넷 어댑터, 가상 I/O 클라이언트의 관계를 도식화한 것이
다. 공유 이더넷은 가상 I/O 서버에 할당된 물리적인 네트워크 어댑터와
가상 I/O 서버에서 만든 가상 네트워크 어댑터를 매핑해 생성한다. 별도
의 파티션에 가상 I/O 서버를 설치 및 구성하고, 다른 파티션들은 가상
I/O의 클라이언트가 되어 가상 I/O 서버가 제공하는 공유 이더넷에 접근
한다. 이 공유 이더넷이 실제 물리적인 이더넷 어댑터와 매핑되어 있기 때
문에 실질적으로 외부 네트워크의 접근 통로 역할을 할 수 있다.

그림 2-16 가상 이더넷과 공유 이더넷의 구조

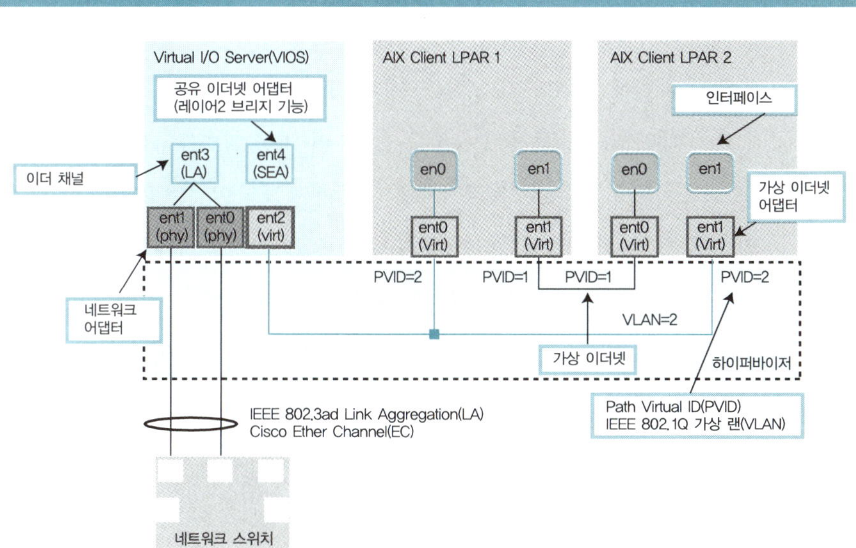

가상 디스크 어댑터

한 대의 서버를 여러 개의 파티션으로 나누어 구성할 경우에 가장 문제가 되는 부분이 I/O 어댑터의 부족이다. 특히 외장 디스크를 사용할 수 있게 해 주는 파이버 채널 어댑터Fiber Channel Adapter가 절실히 부족해진다. 이를 해결하기 위해 가상 디스크 어댑터의 개념이 필요하다.

일반적으로 하나의 서버 내에 구성된 파티션이 디스크 자원을 얻는 방법은 크게 두 가지로 나누어진다. 첫 번째는 SCSI 버스SCSI Bus를 통한 내장 디스크 자원의 획득이고, 두 번째는 파이버 채널 어댑터를 통한 외장 디스크 자원의 획득이다. 그런데 서브 프로세서 파티셔닝이 적용되고 많은 수의 파티션을 구성한 후, 운영 체제 설치를 위해 기존의 방식으로 디스크를 할당받는 것은 많은 비용이 소요되며 현실적으로 불가능한 경우도 있다. 이때 가상 디스크를 이용하면 적은 비용으로 문제를 간단히 해결할 수 있다.

가상화된 환경에서 가상 디스크를 이용해 파티션이 디스크 자원을 획득하는 방법에는 두 가지가 있다. 먼저 내장 디스크의 경우에 가상 I/O 레이어가 내장 디스크들을 소유하고 있고, 이 내장 디스크들을 논리적 디스크 드라이브로 나눈다. 논리적으로 나누어진 드라이버는 LUN으로 각 파티션에 가상 디스크 어댑터를 통해서 분배된다. 해당 파티션은 이렇게 획득한 논리적 디스크 자원을 물리적 자원처럼 인식한다.

두 번째로, 외장 디스크의 경우에 먼저 가상 I/O 레이어가 파이버 채널 어댑터를 통해서 외장 디스크의 LUN을 획득한다. 그리고 내장 디스크와는 달리 가상 I/O 레이어가 이 자원을 논리적 디스크드라이브로 다시 나누지 않고, 바로 각 파티션에 가상 디스크 어댑터를 통해서 분배한다. 이처럼 가상 I/O 레이어를 통해 제공된 논리적 디스크 볼륨은 이를 이용하

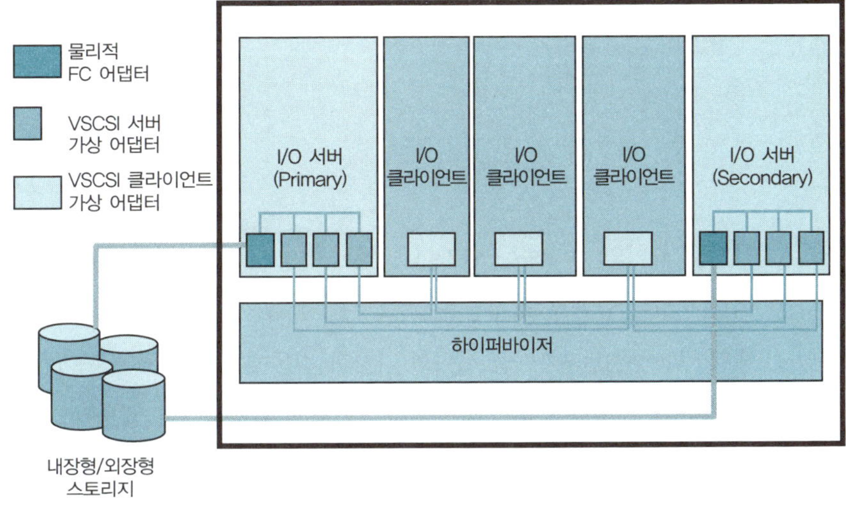

는 다른 파티션들에게는 SCSI 디스크로 나타난다. [그림 2-17]은 IBM POWER 서버 기반에서 가상 디스크의 할당 구조를 보여 준다.

IBM System p의 I/O 가상화 기술은 다른 벤더와 달리 조금 독특한 방법을 사용한다. 즉, 가상 I/O 서버(또는 VIOS)라는 특별한 목적의 가상 파티션을 가지고 있으면서 다른 파티션들에게 I/O 자원을 공급하는 구조를 채택하고 있다. 가상 I/O 서버를 구성하지 않고 파티션마다 I/O 자원을 할당할 수 있지만, I/O 자원이 부족할 경우 등에는 가상 I/O 서버가 물리적 자원을 소유하면서 다른 파티션들에게 I/O 자원의 공유를 허용해 준다.

그러나 최근 가상 I/O 서버를 구성하지 않고서도 여러 파티션 사이에 네트워크 I/O 자원을 공유할 수 있는 통합 가상 이더넷Integrated Virtual Ethernet이 발표되었다. 이를 통해 더 이상 가상 I/O 서버를 통하지 않고서도 I/O 자원을 공유할 수 있으며, 하이퍼바이저 레벨에서 직접 I/O 자원들의 공유를 가능하게 할 수 있다.

6. 다중 서버 간의 가상화

서버들 사이의 가상화는 한마디로 정의하기 어려운 영역이다. 서버 내의 가상화는 앞에서 소개된 여러 계층들(하드웨어 자체나 하이퍼바이저 등)에서 가능하지만, 서버들 사이의 가상화 경우에는 기술적 성숙도 등 고려해야 할 사항들이 많기 때문이다. 이 책의 뒷부분에서 소개할 스토리지 가상화의 일종인 블록 가상화는 출발 개념부터가 다른 기종의 스토리지 사이의 가상화이며, 오래 전부터 이미 서버 단에서 사용되던 논리적 볼륨 매니저Logical Volume Manager(LVM) 기술을 활용했기 때문에 쉽게 해결되었다.

그러나 서버들 사이의 가상화는 차원이 다르며, 특히 다른 기종 서버들 사이에는 말할 나위도 없다. 따라서 현재의 기술로서는 당분간 동일 기종이라는 제약을 안고 가면서 다중 서버들 사이의 가상화 개념을 전개해야할 것이다. 현재 서버들 사이의 가상화를 가능하게 하는 기술로는 베어메탈 하이퍼바이저(완전 가상화)와 애플리케이션 파티셔닝, 그리고 불균일 기억 장치 접근NUMA 아키텍처를 이용한 빌딩 블록 모듈러Modular 방식 정도로 보고 있다. 하드웨어적인 접근은 융통성이 없는 편이며, 운영 체제를 통한 서버들 사이의 가상화는 운영 체제 자체가 너무 무거워지는 측면이 있기 때문이다.

하이퍼바이저 방식

하이퍼바이저를 이용한 다중 서버들 사이의 가상화는 서버들 사이의 공통된 하이퍼바이저를 통해 서로 통신하면서 물리적 서버 자원의 가상화 효과를 얻는다. 여기에서 언급된 가상화 효과의 수준은 다른 서버에서 구동되는 파티션을 다른 서버로 옮길 수 있는 수준이며, 두 개의 독립된 서버들을 하나로 통합된 큰 서버로 만들지는 못한다.

예를 들어 4 CPU를 가진 서버가 두 대 있는 경우에 하이퍼바이저 방식으로 서버 사이의 가상화를 이룬다 하더라도 8 CPU 서버를 만들 수는 없다는 의미이다. 하지만 파티션이 물리적으로 다른 서버로 옮겨갈 때 파티션 내에 있던 모든 운영 체제 및 애플리케이션들이 온라인 중에 다른 서버로 옮겨간다는 것 자체는 예전의 서버 가상화 기술에서 진일보한 놀라운 발전이다.

대표 사례로는 VMware의 VMotion과 IBM의 파티션 모빌리티Partition Mobility를 들 수 있다. 서버들 사이의 가상화를 가장 먼저 선보인 것은 VMware의 버추얼 센터Virtual Center로서 VMware ESX Server가 설치된 x86 기반 서버들 사이에 자유롭게 서버 파티션을 이동할 수 있는 가상 인프라를 구현하고 있다.

한편, 유닉스 서버들 사이의 가상화는 그동안 전무했으나 p. 98의 [그림 2-18]과 같이 최근 IBM POWER 서버의 출시와 함께 파티션 모빌리티가 발표되면서 양상이 달라졌다. 파티션 모빌리티의 기본 개념은 VMware의 버추얼 센터와 유사하다. 하지만 버추얼 센터가 가지고 있던 파티션당 최대 4 CPU의 제약 사항 자체가 없어지는 등 훨씬 진보된 형태로 발표되었다.

이들 두 가지 방식의 공통점으로는 각 서버들 사이의 운영 체제 이미지

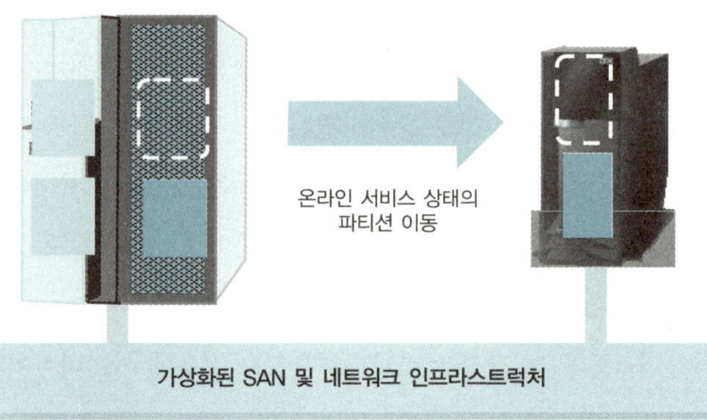

와 데이터는 모두 SAN 환경에서 가상화가 이루어져 있어야 한다. 즉, 저장되는 모든 데이터가 SAN 외장 스토리지를 이용해 저장되며, 또한 관련되는 모든 서버가 SAN 스토리지를 공유해야 한다.

애플리케이션 파티셔닝 방식

앞에서 소개된 애플리케이션 파티셔닝 기능은 아직까지 단일 운영 체제라는 공간에서 애플리케이션의 운영 환경을 구분해 실행하는 것이기 때문에 다중 서버 사이의 가상화라고 보기는 어렵다. 그러나 운영 체제 상에서 파티셔닝된 애플리케이션 운영 환경이 다른 서버에 설치된 같은 종류의 운영 체제로 이동해 운영될 수 있다면, 다중 서버 사이의 가상화를 위한 방법의 하나로 볼 수 있다.

왜냐하면 물리적으로 서로 다른 서버의 자원을 활용할 수 있다는 점에서 넓게 보아 서버들 사이의 가상화 기술의 하나로 볼 수 있기 때문이다. 이러한 기능을 애플리케이션 모빌리티Application Mobility라고 한다.

애플리케이션 파티셔닝은 운영 체제가 지원하는 기능이기 때문에 애플리케이션 모빌리티를 지원하기 위해서는 물리적인 서버의 형태와 무관하게 운영 체제 레벨에서 이루어져야 한다. 현재 오픈 시스템에서 SUN 운영 체제인 솔라리스Solaris는 비록 Container라는 이름의 애플리케이션 파티셔닝을 제공하고 있지만 애플리케이션 모빌리티를 제공하지 않는다. 대신에 IBM의 AIX6에서는 새로운 버전의 출시와 함께 애플리케이션 파티션의 자유로운 이동을 가능하게 하는 기능이 출시될 것으로 예상된다.

참고로 애플리케이션 모빌리티와 유사한 기능으로 애플리케이션 자체는 아니지만 애플리케이션의 인스턴스Instance 복제 기능을 통해 서버들 사이의 가상화를 구현하는 방법도 있다. WAS와 같은 웹 애플리케이션은 워크로드의 분산을 위해서 필요할 경우에는 자기 복제 기능을 이용해 워크로드가 낮은 서버에 자기의 인스턴스를 생성해 프로세스를 수행할 수 있다.

빌딩 블록 모듈 방식

NUMANon-Uniform Memory Access 아키텍처의 특성을 이용해서 단위 서버들 사이에 외부 케이블 연결을 통해 낮은 용량의 서버에서 대용량 서버까지 다양한 용량 구성이 가능한 방식을 빌딩 블록 모듈러Building Block Modular 방식이라고 한다. 여기에서 각 단위 서버는 단독으로 존재할 경우에 일반 서버와 마찬가지로 내장 디스크와 외부 I/O 디바이스를 가지고 있어서 운영 체제 설치가 가능하며, 외부 케이블을 이용해 단위 서버들끼리 연결할 경우에는 통합된 단일 서버를 구성하게 된다. 이러한 방식은 현재 다양한 서버 업체들이 활용하고 있으며, 특히 SMP 서버의 선형적 성능 확장에 많은 기여를 하고 있다. 이처럼 빌딩 블록 모듈러 방식은 그 자체만으로도 훌륭한 서버들 사이의 가상화 기술로 인정받는다.

일반적으로 빌딩 블록 모듈러 방식에서 컴퓨팅 용량을 늘리기 위해 단위 노드 서버들을 연결하거나 장애가 발생한 단위 노드 서버를 교체할 경우에는, 기존 업무를 중단하고 전원을 끈 다음에 물리적인 케이블 작업을 한다.

그러나 최근 서버 기술은 진행 중인 업무를 중단하지 않은 상태에서 다른 작업 수행을 지원하기 위한 구조에 초점을 맞추어 계속 변화하고 있다. 당연히 가상화 기술 또한 이런 추세에 맞추어 발전하고 있다. 빌딩 블록 모듈러 방식에 적용되는 최신 기술 경향은 단위 노드 서버들 사이의 연결이나 장애 노드 교체와 같은 시스템 중단 사유가 발생하더라도 업무 중단 없이 진행할 수 있는 기반 기술이 계속 발전하고 있다. 이와 같은 작업은 '핫 노드 증설Hot Node Add' 과 '콜드 노드 보수Cold Node Repair' 로 일컬어진다. 그 대표 사례가 [그림 2-19]와 같이 IBM POWER6 기반 서버들로 이루어진 p570 서버이다. 이를 지원하는 운영 체제가 함께 출시되면 메인프레임에 근접하는 가용성을 확보할 수 있으리라고 예상된다.

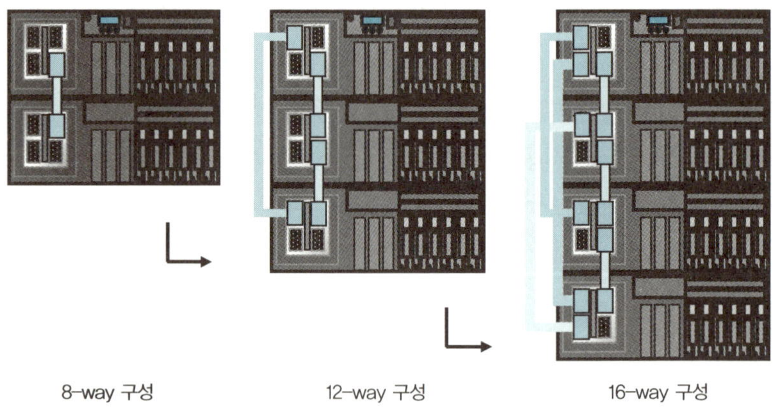

7. 서버 가상화 솔루션의 예

시장에서 많이 통용되는 주요 서버 가상화 기술을 플랫폼별로 간단히 정리했다.

IBM 메인프레임 가상화

실제적으로 가상화를 가장 먼저 표방하고 기술적으로 완성한 IBM의 서버는 바로 메인프레임으로서 서버 가상화의 역사 그 자체라고 볼 수 있다. 1968년에 IBM은 메인프레임에 탑재되는 운영 체제의 하나로 Virtual Machine을 발표하는데, 오늘날 Linux on System z와 함께 하나의 하드웨어 시스템에 수십 또는 수백 개의 가상 서버 환경을 구축할 수 있어 새롭게 주목받는 가상화 기술의 핵심인 z/VM의 전신이다. 현재 z/VM의 최신 버전은 5.3이며, 하나의 시스템 위에 가상으로 수백 개의 운영 체제 이미지를 동시에 운영하는 것이 가능하게 하는 이른바 운영 체제 단위의 가상화이다.

4년 후인 1976년에 IBM S/370에서 논리 파티션, 즉 LPAR를 최초로 실험해 성공을 거두었다. 그 뒤로 경쟁 업체들이 앞다투어 이 기술을 차용하기 시작했으며, 1988년 PR/SMProcessor Resource/System Manager를 출시하고 z/VM과 같은 형식으로 단일한 운영 체제를 수십 개의 LPAR로 나누어 하나의 물리 서버에서 실행하게 된다. z/VM과 PR/SM의 차이는 전자가 소프트웨어 차원의 하이퍼바이저를 통해 구현했다면, 후자는 하드웨어의 펌웨어를 통해 구현했다는 기본적인 차이가 있을 뿐이다. 그러므로 두 가지 방식 모두 다수의 CPU를 하나의 LPAR 또는 VM에 공유하거나, 반대로 하나의 CPU를 쪼개어서 다수의 LPAR 또는 VM에 나눠 줄 수도 있다. 심지어 z/VM의 경우에는 물리적인 CPU 개수보다 많은 개수의 CPU를 VM에 할당할 수 있지만 현실적으로 하드웨어 자원의 제한으로 인해 성능은 물리적 한계를 넘을 수 없다.

현재 IBM System z의 가상화는 LPAR, z/VM, 애플리케이션 파티셔닝 세 가지 모두를 지원하며 하이퍼 소켓Hipersocket이라고 일컫는 네트워크 가상화도 지원한다.

z/VM 및 LPAR

z/VM은 소프트웨어 측면의 가상화 솔루션이다. 2007년 6월, 최신 버전인 z/VM V5.3이 출시되었다. V5.3에서는 하나의 하이퍼바이저 상에서 1,000개 이상의 가상 이미지를 호스팅할 수 있도록 설계되었다. 이를 통해 고객은 기존의 많은 수의 서버를 한 대의 System z로 통합할 수 있다. z/VM의 특징은 그 자체가 하이퍼바이저이므로 그 위에 다른 운영 체제들이 탑재된다. 별도의 수정 없이 탑재 가능한 운영 체제에는 리눅스, VSE, z/OS,

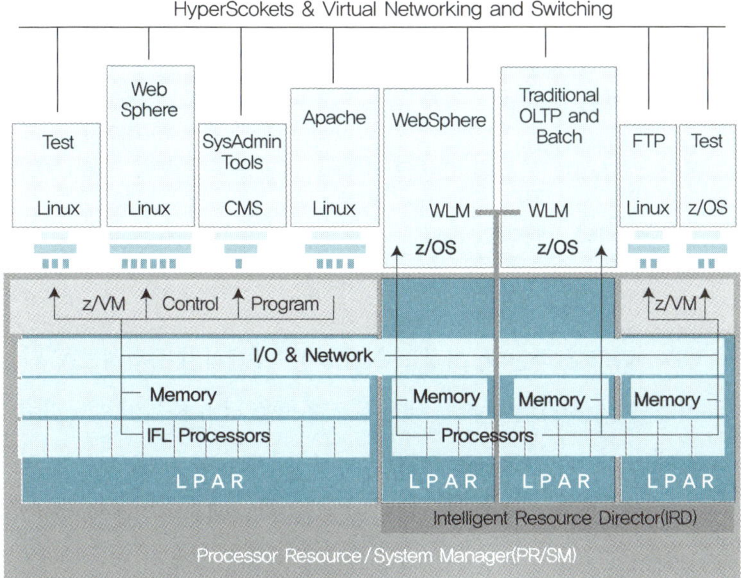

z/VM이 모두 해당된다. System z의 LPAR는 1988년에 처음 발표된 뒤로, 세계 최고 수준의 환경을 통해서 많은 고객들의 중요한 업무에 고성능의 서버 분할 환경을 제공해 왔다. LPAR와 z/VM 모두 하드웨어와 펌웨어의 독창적 설계 사상으로 오랜 동안 System z 서버 가상화의 중요한 기반이 되어 왔다. [그림 2-20]은 System z 상에 z/VM과 LPAR가 구현되었을 때의 다양한 가상화 환경을 보여 준다.

메인프레임 상에서 LPAR와 z/VM의 차이점을 살펴보면 p. 104의 [표 2-5]와 같다.

네트워크 가상화

하이퍼소켓Hipersockets은 Internal Queued Direct I/O 또는 Internal

표 2-5 메인프레임 상의 LPAR와 z/VM의 차이점

구분	LPAR	z/VM
프로세서 할당	고정 또는 공유(Weight/CAP 제어)	고정 또는 공유(Share/CAP 제어)
메모리 할당	파티션별 메모리 영역 할당	게스트들의 메모리를 z/VM에서 통합 관리(물리적 메모리 이상으로 정의/사용 가능)
가동 운영 체제 숫자	최대 60개의 운영 체제 동시 운영 가능	자원의 한도 내에서 무제한
각종 자원 할당	파티션 간 공유	게스트 간 공유

QDIO라고도 하는데, 가상 LAN을 최대 16개까지 통합하도록 하는 기능이다. 단일 시스템 내부의 네트워크 통신을 서버 사이의 메모리 통신으로 전환한 것이다. 이를 통해서 I/O 서브시스템Subsystem을 이용할 필요를 줄여 주고, LPAR 사이의 빠른 통신이 가능하다. 하이퍼소켓은 하이퍼바이저에서 제공하는 가상 네트워크 환경이며, LPAR 사이의 고속 통신을 가능하게 한다. 이와 달리 Virtual Switch/Guest LAN은 z/VM 아래에서의 가상 네트워크이며, z/VM의 가상 메모리에서 가상 네트워크를 제공한다. 별도의 라우터 없이 외부 네트워크 세그먼트와 공유해 네트워크를 구성하며, z/VM 기반의 버추얼 스위치Virtual Switch의 경우에는 Layer2 기반의 프로토콜도 지원한다.

IBM POWER 하이퍼바이저

2004년 POWER5 CPU과 함께 발표된 IBM POWER 하이퍼바이저는 하드웨어의 펌웨어 또는 마이크로 코드 기반의 가상화 기술로, 다른 하드웨어 가상화 기술에 비해서 자원 할당의 유연성은 올라가면서도 안정성은 그대로 유지하는 구조이다. 이전 POWER4 서버 기반의 가상화에 비해서 가장

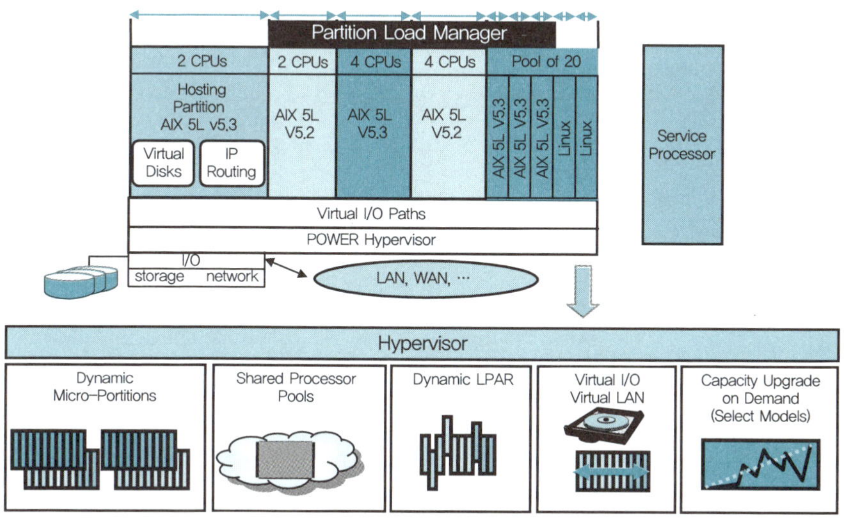

많이 달라진 점은 CPU 자원의 할당이 정수 개가 아니라 소수점 이하 단위로 잘게 쪼개는 마이크로 파티션이 가능해졌다는 사실이다. 이를 통해서 최대 254개까지 파티션 구성이 가능해졌으며, 이를 뒷받침해 주는 가상 I/O 서버나 파티션도 함께 지원한다. 주요 특징으로 [그림 2-21]과 같이 서브 프로세서 파티션인 마이크로 파티셔닝 이외에 각 파티션 사이의 동적 자원 할당이 가능한 공유 프로세서 풀, 온라인 상태에도 파티션 사이의 자원 이동이 가능한 동적 LPAR(DLPAR, Dynamic LPAR), I/O 장치들을 가상화해서 공유시켜 주는 가상 I/O 서버, 파티션 사이의 워크로드를 자동으로 분산Balancing하는 파티션 로드 매니저Partition Load Manager(PLM), 그리고 여러 가지 자원에 대한 온 디맨드 용량 옵션Capacity Upgrade on Demand(CUoD) 등이 있다.

한편, 2007년 상반기에 출시된 POWER6 상에서는 기존의 POWER5

하이퍼바이저가 제공하던 여러 기능 이외에 다양하게 확장된 기능들을 발표했다. 가장 대표적인 기능으로 다중 서버들 사이의 파티션 모빌리티 Partition Mobility가 있으며, 운영 체제 사이의 애플리케이션 모빌리티 기능을 들 수 있다. 또한 단위 노드 서버들끼리 케이블 연결을 통해 선형적 확장이 가능할 뿐만 아니라 온라인 중에 노드 추가 및 수리가 가능해졌다. 한마디로 요약하면, 예전에는 단일 서버 차원에서 이루어지던 가상화 기능을 다중 서버들 사이에 적용했으며, 이를 통해 다운타임Down-tim을 줄일 수 있어 가용성 측면에서 대폭적인 개선이 이루어졌다고 볼 수 있다.

돌이켜보면 IBM의 가상화 기술은 플랫폼의 세대에 따라서 큰 변화가 있었다. 2001년에 발표된 LPAR는 POWER4 프로세서와 pSeries로 일컬어지는 4세대 서버 위에서 논리적 파티셔닝 기능을 제공했다. 그러나 2004년에 발표된 POWER 하이퍼바이저는 POWER5 프로세서 기반 위에서 System p라는 명칭으로 개명된 5세대 서버와 함께 마이크로 파티셔닝, 가상 I/O, 동적 LPAR 등 새로운 차원의 가상화 기술을 선보였다. POWER5 서버 이후부터 진정한 메인프레임급 유닉스 서버라는 별칭을 얻게 된 것도 이러한 까닭이다. 5세대 서버의 POWER 하이퍼바이저도 그냥 LPAR라고 부를 때가 종종 있지만, 엄밀히 말하면 4세대 서버에서 사용되었던 LPAR와 5세대 서버에서 사용된 POWER 하이퍼바이저는 분명히 다르다. 향후 소개될 POWER6 CPU 및 6세대 서버 플랫폼 위에서는 이전에 겪지 못했던 더욱 다양한 가상화 기술들이 소개될 것이다.

IBM에서 제공하는 가상화 기술인 POWER 하이퍼바이저는 앞에서 어느 정도 소개되었기 때문에 여기에서는 마이크로 파티셔닝 기능의 이해를 돕기 위해 몇 가지 용어 및 개념에 대해서 좀 더 자세히 서술한다.

| 전속Dedicated 프로세서 파티션

CPU 자원이 물리적인 CPU 전체 단위, 즉 정수 개 단위로 파티션에 할당된 것을 전속Dedicated 프로세서라고 한다. 전속 방식의 파티셔닝에서는 최소 한 개의 물리 CPU 상에서 파티션이 구동되어야 한다. 한 파티션에 전속 프로세서와 공유 프로세서가 혼재하지 못한다.

| 공유Shared 프로세서 파티션

POWER 칩에서 제공되는 물리적 CPU의 가상화는 하드웨어의 마이크로 코드 레벨에서 구현된다. 즉, 파티션에 할당된 가상 CPU는 운영 체제 차원에서 보면 물리적 CPU와 전혀 구별되지 않는다. 이렇듯 하드웨어 레벨에서 가상화가 이루어지므로 공유 프로세서 풀을 좀 더 효율적으로 사용할 수 있게 한다.

예를 들어 어떤 파티션이 CPU 사이클을 더 이상 필요로 하지 않을 때 자발적으로 잉여 사이클을 하드웨어 레벨로 반납할 수 있다. 이러한 이유로 마이크로 파티션 기술을 활용한 논리 파티션을 공유 프로세서 파티션이라고 한다. 공유 프로세서 환경에서 파티션은 최소 0.1개의 물리 CPU 자원만 있으면 실행될 수 있으며, 파티션 사이에서 자원의 이동은 0.01 물리 CPU 단위로 할 수 있다.

파티션은 시작될 때 사용 가능한 적정량의 CPU를 할당받게 되는데, 이 CPU 양을 할당 용량Entitled Capacity이라고 한다. 공유 프로세서 환경에서 수행되는 파티션의 운영 체제는, 자신이 할당받은 CPU 자원을 마치 개별적인 물리 CPU인 것처럼 사용할 수 있는데 이를 가상 CPU라고 한다. p. 108의 [그림 2-22]는 물리 CPU, 가상 CPU의 관계를 도식화해 보여 준다.

한편, 마이크로 파티션은 다음과 같은 두 가지 모드의 실행 방식을 제공한다.

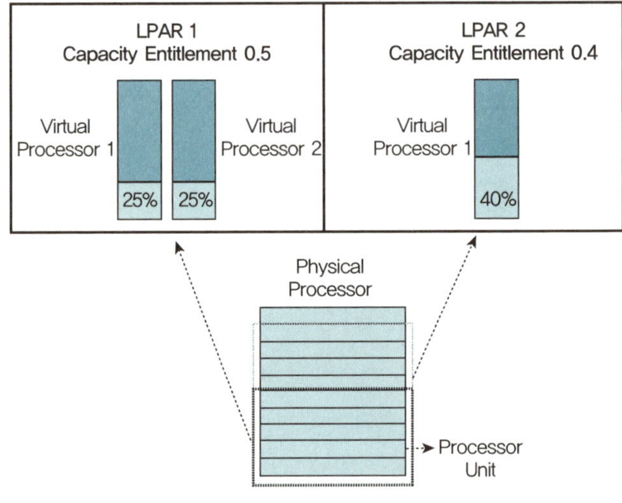

- 캡드Capped 모드 파티션에 주어진 용량을 초과해서 CPU 자원을 사용할 수 없다.
- 언캡드Uncapped 모드 파티션에 주어진 용량을 초과하는 업무 부하가 발생되는 경우, 공유 프로세서 풀에 있는 CPU 사이클을 파티션에 추

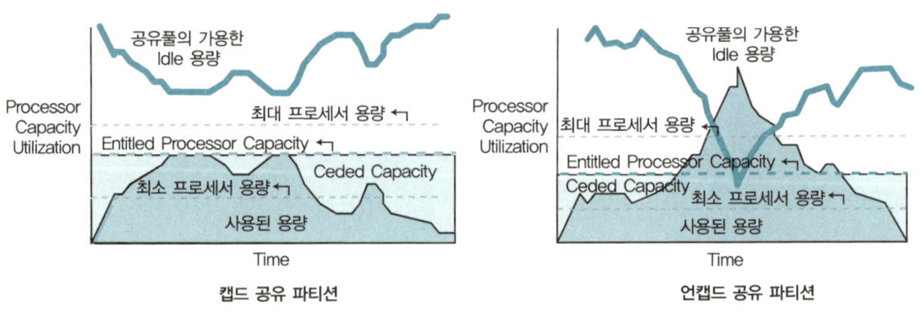

가로 할당받아 사용할 수 있다.

이러한 기능들이 시시때때로 변화하는 업무 부하에 맞추어 정교하게 자원을 재분배한다. p. 108의 [그림 2-23]는 캡드 파티션과 언캡드 파티션에서 자원이 할당되는 방식을 보여 준다.

VMware ESX Server

VMware ESX Server는 인텔 플랫폼 기반 아래에서 서버·스토리지·네트워킹 가상화를 통해 [그림 2-24]와 같이 여러 운영 체제를 동일한 물리적 서버의 가상 시스템에서 실행될 수 있도록 도와 주는, 하이퍼바이저 기반의 완전 가상화 소프트웨어이다. 파티션당 최고 4개의 프로세서가 개별

그림 2-24 VMware ESX Server 및 VirtualCenter

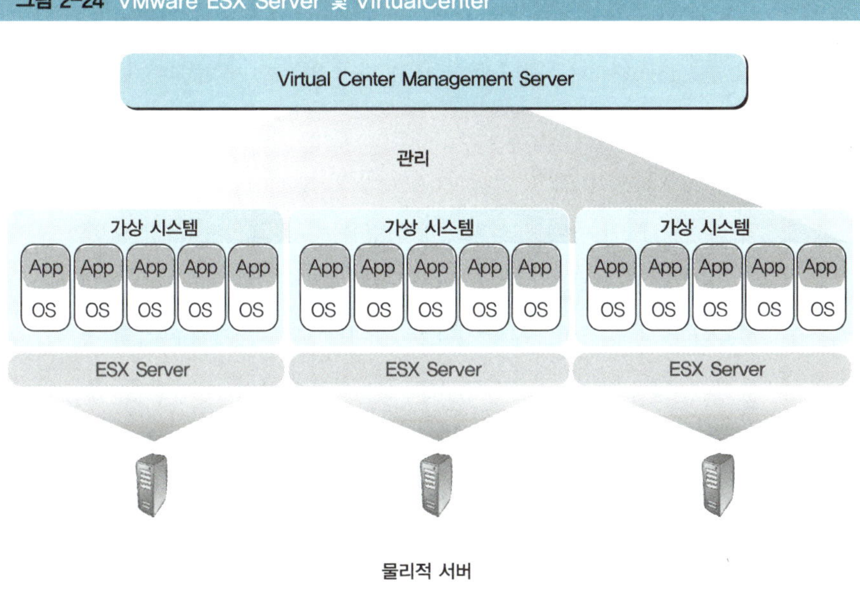

가상 머신에 할당될 수 있다. 0.4 CPU개와 같은 서브 프로세서 파티션을 지원하고, 윈도우Windows · 리눅스Linux · 노벨Novell 등 인텔 기반의 광범위한 운영 체제를 지원한다. 그러므로 가상 환경에서 많은 웹 애플리케이션 서버와 같은 중간 단계 및 데이터베이스 서버와 같은 백엔드Back-end 애플리케이션을 실행하는 데 많이 활용된다.

이러한 ESX Server의 특징으로 크게 파티셔닝, 독립성, 캡슐화의 세 가지를 들 수 있다. 이것은 하나의 물리적 서버 위에서 다중의 운영 체제가 동시에 운영되는 파티셔닝, 가상 운영 체제의 장애 또는 보안 이슈 등 다른 파티션의 장애에 무관한 독립성, 그리고 운영 체제와 애플리케이션을 데이터 파일로 관리해서 재사용 또는 전송이 용이하도록 파일 단위로 관리하는 캡슐화를 의미한다.

VMware ESX Server와 관련된 두 개의 중요한 보조 도구로는 VirtualCenter와 VMotion을 들 수 있다. VMware의 관리 도구인 VirtualCenter는 웹 인터페이스를 통해 가상 머신에 대한 자원 사용률을 실시간으로 감시Monitering하면서 지능적인 업무 부하 관리 기능을 제공하는 가상 인프라스트럭처 관리 제품이다.

한편, VMware 제품 군 중의 하나인 VMotion은 p. 111의 [그림 2-25]와 같이 온라인 중에도 서비스에 영향을 주지 않으며, 가상 서버VM Server를 다른 ESX 서버로 마이그레이션하는 기능을 가지고 있다. VMotion을 이용할 경우에는 업그레이드 또는 장애를 복구할 때에도 작업 정지가 발생하지 않으며, 신속한 복구를 통해 연속적인 서비스를 제공한다. VMotion의 구현을 위해서 모든 서버들이 SAN에 연결되어 있어야 하며, 모든 운영 체제 및 중요 데이터들이 SAN 스토리지에 저장되어 있어야 한다. 또한 모든 ESX 서버들이 VMware VirtualCenter를 통해 관리되어야 한다.

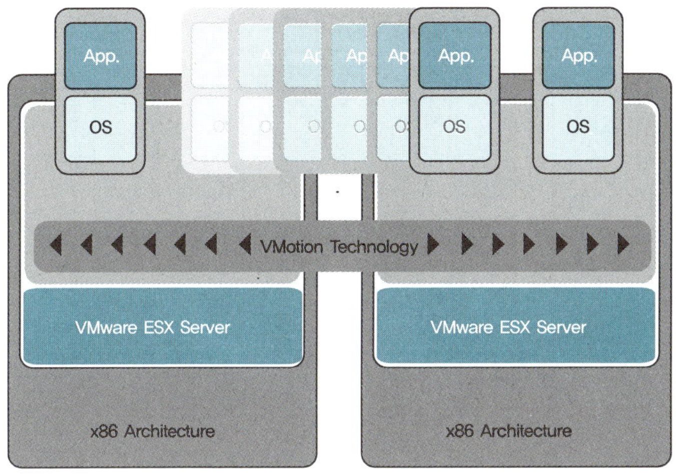

Xen

Xen 가상화 소프트웨어는 리눅스 커뮤니티에 의해서 개발된 오픈 소스 형태의 서버 가상화 솔루션으로, 레드 햇Red Hat과 노벨Novell 같은 리눅스 배포 업체는 Xen을 리눅스 운영 체제 버전의 일부분으로 통합했다.

Xen의 초기 버전에서 게스트 운영 체제를 성공적으로 운영하려면 게스트 운영 체제의 수정 작업이 이루어져야 했다. 그러나 최근에 발표된 Xen 3.0에서는 p. 112의 [그림 2-26]과 같이 인텔 가상화 기술Virtualization Technology(VT) 및 AMD의 가상화 기술에 대한 지원 계획이 포함됨에 따라서 윈도우 계열의 운영 체제는 수정되지 않은 그대로 Xen 3.0 기반 위에 탑재될 수 있다. 따라서 Xen이 반가상화 제품이라는 분류는 Xen 3.0 이후부터 더 이상 적합하지 않아 보인다.

Xen 3.0은 인텔 계열 프로세서 기반 시스템 모두에서 실행되며, 가상

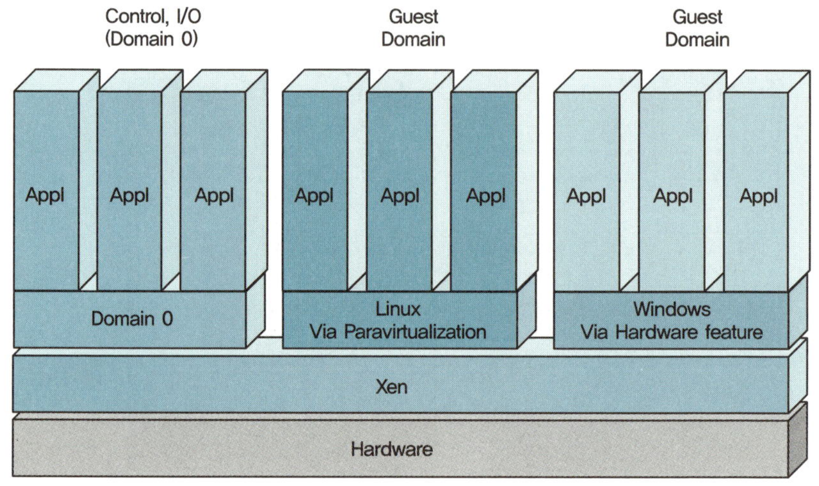

머신당 최고 32개의 프로세서를 지원한다. 또한 Xen은 서브 프로세서 파
티션을 지원하지 않으며 정수 단위의 CPU 자원 할당만 가능하다. 그 밖에
주요 특징으로, 가동 중인 애플리케이션을 이동시킬 수 있을 뿐만 아니라
다른 서버들 사이의 파티션 모빌리티가 가능한 비교적 새로운 기술을 들
수 있다. 주요 업체에서 적극적인 지원이 이루어지고 고객의 관심도 높아
짐에 따라 앞으로 빠르게 발전할 것으로 예상된다.

03 스토리지 가상화

1. 스토리지 가상화의 일반적 이해

스토리지 가상화 기술은 스토리지 시스템의 복잡성을 해결하면서 스토리지 통합을 가능하게 하는 최적화된 기술이라고 할 수 있다. 가장 기본적인 수준에서 스토리지 가상화를 정의하자면, 물리적 스토리지 장치 및 낮은 수준의 논리적 스토리지 장치 위에 상주하면서 간소화된 논리적인 스토리지 리소스 보기를 제공하는 가상 레이어라고 볼 수 있다.

스토리지 가상화는 다른 기종 스토리지 디바이스 구성을 논리적인 형태로 재구성한다는 기본 개념을 토대로, 가상 볼륨Virtual Volume을 통한 가용성 확보, 재해 복구Disaster Recovery(DR), 마이그레이션 기능 제공, 애플리케이션 성능 향상을 위한 작업량 분산 기능과 같은 개념까지 포함한다. 즉, 관리적인 부분이 대폭 강화되면서 논리적인 스토리지 통합의 핵심 툴의 역할을 가능하게 한다.

유형에 무관하게, 모든 컴퓨터 스토리지 또는 데이터 개체는 가상화될

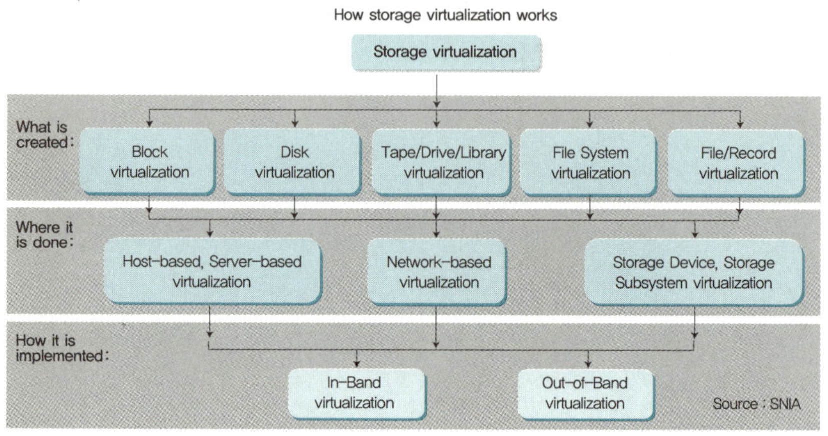

수 있다. [그림 2-27]은 SNIAStorage Networking Industry Association가 정의한 스토리지, 데이터 개체 가상화의 분류법을 보여 준다. 그림의 가장 상단에 위치한 열은 가상화된 개체들을 나타내고, 두 번째 열은 가상화가 실제로 일어나는 시스템의 위치, 그리고 마지막 열은 가상화 기술에 따른 분류를 보여 준다.

필요성

오늘날 다양한 분야에서 공개 표준으로 이행함으로써 서로 다른 기술들을 하나로 묶을 수 있는 기회가 더 많아지고 있다. 즉, 공개 표준 기술을 통해서 벤더들이 하드웨어, 운영 체제 및 관리 소프트웨어를 제안하거나 지정하는 방식에서 벗어나 고객들이 주도권을 쥐고 선택하는 경우가 훨씬 더 많아지고 있다. 스토리지 가상화 영역도 마찬가지이며, 이러한 패러다임의 변화를 가능하게 하는 핵심이 바로 가상화이다.

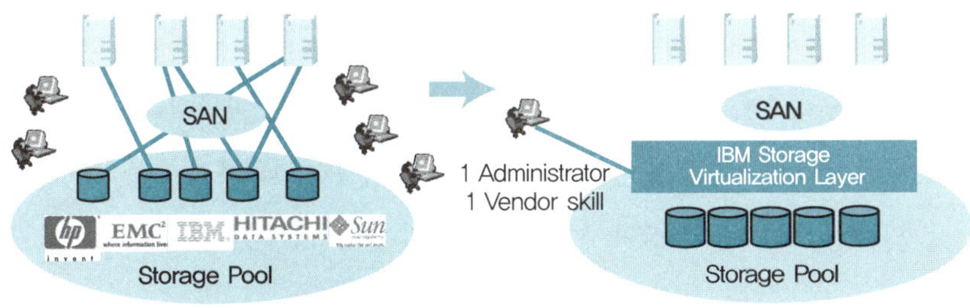

스토리지 가상화는 [그림 2-28]처럼 스토리지 자원을 논리적인 풀 개념을 도입해 여러 스토리지 시스템 사이의 리소스 공유를 통해서 물리적인 경계의 한계를 극복하는 개념이다. 그것을 바탕으로 각각의 시스템과 자원을 따로 관리하지 않고 논리적으로 통합해 관리함으로써, 경제적 측면뿐만 아니라 관리적 측면의 효율성도 극대화할 수 있는 기술이다. 현재 서버, 디스크, 테이프, 소프트웨어 등 다양한 IT 분야에서 가상화 개념을 적용한 기술과 제품들이 속속 출시되고 있다.

2. 스토리지 가상화의 종류

대용량 멀티미디어 데이터의 폭발적 증가와 RFIDRadio Frequency Identification 와 같은 다양한 데이터의 처리 요건은, 스토리지 사용의 엄청난 증가로 연결되어 매일의 스토리지 운영 및 데이터 관리에 부담을 증가시켜 왔다. 또한 결과적으로 가용성과 서비스 레벨을 만족시키는 것이 커다란 과제로 다가오고 있다. 이러한 부담을 없애기 위해서 기업들은 디스크와 테이프 스토리지 가상화 기술에 눈을 돌리기 시작했다. 스토리지 가상화는 애플리케이션에 거의 또는 전혀 영향을 미치지 않으면서도 하드웨어 인프라스트럭처에 변경을 가할 수 있도록 해 준다. 그렇게 함으로써 관리를 쉽게 하고, 애플리케이션의 가용성을 높이며, 총 소유 비용을 낮출 수 있도록 해 준다. 스토리지 가상화의 주요 형태로 스토리지 파티셔닝, 스토리지 블록 가상화, 파일 가상화, 테이프 가상화 등 크게 네 가지를 들 수 있다. 각각의 스토리지 가상화에 대해서 간략히 살펴보면 다음과 같다.

스토리지 파티셔닝

컨트롤러 가상화는 스토리지 서브시스템 또는 컨트롤러를 파티션으로 나누어 마치 여러 개의 스토리지 컨트롤러가 있는 것처럼 해 주는 기술로서, 서버의 파티션 기술과 유사하다. 이를테면 하나의 물리적인 디스크 스토리지 장비를 논리적으로 여러 개의 디스크 스토리지로 리소스를 나누어 사용하는 기술이다. 이 기술은 각 논리적 파티션 사이에 프로세서, 캐시 메모리, 어댑터, 디스크 드라이브 등을 완벽하게 분리해서 독립적으로 운영이 가능하도록 한다.

IBM의 System Storage DS8000 계열이 이런 기능을 제공한다. 예를 들어 p. 117의 [그림 2-29]처럼 1개의 디스크 컨트롤러가 3개의 가상 스토리지 컨트롤러로 파티셔닝되어서, 하나는 데이터베이스 워크로드를 수행하고, 하나는 CRM Customer Relationship Management 워크로드를 수행하며, 마지막 나머지 하나는 일반 테스팅 업무를 수행한다. 내부적으로는 IBM POWER5 서버에서 사용되는 것과 동일한 논리적 파티셔닝 기술을 사용하고 있어, 특정 디스크 컨트롤러 파티션의 성능이 다른 디스크 컨트롤러 파티션의 영향을 받지 않고 워크로드를 수행할 수 있다. 게다가 DS8000 계열은 표준 애플리케이션을 하나 또는 그 이상의 파티션 자체에서 수행

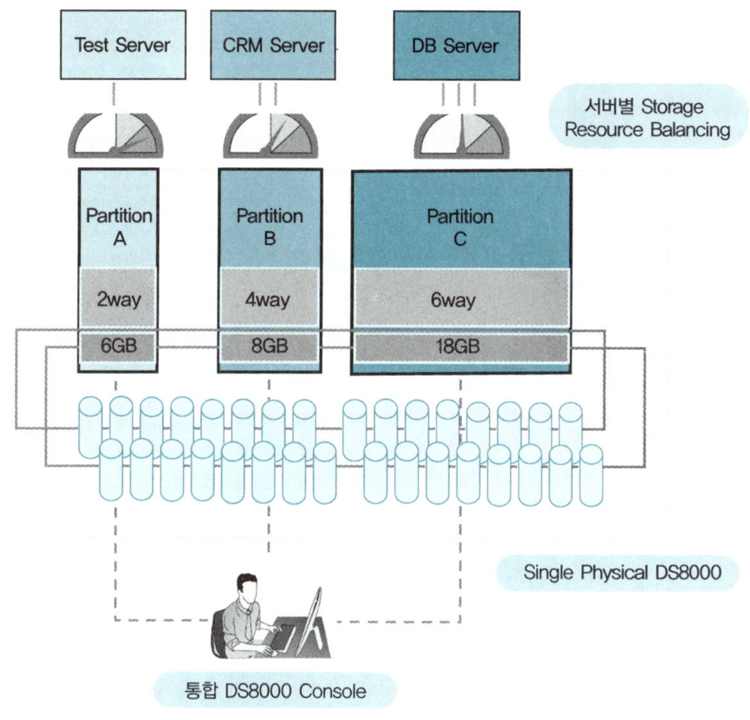

할 수 있다. 벌써 DS8000 파티션에서 DB2를 수행할 수 있음을 시연하기
도 했다.

스토리지 블록 가상화

대부분의 사람들이 스토리지 가상화를 이야기할 때, 주로 SAN 상의 스토
리지 블록 가상화를 가리킨다고 보면 틀리지 않는다. 이러한 형태의 가상
화는 p. 118의 [그림 2-30]과 같이 사용자에게 제각기 물리적으로 다른 스

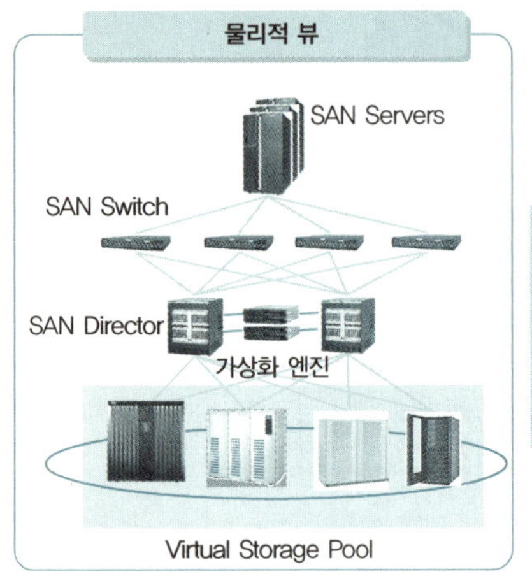

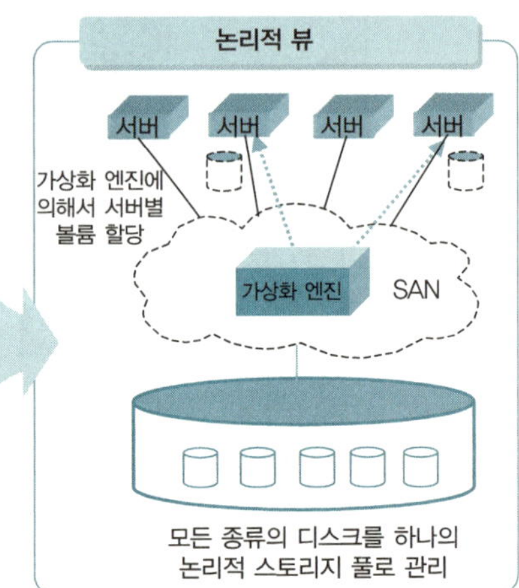

토리지 컨트롤러에 들어 있는 유휴 디스크 조각을 모아서 가상 디스크를 생성할 수 있게 해 준다.

예를 들어 어떤 관리자는 디스크 컨트롤러 A에서 300GB의 유휴 디스크 공간을, 컨트롤러 B에서는 500GB의 유휴 디스크 공간을, 컨트롤러 C에서는 200GB의 유휴 디스크를 모아 1TB의 가상 디스크 공간을 생성할 수 있다. 결국 스토리지 블록 가상화는 제각기 다른 스토리지 컨트롤러들에게서 작은 용량의 유휴 디스크 공간을 모아 하나의 큰 디스크 풀을 만들어, 어떤 서버도 사용할 수 있게 할당하도록 만들어 디스크 스토리지의 활용률을 획기적으로 향상시킨다.

스토리지 가상화 중 실제 가장 많이 사용되며, 많은 고객들이 도입을 고려하는 가상화 솔루션으로 스토리지 블록 가상화가 있다. 다른 기종의 SAN 스토리지 장비들을 별도의 가상 레이어인 가상화 엔진을 통해서 하나의 가상화된 스토리지 풀로 구성해 서버는 필요한 스토리지 용량을 할

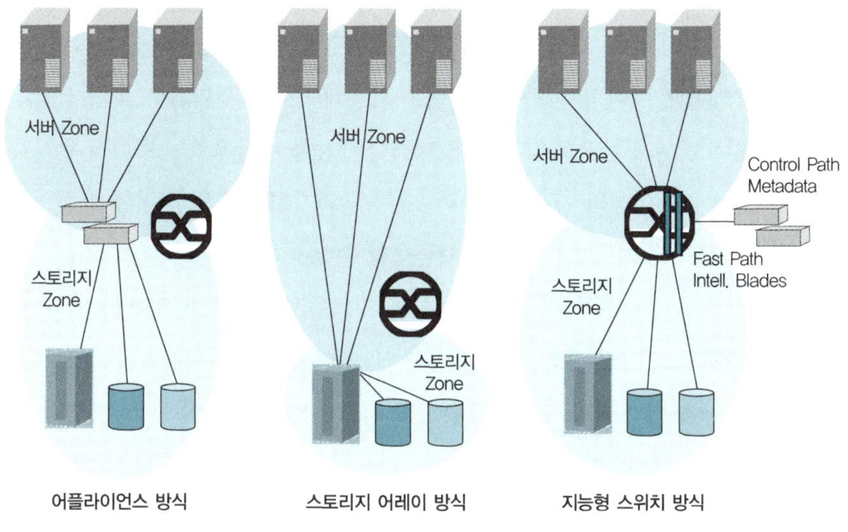

당받아 사용한다. 스토리지 블록 가상화를 통해 각 스토리지 장비들의 자원 활용률을 극대화하고, 관리를 단일화할 수 있다. 또한 다른 기종의 스토리지 장비 사이에 순간 복제나 원격 복제 등 추가 기능을 구현할 수도 있다.

오늘날의 블록 가상화는 세 가지 방법 중에서 하나를 사용해 이루어진다. [그림 2-31]의 왼쪽과 같은 어플라이언스 형태(예, IBM SAN Volume Controller, SAN Symphony, Falcon Store IPStor 등)가 있으며, 가운데 형태처럼 스토리지 컨트롤러 자체에 임베디드Embedded된 형태(예, 히타치의 TagmaStore)도 가능하며, 마지막으로 지능적인 SAN 스위치(예, EMC의 Invista)를 통해 스토리지 블록 가상화가 이루어질 수 있다. 현재 가장 많이 채택되는 가상화 형태는 어플라이언스 형태이며, 가장 많은 업체에서 이러한 방식을 채택하고 있다.

위의 다양한 스토리지 가상화 솔루션들은 모두 가상 디스크에서 실제 디스크로의 위치에 대한 매핑을 유지한다. 이를 통해서 하나의 물리적 위치에 대응하는 가상 디스크를 다른 물리적 위치로 이동해 대응시킬 수 있다. 이때 서버 및 애플리케이션은 서로에게 아무 영향을 끼치거나 받지도 않으면서 정상으로 작동한다. 이러한 기능을 바탕으로 스토리지 관리자는 애플리케이션의 가용성에 아무 영향을 미치지 않고도 서버에서 스토리지의 데이터 매핑을 자유롭게 재구성할 수 있도록 해 준다.

스토리지 블록 가상화 솔루션은 기업에서 다양하게 사용하는 다른 기종의 스토리지 자원을 통합 운영 및 관리함으로써 사용률을 향상시키고 확장을 쉽게 해서, 향후 IT 환경에 최적의 스토리지 인프라스트럭처를 보유할 수 있게 하는 것을 목표로 삼는다. 스토리지 블록 가상화 도입에 따른 효과를 세 가지로 정리하면 다음과 같다.

- 스토리지 자원의 최대 활용
- 업무의 가용성 확보
- 스토리지 관리 비용의 최소화

블록 가상화의 또 다른 이점은 전체 기업 내에 걸쳐 일관된 방법으로 서버들에 필요한 고급 기능을 제공할 수 있다는 점이다. 예를 들어 모든 서버들에 대해서 동일한 방법으로 스냅샷Snapshot 또는 원격 복제Remote Copy 와 같은 복제 서비스 기능을 제공할 수 있다. 서버들은 수많은 스토리지 컨트롤러들 대신에 하나의 SAN 상의 스토리지 가상화 솔루션과 인터페이스를 유지하면 된다. 또한 사용자들은 각 스토리지 컨트롤러마다 하나씩 제공되는 디바이스를 모두 올릴 필요도 없이 단지 하나의 디바이스 드라이버만 로딩하면 된다(실제로 각 디바이스 드라이버 사이에 충돌 여부가 발생하기도 한다).

이처럼 스토리지 블록 가상화 도입에 따른 많은 장점 때문에 이미 업계
에서 많은 관심을 가지고 스토리지 가상화를 구축하며, 이는 스토리지 인
프라스트럭처 단순화에서도 가장 중요한 요소로 인식되고 있다.

파일 시스템 가상화

이기종의 파일 시스템 가상화는 SAN 상에서 공통으로 사용이 가능한 파
일 시스템을 구성해서 운영 체제 플랫폼에 관계없이 데이터 공유와 정책
기반의 단일화된 관리를 가능하게 해 준다. 아직 초기 단계여서 시장에
출시된 제품들은 몇 개에 지나지 않으며, 실제 적용된 사례도 그리 많지
않다.

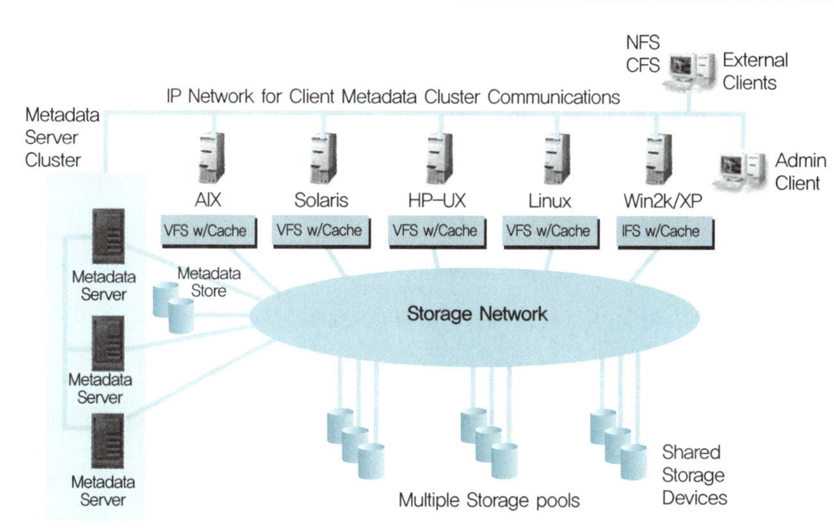

파일 가상화는 SAN 환경에서 다른 기종의 서버 사이에 진정한 의미의 파일 공유를 가능하게 해 준다. 즉, 파일 가상화 기술을 이용함으로써 기업 내의 어떤 컴퓨터 또는 어떤 서버에서라도, 동일한 파일 이름을 사용해서 공통된 파일 그룹에 대한 접근이 가능하다. 예를 들어 p. 121의 [그림 2-32]처럼 파일은 리눅스가 운영되는 컴퓨터에서 생성되었지만 윈도우가 운영되는 다른 서버에서 동일한 파일 이름으로 접근이 가능하다. 이렇게 되면 서로 다른 서버들 사이에도 고가용성을 위한 클러스터가 가능해질 수 있다.

테이프 가상화

테이프 가상화는 테이프 드라이브 또는 테이프 라이브러리가 없는 상황에서 테이프 가상화 엔진을 통해, SATA 등의 디스크를 이용해서 가상화된 테이프 라이브러리로 서버에 인식시켜 디스크 백업 및 복구를 가능하게 해 주는 기능이다. 테이프보다 데이터 액세스 속도가 빠르고 랜덤 액세스가 가능한 디스크 드라이브를 이용함으로써, 백업이나 복구 속도의 향상을 얻을 수 있다. 또 필요한 만큼 가상 테이프 라이브러리, 드라이브, 카트리지를 만들어 사용할 수 있다.

테이프 가상화는 p. 123의 [그림 2-33]처럼 디스크를 이용해 테이프 드라이브 자원인 것처럼 에뮬레이션함으로써, 서버 입장에서는 테이프 드라이브로 데이터를 백업하는 것처럼 인식되지만 실제로는 디스크로 데이터를 백업하는 것을 말한다. 또한 데이터의 일부분이 테이프에 비해서 좀 더 빠른 하드디스크 스토리지 캐시에 저장되기만 해도, 마치 전체 데이터가 테이프 카트리지에 모두 저장된 것처럼 보이게 해 주는 방식을 통해서 데이터를 고속으로 백업할 수 있게 해 준다.

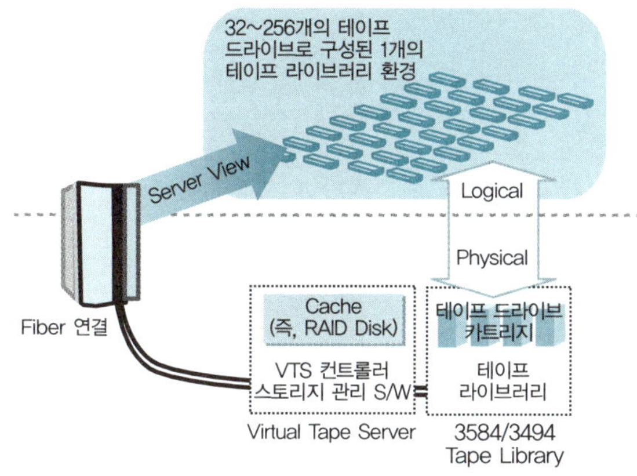

가상화된 테이프 드라이브를 통해 데이터를 처리할 경우에 성능, 안정성, 데이터 가용성을 향상시킬 수 있다. 그런가 하면 피크 타임Peak Time의 데이터 백업을 위해 소요되는 테이프 드라이브 수를 절감할 수도 있다. 또한 단일 카트리지에 가상화 테이프 볼륨을 스태킹Stacking함으로써 카트리지 활용도를 향상시킬 수 있다.

최초의 가상화 테이프 시스템은 1997년 IBM이 자동화 테이프 라이브러리와 스토리지 관리 소프트웨어를 디스크 시스템과 결합한 가상 테이프 서버Virtual Tape Server(VTS)로서 메인프레임을 위한 가상 테이프 기술이었다. 하지만 최근에는 p. 124의 [그림 2-34]처럼 개방 환경에서도 기존의 테이프 중심 백업 방식에서 디스크와 가상화 소프트웨어가 결합된 다양한 테이프 가상화 솔루션이 선을 보이고 있다.

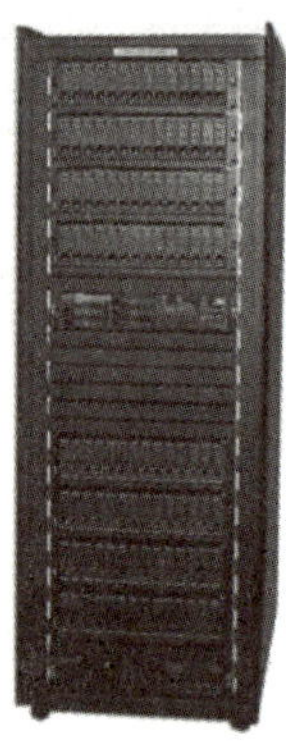

3. 스토리지 가상화 솔루션의 예

이제부터는 네 가지 스토리지 분야의 가상화 중에서 가장 많이 사용되며, 많은 기업 고객들이 도입을 고려하는 스토리지 블록 가상화에 대해서 좀 더 자세히 살펴보도록 한다.

IBM의 SAN 볼륨 콘트롤러SAN Volume Controller(SVC)는 스토리지 인프라를 단순화해서 관리의 효율성과 자원 사용률을 최적화하기 위해 다른 기종의 SAN 스토리지들을 하나의 가상화된 스토리지 풀Storage Pool로 구성한다. IBM SVC는 p. 125의 [그림 2-35]처럼 여러 개의 물리적인 가상화 엔진(노드)이 클러스터로 구성되어 있으며, 기업이 가지고 있는 SAN 패브릭에 연결된다. 하단의 여러 다른 기종의 스토리지들을 SVC를 통해서 가상화 풀로 구성한 후, 서버가 액세스하는 가상화 볼륨을 구성한다. 스토리지를 풀로 만드는 SVC의 논리적 관점은 p. 125의 [그림 2-36]과 같이 각각 다른 기종의 스토리지가 제공한 LUN들을 Mdisk로 인식 후 이들을 그

그림 2-35 IBM SVC의 물리적 관점

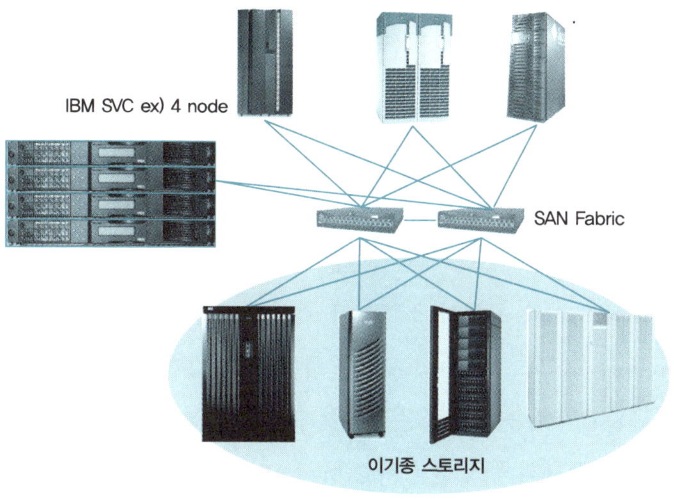
IBM SVC ex) 4 node
SAN Fabric
이기종 스토리지

그림 2-36 IBM SVC의 논리적 관점

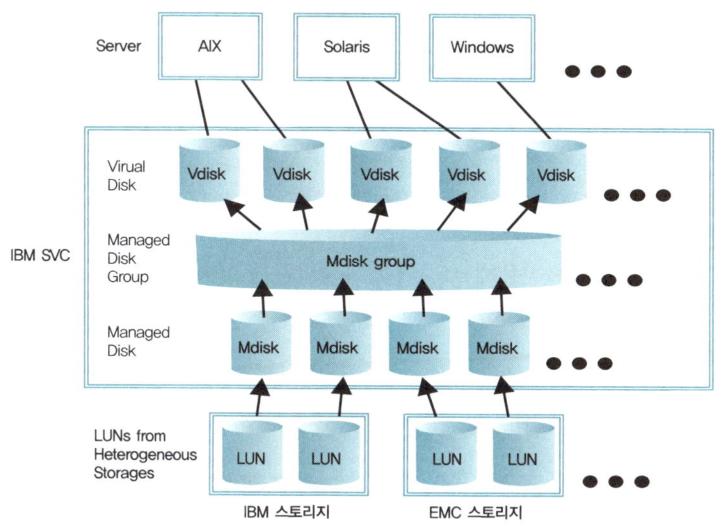
Server
AIX
Solaris
Windows
Virual
Disk
Vdisk
Vdisk
Vdisk
Vdisk
Vdisk
IBM SVC
Managed
Disk
Group
Mdisk group
Managed
Disk
Mdisk
Mdisk
Mdisk
Mdisk
LUNs from
Heterogeneous
Storages
LUN
LUN
LUN
LUN
IBM 스토리지
EMC 스토리지

룹Mdisk group으로 형성한 뒤에 가상 디스크Virtual Disk(VDisk)를 생성하며, 이것이 바로 서버가 액세스하는 볼륨이다. 서버는 물리적으로 다른 기종의 스토리지들이 제공하는 LUN들의 액세스에 관여하지 않고 SVC만을 통해서 볼륨을 사용한다.

SVC에서 기본으로 제공하는 관리 콘솔을 이용해 볼륨 구성 및 할당 등의 기능이 지원되며, 스토리지 관리를 위해 단일화된 관리 지점을 제공함으로써 더욱 쉽게 스토리지 자원을 관리할 수 있다.

IBM SVC를 통해서 스토리지 가상화를 구성하는 방법에는 매니지Managed 모드와 이미지Imaged 모드의 두 가지 방법이 있다. 매니지 모드는 IBM SVC의 기능을 가장 잘 활용할 수 있는 구성 방법으로, 서버에 할당되는 가상 볼륨의 동적 볼륨 확장Dynamic Volume Expansion 기능이 가능하다. 기본적으로 처음 스토리지 환경 구성부터 스토리지 가상화를 이용해 구성하는 경우에는 매니지 모드를 사용한다. 이미지 모드는 기존에 사용하던 스토리지 환경에서 스토리지 가상화 환경으로 전환할 때 이미 사용하던 볼륨들을 별도의 데이터 마이그레이션 과정 없이 그대로 가상화 환경의 가상 볼륨으로 매핑하는 방법이다. 이미지 모드를 이용할 경우, 기존 스토리지 환경에서 쉽게 가상화 환경으로 전환이 가능하며, 이 기능을 이용하면 사용자가 원할 경우에 SVC 가상화 구축 전으로 복구하는 것도 가능하다.

IBM SVC를 이용해 스토리지 가상화를 구현할 경우에 얻을 수 있는 도입 효과는 다음과 같다.

- 다른 기종의 복수 스토리지 관리 및 자원 사용률 향상
- 서비스 무중단 온라인 데이터 마이그레이션 가능
- 다른 기종의 스토리지 사이에 순간 복제 솔루션 구축 가능

- 다른 기종의 스토리지 사이에 재해 복구 솔루션 구축 가능
- 정보 라이프사이클 관리Information Lifecycle Management(ILM)의 인프라 스트럭처 구현
- 정보 라이프사이클 관리는 기업이 소유한 데이터를 데이터가 가지고 있는 경제적 가치에 따라서 차등화된 관리 체계를 구현하는 방법 및 구현 절차를 가리킨다.

지금까지 살펴본 바와 같이 IBM SVC 스토리지 가상화를 활용할 경우에 효율적인 스토리지 자원의 활용이 가능하며, 스토리지 환경의 가용성을 보장하고, 관리 포인트를 단일화함으로써 더욱 쉽게 통합 스토리지를 관리할 수 있다. 또한 이러한 가상화 스토리지 환경의 유연성과 관리의 용이성을 통해 총 소유 비용의 절감 효과를 얻을 수 있다. 앞으로 IT 환경은 현재보다 더 많고 빠른 변화가 예상된다. 기업에 구축된 IBM SVC 가상화 스토리지 환경은 이러한 변화에 유연하게 적응할 수 있는 기본 바탕이 될 것이다.

III

인포메이션 **가상화**

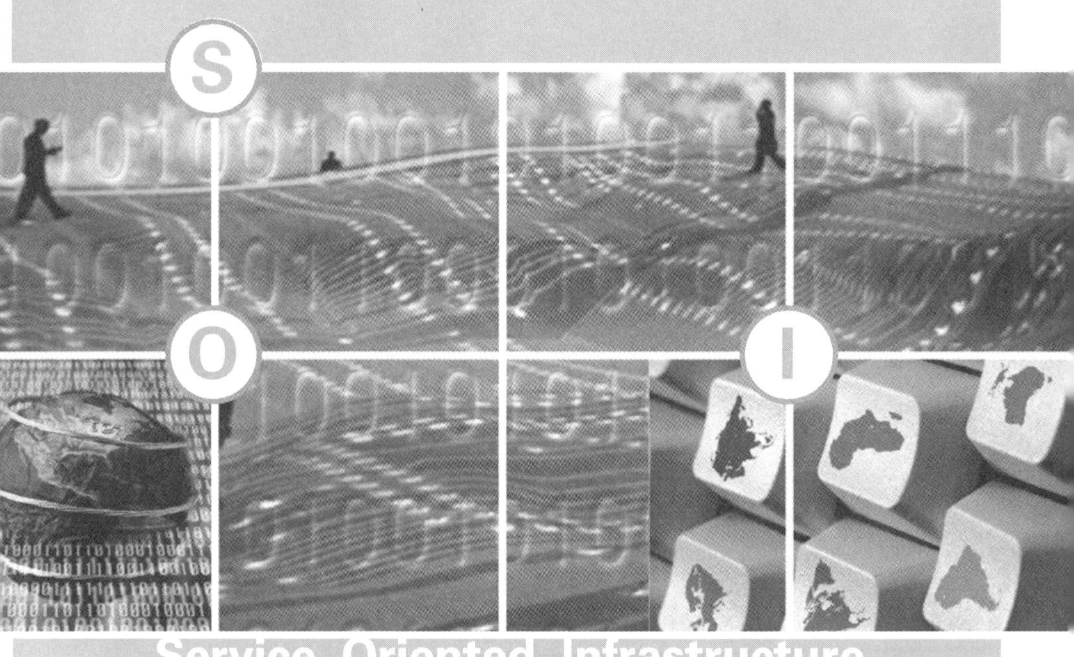

01 인포메이션 가상화의 이해

1. 인포메이션 가상화의 등장 배경

급변하는 비즈니스 환경에서 기업의 최대 과제는 고객의 요구에 신속하고 유연하게 대응하는 것이다. 이를 위해서는 IT 자원을 더욱 효율적으로 사용할 수 있어야 하며, 더욱 통합된 인프라스트럭처로 바뀌어야 한다. 따라서 더 이상 같은 기종 사이의 물리적 통합이라는 기존 방식을 뛰어넘어, 다른 기종 사이의 논리적 통합 단계로 확대해 복잡한 IT 환경을 더욱 효율적으로 단순화해야 한다. 이러한 요구 사항을 가진 기업이 가상화 환경을 도입하려 할 때 권장하는 접근 방법 가운데에서 상대적으로 구현이 쉬우면서도 도입할 때 투자 효과가 큰 인포메이션 가상화를 들 수 있다.

또한 기업 내 정보 관리에서 관리되는 데이터들이 갈수록 대용량화되고, 필요한 정보를 생성하기 위해서 다양한 데이터 소스의 통합이 필요하다. 이러한 문제들을 해결하기 위해 인포메이션의 가상화는 화두로 떠오르고 있다.

인포메이션 가상화의 개념에는 파일 시스템 가상화와 데이터 가상화라는 하위 개념이 포함되어 있으며, 파일 시스템 가상화와 데이터 가상화는 그리드 컴퓨팅 중에서 데이터 그리드Data Grid의 개념과 유사한 형태를 띠고 있다.

2. 데이터 그리드와의 관계

데이터 그리드의 구성 형태를 살펴보면 [표 3-1]처럼 실제 데이터가 저장되는 물리적인 디바이스 레벨부터 파일 시스템, 데이터베이스 레벨,

표 3-1 데이터 그리드 관점에서 본 인포메이션 가상화의 큰 분류

구분	특징	비고
데이터	글로벌 네임 스페이스 메타데이터와 카탈로그 연합 및 콘솔리데이션	Information Server 등
파일	분산 파일 시스템/원격지 접근 파일 이동/데이터 복제 캐싱	NFS, AFS, DFS, GPFS 등
스토리지	NAS/SAN 스토리지 클러스터 자동 또는 동적인 스토리지 공급 계층적 관리 체계의 지원	SAN Volume Controller 등

DBMSDatabase Management System가 설치된 시스템 레벨까지 다양한 레이어
에서 이루어진다.

데이터 그리드 입장에서 보면 스토리지 저장 공간에 대한 스토리지 가
상화 개념을 서비스 지향 인프라스트럭처에서는 동일하게 스토리지 가상
화라고 일컫는다. 또한 스토리지 레벨에서 한 계단 올라간 파일 레벨의 가
상화와 데이터 레벨의 가상화를 통칭해 데이터 그리드라고 한다.

그러나 서비스 지향 인프라스트럭처에서는 파일 레벨의 가상화를 데이
터의 위치에 대한 가상화 또는 파일 시스템 가상화File System Virtualization로,
데이터 레벨의 가상화를 데이터 형식에 대한 가상화 또는 데이터 가상화
Data Virtualization로 각각 구별해 접근하며, 양자를 모두 인포메이션 가상화
의 범주 안에 넣고 있다.

02 파일 시스템 가상화

1. 파일 시스템

파일 시스템File System이란 운영 체제가 파일을 서버 시스템이 인식하는 디스크(흔히 블록 디바이스라고 일컫는 장치들) 또는 파티션에 기록될 수 있도록 구성하는 방식을 말한다. 운영 체제는 시스템의 디스크 파티션 상에 파일들을 연속적이고 일정한 규칙을 통해서 저장하는데, 파일 시스템은 이러한 규칙들의 방식을 제시하는 역할을 한다. 따라서 컴퓨터는 파일 시스템을 통해 파일을 디렉터리에 저장하면서 새로 생긴 파일에 이름을 붙이는데, 파일 이름의 길이를 제한하기도 하고, 어떤 문자들이 사용될 수 있는지를 나타내기도 하며, 파일 확장자의 길이를 제한하기도 한다. 또 디렉터리 구조를 통해 파일까지 가는 경로를 설정하는 형식을 포함한다. 윈도우, 리눅스, 유닉스, 매킨토시 등 모든 운영 체제가 자체적인 파일 시스템을 갖추고 있다. 예를 들면 윈도우의 NTFS, 리눅스의 ext2, 유닉스의 JFS, MacOs 등이 있다.

구분	특징	종류
단일 파일 시스템	저널링, 보안 등 단일 플랫폼 및 OS를 위해 특화된 파일 시스템	JFS, NTFS, ext2
네트워크 공유 파일 시스템	특정한 프로토콜로 네트워크 상에서의 데이터 공유를 가능하게 함.	NFS, CIFS, AFS
클러스터 파일 시스템	동일 서버들로 이루어진 클러스터 사이에 고속으로 데이터를 공유함.	GPFS, GFS, Luster, ISVs
SAN 파일 시스템	SAN 환경에서 이기종의 서버들끼리 데이터를 공유할 수 있음.	CXFS, SANergy
글로벌 그리드 파일 시스템	네트워크 공유 파일 시스템의 확장으로 독립적인 네트워크 파일 시스템이 모여서 계층적인 구조를 형성함.	Global GPFS, NFSv4

이처럼 파일 시스템은 본래 서버에서 데이터를 효율적으로 저장 및 관리하기 위해 도입된 것으로, 하나의 파일 시스템은 하나의 서버만이 소유하고 관리하는 것을 원칙으로 한다. 하지만 네트워크(IP 네트워크 또는 SAN 네트워크) 상에서 여러 서버들이 특정 데이터를 서로 공유할 수 있도록 지원할 수 있는 특수한 형태의 다양한 파일 시스템이 존재한다. 여기에는 네트워크 공유 파일 시스템, 클러스터 파일 시스템, 그리드 파일 시스템 등 다양한 형태가 존재하며, 예전에는 크게 주목받지 못하던 기술이었지만 최근 글로벌 기업 환경이 심화되면서 새롭게 주목받는 파일 시스템들이 다수 있다.

파일 시스템의 종류 및 간단한 특징은 [표 3-2]와 같이 정리할 수 있다. 각 파일 시스템은 나름대로 고유한 특성과 장점 및 단점을 지니고 있기 때문에 운영 환경에 따라 최적의 파일 시스템이 선택되어 사용된다. 여기에서는 가상화 개념이 들어가는 파일 시스템만 다룰 예정이어서 단일 파일 시스템에 대한 설명은 생략하기로 한다.

2. 네트워크 공유 파일 시스템

네트워크 상에서 여러 서버들이 특정 데이터를 서로 공유할 수 있도록 지원하는 특수 형태의 파일 시스템을 네트워크 공유 파일 시스템이라고 일컫는다. 다른 말로는 클라이언트-서버 파일 시스템이라고도 한다. 네트워크 공유 파일 시스템에 연결된 사용자는 원격지에 있는 서버의 파일 시스템을 마치 자신의 컴퓨터에 있는 파일 시스템인 것처럼 사용할 수 있다. 네트워크 공유 파일 시스템이 구현되기 위해서 파일 서버 입장에서는 접근 허용을 선언Export하고, 클라이언트 입장에서는 공식적인 사용 요청 Mount이라는 과정이 필요하다. 파일 시스템의 특성상 데이터를 전송할 때 프로토콜 변환에 따르는 오버헤드가 상당한 편이지만 사용상의 편리성으로 인해 많이 활용되고 있다.

네트워크 공유 파일 시스템의 종류

네트워크 파일 시스템의 대표 사례인 NFSNetwork File System는 SUN사가 개발한 이기종 서버 사이의 파일을 공유하는 네트워크 프로토콜로서, 동일한 이름으로 파일 시스템이 개발되어 현재 버전 4까지 출시되었다. 사용자는 NFS를 통해서 원격지에 있는 파일 시스템을 마치 자신의 컴퓨터에 들어 있는 파일 시스템인 것처럼 사용할 수 있다. 주로 리눅스를 포함한 UNIX 서버 계열에서 많이 사용되며 다양한 네트워크 파일 시스템의 표준으로 많이 사용된다. 한편, 마이크로 소프트가 중심이 된 윈도우 계열의 네트워크 공유 파일 시스템으로 p. 136의 [그림 3-1]과 같은 CIFSCommon Internet File System가 있다. 이와는 별도로 NASNetwork Attached Storage는 스토리지뿐만 아니라 전용 엔진을 결합해 만든 네트워크 스토리지 장비로서 NFS, CIFS,

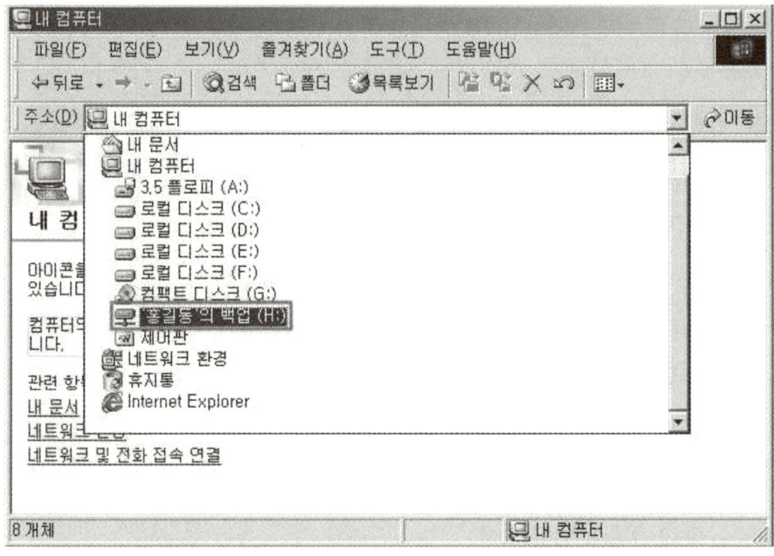

또는 기타 다른 네트워크 공유 파일 시스템을 동시에 지원한다.

3. 클러스터 파일 시스템

클러스터 파일 시스템의 탄생 배경은 분산 병렬 처리가 중심이 되는 클러스터 형태의 HPCHigh Performance Computing 분야에서 시작되었다고 볼 수 있다. 수많은 컴퓨팅 노드들이 대규모 연산을 처리하기 위해서 데이터 노드들은 연산 대상이 되는 데이터를 컴퓨팅 노드들에게 빠르게 전달해야 한다. 그런데 NFS와 같은 기존의 네트워크 공유 파일 시스템 방식의 데이터 전달로는 느린 속도와 많은 제약 상황에 부딪히게 되었다. 결국 클러스터의 성능 한계가 데이터의 전달 처리 양과 속도에 달려 있는 셈이다. 이

를 극복하기 위해 도출된 개념이 클러스터 파일 시스템Cluster File System이
다. [그림 3-2]처럼 클러스터 시스템은 기본적으로 동일한 서버와 동일한
운영 체제 환경에서 구축되며, 클러스터 파일 시스템도 모두 동일한 서버
및 운영 체제 환경에서 구성된다. 클러스터에 속한 모든 노드들은 동일한
파일 시스템 모듈을 운영 체제 내에 설치한다. 비록 실제 데이터들은 데이
터 노드들이 직접적으로 소유·관리·전송하지만 컴퓨팅 노드들이 바라
볼 때 데이터들이 마치 자기의 로컬 파일 시스템 안에 들어와 있는 것처럼
보인다. 이렇게 함으로써 전체적으로 개별 로컬 파일 시스템을 네트워크
공유 방식으로 전환하는 과정에서 발생하는 오버헤드를 줄이고, 클러스터
내 컴퓨팅 노드들과 데이터 노드들 사이에 고속의 데이터 전송 및 공유가
가능해진다.

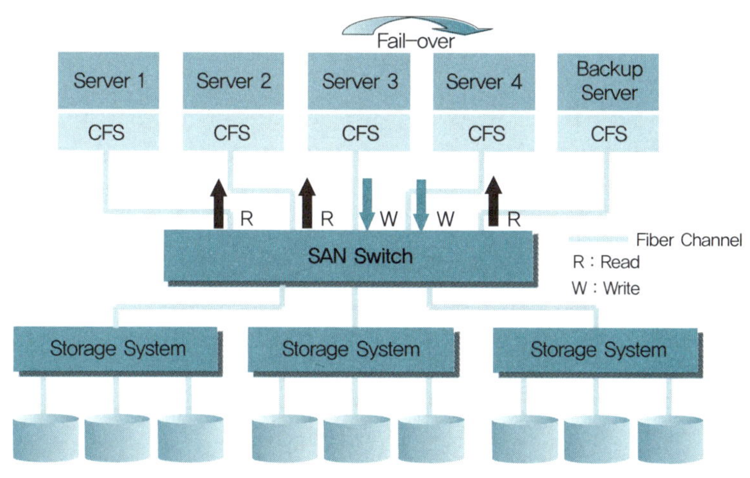

클러스터 파일 시스템의 특징과 기술 동향

클러스터 파일 시스템의 가장 큰 특징으로는 별도의 메타데이터 서버가 없다는 점이다. 즉, p. 137의 [그림 3-2]에서 보듯 모든 데이터 노드들이 동일한 구성 정보를 가지고 있다. 또한 파일 서버로서의 역할을 동일하게 수행하고 있으며, 단지 특정 노드가 구성상 대표 주자로 설정될 뿐이다. 네트워크로 연결된 클라이언트 노드들에게 데이터를 공유하는 방식은 두 가지가 있다. 첫 번째 방식으로는 클라이언트 노드들에게도 모두 동일한 공유 모듈을 설치함으로써 기존 네트워크 방식을 대체할 수 있는 완전 클러스터 파일 시스템이 있다. 두 번째 방식으로는 데이터 노드들끼리에서만 클러스터 파일 시스템을 구성할 뿐 외부 클라이언트 노드들과 데이터를 공유할 경우에는 NFS, CIFS, FTP와 같은 별도의 파일 서비스를 통해서만 가능한 독립형 클러스터 파일 시스템이 있다. 대규모 클러스터 시스템에는 주로 완전 클러스터 파일 시스템이 많이 사용되는 편이다.

최근에 이루어지고 있는 클러스터 파일 시스템의 발전 동향을 몇 가지로 요약하면 다음과 같다.

첫째, GFS 또는 LusterLinux Cluster와 같은 리눅스 기반의 클러스터 파일 시스템이 활발하게 출시되고 있다. 이것은 커널 등 주요 핵심 모듈이 공개되어 있어서 상대적으로 개발하기에 쉽기 때문인 것으로 판단된다.

둘째, 클러스터 파일 시스템의 범위가 단일 운영 체제 환경에 머무르지 않고 다른 운영 체제 환경을 동시에 지원하는 모드로 진행되고 있다. 예를 들어 IBM의 GPFS는 리눅스와 AIX를 동시에 지원하며, 각각의 파일 시스템이 별도의 변환 과정 없이 상호 접근 가능한 형태로 개선되고 있다.

셋째, 독립형 클러스터 파일 시스템 형태에서 시작해 완전 클러스터 파일 시스템 형태로 진화하는 경향이 있다. 또한 뒤에서 설명할 SAN 파일

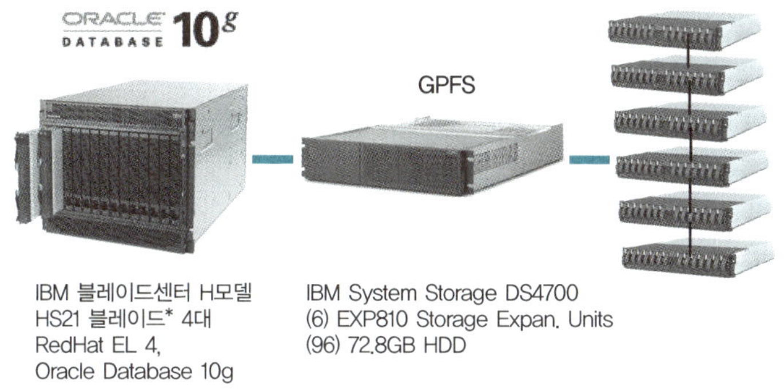

시스템 형태로 조금씩 발전하고 있다.

넷째, 대용량 I/O 처리가 요구되는 멀티미디어 서비스 영역에서 활발히 도입되고 있다. 특히 IPTV 등과 같은 대용량 고속 서비스 분야에서 적극적으로 도입이 검토되고 있으며, 실제 국내 구축 사례도 있다.

다섯째, 고가용성이 요구되는 DBMS 클러스터링에서 DBMS 자체가 제공하는 공유 레이어를 클러스터 파일 시스템이 대체할 수도 있다. 예를 들어 Oracle 10g RAC 구성에서 자체 스토리지 관리자인 자동 스토리지 매니저Automatic Storage Manager(ASM)를 사용할 수 있지만 오버헤드 등의 이유로 클러스터 파일 시스템과 결합할 수도 있다. [그림 3-3]은 IBM의 대표적인 클러스터 파일 시스템인 GPFS를 이용해 블레이드 서버 기반으로 Oracle 10g RAC를 구성한 사례이다. 이 구성에서 확장성이 요구될 때 I/O 영역에서 병목 현상이 일어나지 않는 한 블레이드 서버를 추가로 증설하면 DBMS의 성능이 선형적으로 증가한다. 그야말로 유연한 데이터베이스 클러스터 시스템이 구성되는 셈이다.

클러스터 파일 시스템의 예

리눅스 클러스터를 이용한 슈퍼컴퓨터 구축 사례를 보면 GPFS, GFS, Luster, 국내·외의 다수의 ISV들이 있다. 각 종류별로 간단히 살펴보면 다음과 같다.

| GPFS IBM에서 개발된 클러스터 파일 시스템으로서 제너럴 패럴렐 파일 시스템General Parallel File System으로 일컬어진다. 국내에 다수의 구축 사례가 있으며, 슈퍼컴퓨팅 클러스터뿐만 아니라 미디어나 계산 분야에서도 많이 활용된다.

| GFS 제너럴 파일 시스템General File System으로 일컬어지며, 레드햇이나 노벨Novell 등과 같은 리눅스 배포 회사에서 주도적으로 개발에 앞장서고 있다.

| Luster 오픈 소스Open Source의 일환으로 탄생된 클러스터 파일 시스템으로서 리눅스 운영 체제에서 구현이 가능하다.

| Matrix Server Polyserve사의 제품으로 리눅스와 윈도우를 지원하는 클러스터 파일 시스템이다.

4. SAN 파일 시스템

1990년대 말부터 도입되기 시작한 SAN 개념은 많은 양의 내장형 스토리지를 외장형 스토리지로 전환하는 계기를 마련해 주었다. 이와 더불어 스토리지 통합이라는 새로운 화두를 시장에 던지면서 서버 통합과 더불어 IT 인프라의 단순화 흐름을 이끄는 계기를 마련했다. 그러나 여전히 SAN

스토리지는 파일 시스템 수준이 아니라 로 디바이스Raw Device인 블록 디스크 수준에서 스토리지의 파티션이 제공되는 구조를 가지고 있다. 이로 인해 서버별로 스토리지를 관리해야 하며, 데이터의 중복 현상이 여전히 존재한다. 또한 다른 기종뿐만 아니라 동일 기종의 서버들 사이에 데이터를 공유할 경우에도 앞에서 언급된 네트워크 공유 서비스를 이용해야 한다. 이처럼 데이터의 중복으로 인한 비효율성을 줄이면서 NAS와 같은 유연한 환경을 제공하되, SAN 환경의 고속 데이터 접근 능력을 활용할 수 있는 필요성이 크게 증대되면서 탄생한 개념이 SAN 파일 시스템이다. SAN 파일 시스템은 기본적으로 SAN 환경에서 최대의 역량을 발휘하며 SAN 스위치를 통해서 스토리지에 연결된 모든 다른 기종의 서버들 사이에 이루어지는 데이터 공유가 파일 시스템 수준에서 이루어진다.

구조 측면에서 SAN 상의 모든 스토리지는 메타데이터 서버라고 일컬어지는 별도의 서버들이 모두 가지고 있으면서, 개별 애플리케이션 서버들이 데이터가 필요할 경우에 먼저 메타데이터 서버들에게서 데이터의 위치 등에 대한 메타데이터 정보를 넘겨받는다. 넘겨받은 메타데이터 정보를 이용해 애플리케이션 서버는 SAN을 통해서 정확한 데이터에 고속으로 접근할 수 있다.

SAN 파일 시스템의 특징 중 하나인 메타데이터 서버 구조로 인해서 SAN 파일 시스템은 주로 미디어 데이터 또는 대용량 데이터의 공유 목적으로 많이 사용된다. 왜냐하면 작은 크기의 파일에 대한 빈번한 접근이 이루어질 경우에 메타데이터 서버 영역이 병목 현상을 일으킬 수 있는 구조이기 때문이다.

기능 측면에서 볼 때 SAN 파일 시스템이 발전된 형태의 클러스터 파일 시스템과 차별화되려면 적어도 3개 이상의 운영 체제를 지원할 필요가 있다. 유닉스 서버, 리눅스 서버, 윈도우 서버는 기본적으로 지원하면서, 그

밖에 부수적으로 다른 운영 체제를 지원할 수 있어야 진정한 SAN 파일 시스템으로 볼 수 있다.

SAN 파일 시스템의 예

현재 몇 개의 업체에서 SAN 파일 시스템을 보유하고 있다. 대표적인 SAN 파일 시스템 제품으로는 SGI의 CXFSClustered XFS Files System를 들 수 있으며, 그 뒤로 몇몇 업체에서 이와 비슷한 형태의 제품을 출시했다. CXFS는 SGI에서 개발한 다른 기종 사이의 파일 공유를 위한 SAN 파일 시스템으로 다양한 형태의 운영 체제를 지원한다. 지원되는 운영 체제 종류를 살펴보면 AIX, HP-UX, 솔라리스, 리눅스, 윈도우뿐만 아니라 매킨토시 운영 체제까지도 지원한다.

5. 그리드 파일 시스템

앞에서 소개한 네트워크 공유 파일 시스템은 기본적으로 네트워크 상에서 데이터를 공유하기 위해 만들어졌다. NFS와 CIFS가 대표적인 네트워크 공유 파일 시스템이다. 이를 서버 차원에서 구축한 것이 파일 서버File Server이며, 스토리지 차원에서 제품화한 것이 NAS 서버이다. 대부분의 NAS 서버 제품들은 NFS와 CIFS를 기본으로 제공한다고 봐도 무방하다.

만약 NAS 서버 또는 파일 서버들이 다수 존재하면 특정 데이터가 어디에 있는지를 검색할 경우에는 상당한 시간과 노력이 들어갈 수 있다. 즉, 모든 파일 서버들과 일일이 연결해야 할 뿐만 아니라, 특정 파일 서버의 IP 주소나 또는 변경 사항이 발생하면 모든 사용자들에게 공지해야 한다.

그러면 모든 사용자들은 변경된 사항을 반영해서 새롭게 파일 서버와 연결해야 한다. 단일 파일 서버 구성이 아닌 이상 무척 불편한 구조일 수밖에 없다.

이를 해결하기 위해서 파일 서버들 사이에 하나의 가상적인 논리적 파일 시스템을 만들어 네트워크 상에 가상의 공유 파일 시스템을 만들고, 개별 파일 서버들이 가지고 있는 공유 파일 시스템 및 데이터들을 하위 디렉토리에 연결한다면 사용자 입장에서는 한층 접근이 간편해질 것이다.

이처럼 독립적으로 존재하는 파일 서버 또는 파일 시스템들 사이에 이루어지는 [그림 3-4]와 같은 가상화된 통합 공유 파일 시스템을 그리드 파일 시스템Grid File System이라고 할 수 있다. 단순히 동일한 로컬 지역뿐만 아니라 거리에 무관하게 일정한 안정성과 속도를 보장해 주는 그리드 파일 시스템에, 특별히 글로벌Global 그리드 파일 시스템이라고 이름을 붙일

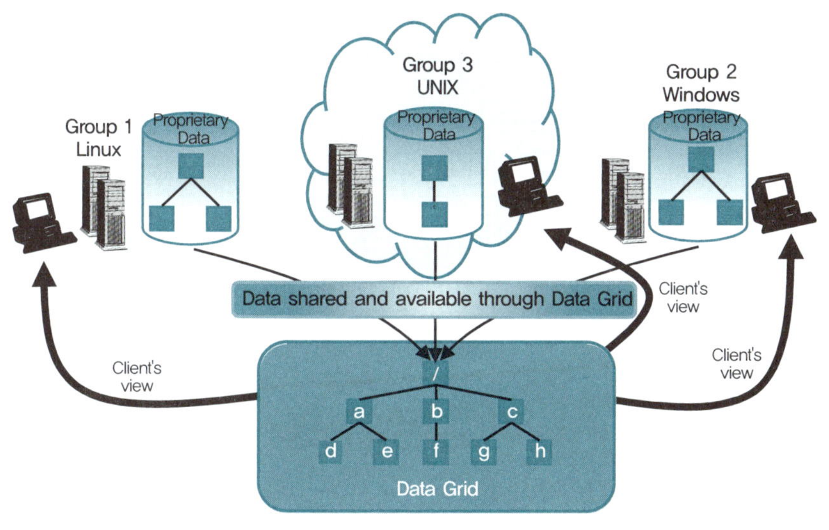

수 있다. 대부분의 그리드 파일 시스템이 글로벌 그리드 파일 시스템이라 봐도 무방하며, 단지 각각의 기술마다 적합한 환경이나 성능 같은 개별적인 측면에서 차이가 있을 뿐이다.

여기에서 참고할 점은 그리드 파일 시스템은 단독으로 떨어져 존재하는 것이 아니라, 기존의 파일 시스템들이 이미 만들어져 있는 상황에서 별도의 가상 레이어 또는 피처를 통해서 하나의 통합된 파일 시스템이 새롭게 존재하는 것처럼 보여 줄 뿐이다.

그리드 파일 시스템의 종류

현재 시장에 많이 소개된 그리드 파일 시스템으로 NFSv4를 대표적으로 들 수 있다. 그 밖에도 Avaki나 GMAS와 같은 특화된 제품들이 있으며, IBM에서는 Global GPFS라는 별도의 제품 군이 존재한다. 개별 제품으로는 NAS 서버 업체에서도 NAS 장비들 사이의 가상화된 파일 시스템 형태로 그리드 파일 시스템을 구성하고 있다.

| NFSv4 NFSv4는 유닉스 환경에서 가장 많이 사용되는 네트워크 공유 파일 시스템인 NFS의 최신 버전으로, 이전 NFSv3과 비교하면 기능 측면에서 많은 변화가 있었다. 예전에 있던 AFSAndrew File System의 특징이던 글로벌 네임 스페이스Global Name Space 기능을 적용해서 단일 액세스 포인트를 제공해 준다. 또한 복제Replication 기능을 이용해서 데이터에 대한 병렬 접근을 가능하게 함으로써 더욱 빠른 데이터 송 · 수신을 가능하게 한다. 여기에서는 NFSv4가 가지고 있는 이들 두 가지 기능에 대해서 좀 더 자세히 살펴보기로 한다.

| AFS Andrew File System 1990년 초반에 소개된 획기적인 개념의 네트워

크 공유 파일 시스템으로서, 기본 아키텍처 상에 싱글 네임 스페이스와 같은 그리드 파일 시스템으로서의 개념과 기능을 가지고 있었다. 카네기 멜론 대학CMU에서 개발한 것으로 'Transarc' 라는 회사에서 상업화했다. 그 뒤에도 지속적인 제품의 발전을 거듭하며 일부 대학들을 중심으로 사용이 확대되는 듯했으나, 시장 점유율이 미미해서 결국 2004년에 더 이상 지원하지 않게 되어 OpenAFS라고 이름까지 바뀌어 오픈 소스로 탈바꿈했다.

| Global GPFS IBM의 상용 클러스터 파일 시스템인 GFS의 확장된 버

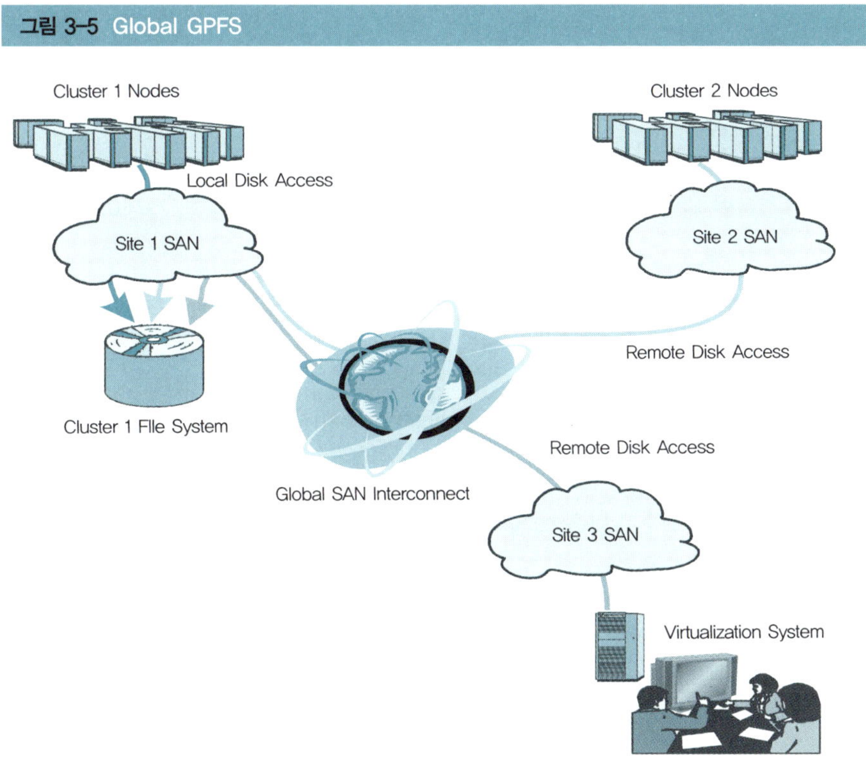

전으로서 본래 목적인 원격지 슈퍼컴퓨터 센터 사이의 컴퓨팅 자원을 공유하기 위한 인프라스트럭처 기술로 개발되었다. p. 145의 [그림 3-5]와 같이 각 센터의 데이터 공유 여부 및 사용자 접근 허용 등은 여전히 각 센터의 관리자가 권한을 가지고 있다. 하지만 글로벌 공유로 설정된 영역에 대해서 원격지 사용자는 이전보다 훨씬 자유롭게 데이터 자원을 활용할 수 있다. Global GPFS의 또 다른 특징으로 NFSv4와 같이 센터 사이의 병렬 접근이 가능하다는 점이다. 즉, 특정 데이터를 다운로드하는데 동일한 데이터가 A와 B센터에 모두 존재한다면 한 곳에서만 다운로드하는 것이 아니라 양쪽에서 동시에 다운로드함으로써 전체 소요 시간을 줄일 수 있다.

NFSv4의 주요 특징

그리드 파일 시스템의 대표 제품인 NFSv4를 중심으로 가장 큰 특징인 글로벌 네임 스페이스, 데이터의 병렬 접근성에 대해 좀 더 자세히 살펴보기로 한다.

글로벌 네임 스페이스Global Name Space

기본 개념은 NFSv4 Migration Feature를 이용해 p. 147의 [그림 3-6]과 같은 글로벌 네임 스페이스를 구축하는 것이다. 이것은 예전의 오토 마운터Auto Mounter 기능을 대체한다. 즉, 클라이언트 노드들은 개별 파일 서버가 아니라 네임 스페이스 매니저를 마운트하며, 네임 스페이스 매니저는 마치 관련된 모든 파일 시스템이 이미 다른 곳에 마이그레이션된 하나의 파일 서버처럼 보이게 해 준다. 그리고 네임 스페이스 매니저는 파일에 대한 접근이 일어날 경우에는 I/O 경로를 적합한 서버로 리다이렉트Redirect시킨다.

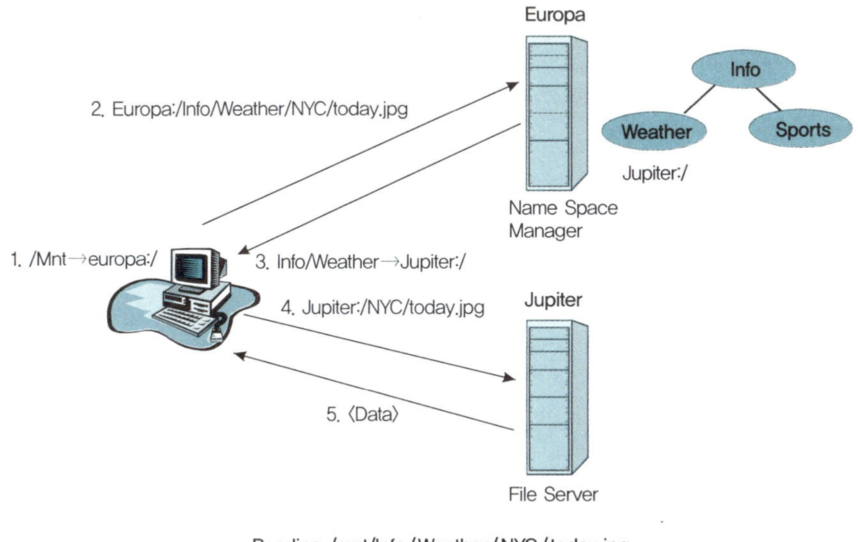

병렬 접근Parallel Access

병렬 접근Parallel Access의 기본 개념은 NFSV4의 Replication Feature를 이용해 다수의 NFS 서버들로 구성된 환경에서 p. 148의 [그림 3-7]과 같이 크기가 큰 파일에 병렬적으로 접근하는 것이다. 즉, 클러스터 내의 다수의 NFS 서버들이 동일한 파일 시스템을 익스포트Export하며, 네임 룩업Name Lookup은 다수의 서버들을 반환한다. 병렬 I/O 처리에 적합한 클라이언트는 스트라이핑 기법에 의한 읽기/쓰기Read/Write를 통해 좀 더 빠른 데이터 액세스가 가능하며, 이를 통해 NFS 서버의 전형적인 병목 현상을 제거할 수 있다.

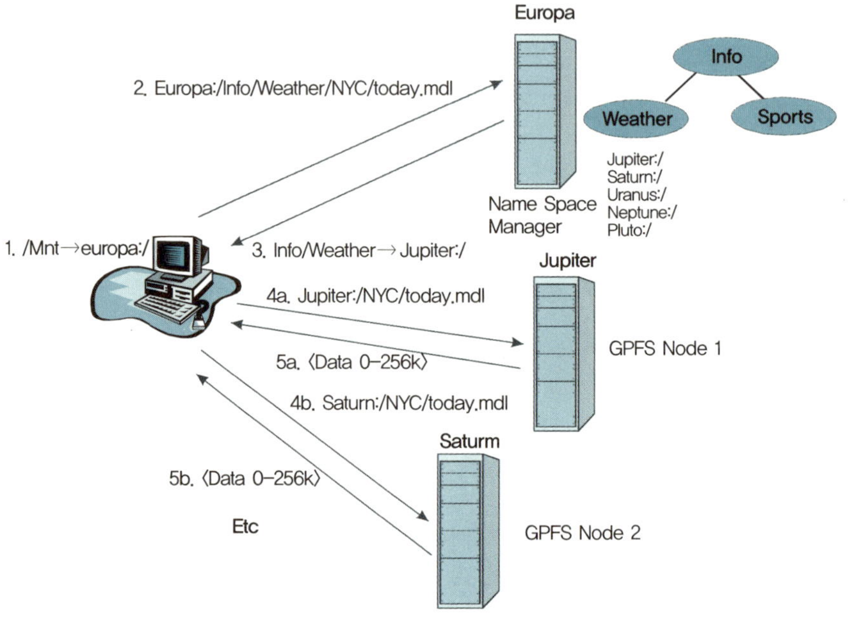

Europa
Info
Weather
Sports
Jupiter:/
Saturn:/
Uranus:/
Neptune:/
Pluto:/
2. Europa:/Info/Weather/NYC/today.mdl
Name Space Manager
1. /Mnt→europa:/
3. Info/Weather→Jupiter:/
Jupiter
4a. Jupiter:/NYC/today.mdl
GPFS Node 1
5a. 〈Data 0–256k〉
4b. Saturn:/NYC/today.mdl
Saturm
5b. 〈Data 0–256k〉
Etc
GPFS Node 2
Reading / mnt / Info / Weather / NYC / today.mdl

03 데이터 가상화

1. 데이터 가상화

데이터는 일반적으로 최종 사용자 입장에서 볼 때 가치를 생성할 수 있는 원천이며, 데이터를 가공해 새로운 정보Information를 생성할 수 있는 기반이다.

그러나 단순히 데이터에 대한 가상화 기반을 구현하는 것은 물리적 또는 논리적 차원에서 전체 데이터를 하나로 통합하는 것일 뿐 이를 통해 부가 가치가 자발적으로 창출되지 않는다. 따라서 데이터 가상화라는 인프라스트럭처의 바탕 위에 비즈니스 애플리케이션 로직이 적용되어 단순한 데이터를 p. 150의 [그림 3-8]과 같이 의미 있는 정보로 변경할 수 있는 자가 가치 창출형Self Value-creating 데이터 인프라스트럭처로 변환될 필요가 있다. 따라서 데이터 가상화는 인포메이션 가상화를 구현하기 위한 근간이라고 볼 수 있다.

오늘날 빠르게 변화하는 비즈니스 환경은 대규모이면서 분산된 기업의

그림 3-8 데이터의 활용에 따른 비즈니스 가치의 증대

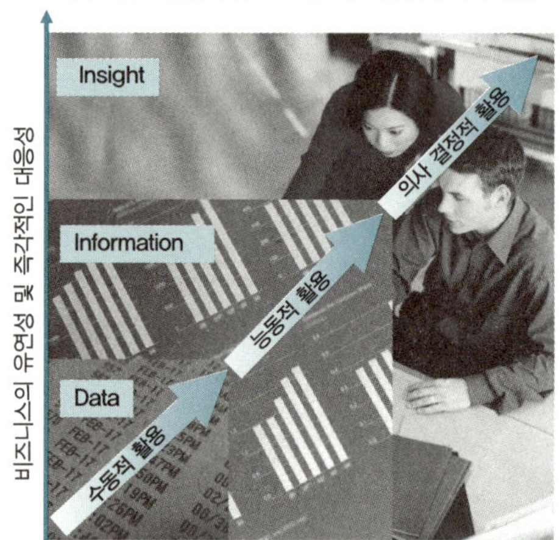

핵심 데이터에 대한 빠른 분석을 강하게 요구하고 있다. 비즈니스는 전통적인 애플리케이션 소스인 관계형 데이터베이스에 대한 접근뿐만 아니라 XML 문서, 텍스트 문서, 스캐닝 이미지, 비디오 영상, 웹 콘텐츠, e-메일 등 기타 특수한 용도로 저장된 다양한 데이터에 대한 접근을 통해, 수동적으로 활용되는 단순한 데이터에서 능동적으로 활용되어 의미 있는 정보로 변화되어야 한다. 거기에 그치는 것이 아니라 실시간 정보 분석을 통해서 빠른 의사 결정에 활용될 수 있는 통찰력을 제공하는 단계로 나아가야 한다.

포레스터Forrester의 '기업 콘텐츠의 미래'라는 기고문에 의하면, '최고 경영자들의 60% 이상은 빠른 의사 결정을 위한 즉각적이고 정확한 정보가 필요하다.'라고 밝히고 있다. 하지만 한편으로는 '최고 경영자들의

1/3만이 정보를 쉽게 얻을 수 있으며 효과적으로 정보를 제공받고 있다.'
라는 주장을 펴기도 한다. 또한 작업의 42% 정도가 시스템화되지 않은
채로 문서에 기반하며, 정보의 85%는 비정형화된 형식을 가지고 있다고
한다. 응용 프로그램의 설계 단계 중에서 30~50%가 중복되는 정보에 대
한 전달 및 복제 관리에 할애되고, 사용자의 작업 중 30%는 원하는 정보
를 찾는 데 소요되며, IT 예산의 40% 정도가 데이터 통합을 위해 사용된
다고 한다. 두 개 이상의 데이터 저장소를 갖고 있는 기업들이 전체의
79%이며, 기업들의 25%는 15개 이상의 데이터 저장소를 갖고 있다. 이
처럼 기업 내에 다양한 종류의 데이터가 분산 저장되는 것은 흔히 있는
일이지만 이를 체계적으로 관리하고 검색한다는 것은 결코 쉬운 일이 아
니다.

데이터 통합의 종류

만약 빠르고 효율적인 데이터 관리 및 검색 체계가 갖추어져 있어 다양한
형태의 분산된 다른 기종의 데이터에 대해서 일관되고 단일한 논리적 접
근 경로를 제공한다면, 데이터를 이용하는 사용자나 애플리케이션 측면
에서는 검색하려는 데이터의 형태나 위치 정보를 자세히 알지 않아도 원
하는 데이터를 쉽게 검색할 수 있는 기능을 제공받을 수 있다. 그렇게 되
면 데이터에 대한 상호 협력을 통한 협업 환경이 자연스럽게 구축될 수
있다.

이처럼 중요성이 더욱 부각되는 데이터에 대한 통합적 접근 방법으로
는 크게 두 가지 방안을 고려할 수 있다. 첫째 방안으로는, 단일 저장소에
모든 데이터를 저장하는 물리적 통합Physical Integration을 고려할 수 있다.
두 번째 방안으로는, 데이터가 저장되어 있는 현재의 물리적 위치는 유지

하되 논리적 재구성을 통해 데이터의 단일 접근을 허용하는 논리적 통합Logical Integration 또는 데이터 연합Data Federation이 있다. 첫 번째 방안의 대표적인 형태로는 대규모 단일 스토리지를 활용하는 데이터베이스 차원의 콘솔리데이션을 들 수 있다. 이러한 방안은 대규모 스토리지를 이용해 단일 데이터베이스를 구축할 때 관리상의 편리함을 얻을 수 있다. 하지만 데이터의 크기가 커짐에 따라 데이터 검색에 많은 시간이 걸리고 성능의 선형 증가율이 현저하게 낮아질 우려가 있다. 이와 같은 성능 저하를 막는 동시에 데이터의 가용성을 높이기 위해 데이터베이스 자체의 파티셔닝 또는 클러스터링을 이용한 데이터베이스 통합을 고려할 수 있으며, 최근 다양한 기술들이 속속 시장에 출시되고 있다.

한편, 일반적으로 통합Integration에는 [그림 3-9]와 같이 장소와 물리적 자원 형태를 단일화해 하나로 재구성하는 물리적 통합Physical Integration을 의미하는 콘솔리데이션 방식과, 현재의 장소와 물리적 자원 형태는 그대로 유지하는 논리적 통합Logical Integration을 의미하는 연합Federation의 두 가지 방식이 있다. 콘솔리데이션이 파티셔닝 등 물리적인 데이터의 가상화를 통한 통합 방안이라면, 데이터 연합은 외부 데이터의 논리적 가상화를 통한 통합 방안이라고 볼 수 있다.

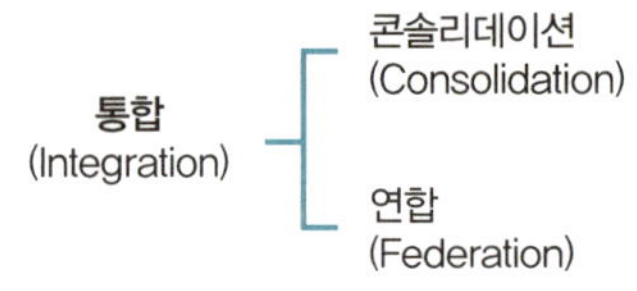

2. 데이터 연합

데이터 통합을 위한 두 가지 방안인 데이터 연합과 데이터 콘솔리데이션, 특히 데이터베이스 클러스터링에 대해서 좀 더 자세히 알아보기로 한다.

먼저 데이터 연합은 애플리케이션이 다양하게 분산되어 있는 데이터들의 위치, 데이터 형태 또는 접근 언어에 무관하게 마치 단일 데이터 소스인 것 같은 접근을 가능하게 하는 미들웨어 기술로서, 데이터 통합을 위한 접근 방안 가운데 하나이다.

데이터의 저장 위치와 상관없이 응용 프로그램은 단일한 데이터베이스 내의 테이블에 접근하듯 사용할 수 있으므로 사용자의 용이성 및 관리의 편리성을 높이면서 단일 인증 체제Single Sign-on 기능을 제공할 수 있다. 이러한 데이터 연합은 단순히 데이터 소스의 연동 기능을 넘어 최적의 성능 향상을 위한 최적화Optimization 기능을 통해서 분산 데이터에 대한 효율적인 데이터 접근을 보장한다.

사용자나 응용 프로그램이 데이터 접근을 시도할 때는 일반적으로 SQL 인터페이스를 사용하지만 기타 인터페이스를 통해 접근할 수도 있다. 대표적인 데이터 연합 기술의 사례로는 IBM WebSphere Federation Server를 들 수 있다. IBM WebSphere Federation Server는 p. 154의 [그림 3-10]처럼 데이터의 형태와 무관하게 각 데이터 소스별로 쉽고 단일하게 다룰 수 있도록 내부적으로 적합한 연관 관계를 위한 래퍼Wrapper를 가지고 있다. 따라서 마치 페더레이션 서버 자신이 관련된 모든 데이터를 가지고 있는 것처럼 보여 주며, 어떤 데이터에 대한 조회Query라도 결과 값을 제공해 줄 수 있다.

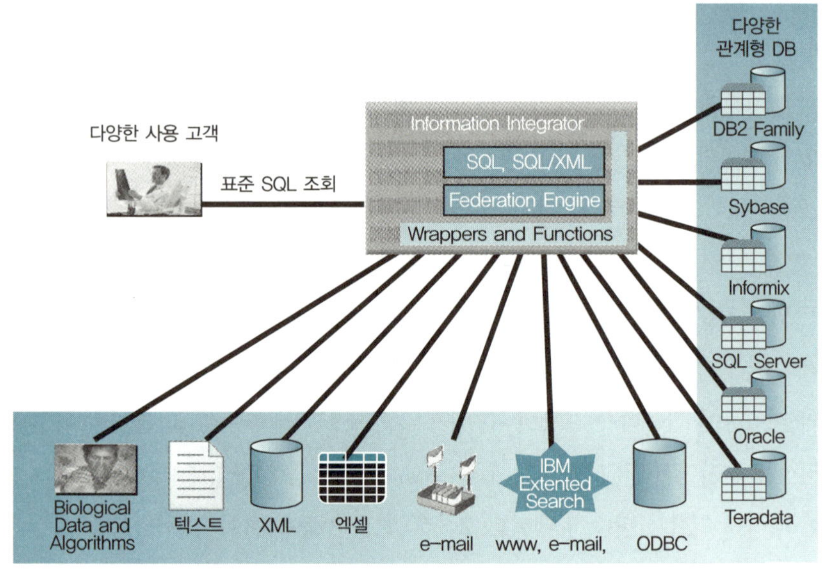

데이터 연합의 특징

일반적으로 데이터 접근 성능을 비교할 때 데이터 연합 방식은 뒤에서 설명될 예정인 데이터 콘솔리데이션 방식보다 느린 편이다. 왜냐하면 데이터가 하나의 스토리지에 저장되지 않고 다양한 곳에 흩어져 보관되므로 검색 및 데이터 이동과 같은 오버헤드가 나타나기 때문이다. 그러나 데이터 소스의 정합성Consistency이 충분히 보장된다면 데이터 연합 방식은 다음과 같은 효과를 얻을 수 있다.

- 구축 시간과 유지 비용을 감소시킴(추가적인 하드웨어, 기술, 인력 비용이 필요 없음).

- 최신 데이터에 대한 접근(실시간 트랜잭션이 가능함.)
- 다양한 포맷을 가진 데이터를 이용한 새로운 데이터의 생성

이기종 데이터 환경에서 데이터를 연합한다는 것은 일반적으로 단일한 대규모 데이터베이스 시스템 안으로 데이터 집중화를 하는 것보다 훨씬 빠른 ROI를 제공한다. 반면에 중앙 집중화는 성능이 특히 요구되거나 또는 데이터의 정합성을 보장할 필요가 있을 때 우선 고려된다. 이러한 데이터 연합을 통한 데이터 가상화는 ETL(데이터 추출, 변환, 적재) 규칙Rule에서도 적용되어 실시간 데이터웨어 하우스Dataware House 구축 및 데이터 마트Data Mart 구축, 데이터 마이그레이션Data Migration, 데이터 클린징 및 차세대 시스템 구축에도 활용될 수 있다.

3. 데이터 콘솔리데이션

데이터 통합의 또 다른 접근 방안인 데이터 콘솔리데이션Data Consolidation은 대용량의 대형 서버 및 대형 스토리지를 사용해 구성 및 관리상의 단순함을 얻을 수 있다. 하지만 데이터의 크기가 커짐에 따라 데이터 검색에 많은 시간이 걸리고 성능 및 가용성의 저하에 노출될 수 있다. 이와 같은 성능 저하를 막으면서 동시에 데이터의 가용성을 높이기 위해 여기에서는 모든 데이터가 DBMS 내에 저장되어 있다고 보고, 데이터베이스 차원의 파티셔닝 또는 데이터베이스 사이의 클러스터링을 이용한 데이터 통합 방안을 위주로 살펴본다.

서버 위에서 데이터베이스를 운영할 때에는 p. 156의 [그림 3-11]과 같이 일반적으로는 하나의 데이터베이스 파티션 또는 데이터베이스 인스턴

스가 존재하며, 파티션 안에는 테이블Table이라고 일컬어지는 여러 개의 데이터 포맷Format을 가지고 있다. 실제 데이터는 테이블 안의 하나의 항목 값으로 저장된다. 이처럼 데이터베이스 파티션은 대개 하나로 구성되지만 데이터베이스 서버 통합이나 또는 기타 활용 형태에 따라 데이터베이스 내에서 여러 개의 파티션을 구동해야 할 필요가 발생할 수 있다.

데이터베이스 파티셔닝을 구현할 경우에 얻을 수 있는 혜택은 여러 가지가 있지만 대략 세 가지를 꼽을 수 있다. 첫째, 파티션 사이의 병렬 처리Inter-partition Parallelism를 통한 빠른 데이터 검색 및 처리 능력을 얻을 수 있다. 둘째, 성능의 선형적인 증가 효과를 볼 수 있다. 셋째, 특정 파티션에서 장애가 발생하더라도 서비스가 중단되지 않는 고가용성을 얻을 수 있다.

특히 성능의 선형적 증가와 높은 가용성은 물리적 시스템의 구성 형태에 따라 많은 영향을 받을 수 있으므로 충분한 고려가 필요하다.

데이터베이스 파티셔닝을 할 때에는 특정 파티션에 대한 집중적인 요

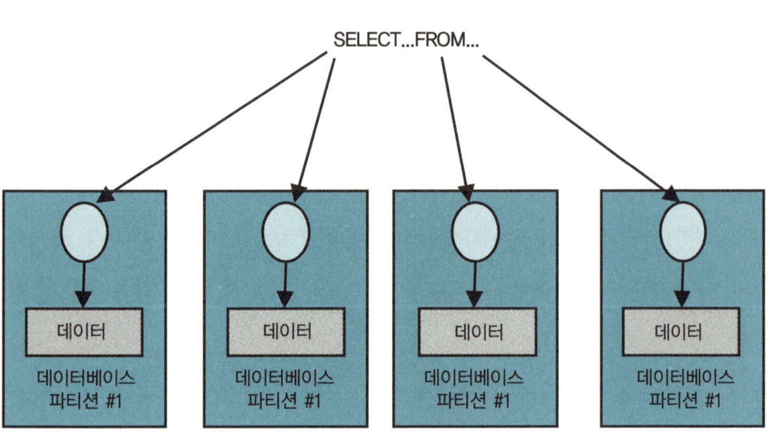

그림 3-11 데이터베이스의 파티션 사이의 병렬 처리

구 등에 따른 병목 현상을 해소하기 위해 다양한 기준을 적용할 수 있다. 대표적인 파티셔닝 규칙으로는 해시 파티셔닝Hash Partitioning, 범위 파티셔 닝Range Partitioning, 스키마 파티셔닝Schema Partitioning이 있으며, 여러 요건 을 종합적으로 검토해 최적의 파티셔닝 규칙을 적용하면 된다.

DBMS 클러스터링의 종류

데이터베이스 파티셔닝은 데이터베이스 시스템을 구성하는 형태에 따라 단일 서버 내의 파티셔닝과 다중 서버 사이의 파티셔닝으로 구분하는 것 이 가능하다. 리소스 공유 관점에서는 다시 디스크 공유형Shared Disk과 리 소스 비공유형Shared Nothing으로 구분할 수 있다. 단일 서버 내 데이터베이 스 파티셔닝은 하나의 물리적 서버 위에 여러 개의 논리적 파티션들이 존 재하는 구조이며, 이런 형태를 완전 공유Shared Everything 구조라고 한다. 왜냐하면 데이터베이스 파티션들이 메모리와 CPU 및 디스크를 공통으로 사용하기 때문이다. 이런 형태의 파티셔닝은 서로 다른 업무의 데이터베 이스 서버를 통합할 때 많이 적용되며, 동일한 업무에 대해서 다중 파티셔 닝Multi-Partitioning을 하는 경우는 그리 많지 않다.

다중 서버 사이의 파티셔닝은 데이터베이스 클러스터링이라는 용어를 사용하는 것이 좀 더 정확한 표현이다. 여기에서는 주로 다중 서버 사이의 데이터베이스 가상화인 데이터베이스 클러스터링에 대해서 좀 더 자세히 살펴보기로 한다.

디스크 공유형 데이터베이스 클러스터링

p. 158의 [그림 3-12]와 같이 데이터가 저장되는 디스크를 다중 서버들 사이 에 공유하면서 네트워크 상에서 데이터베이스 사이의 동기화Synchronization

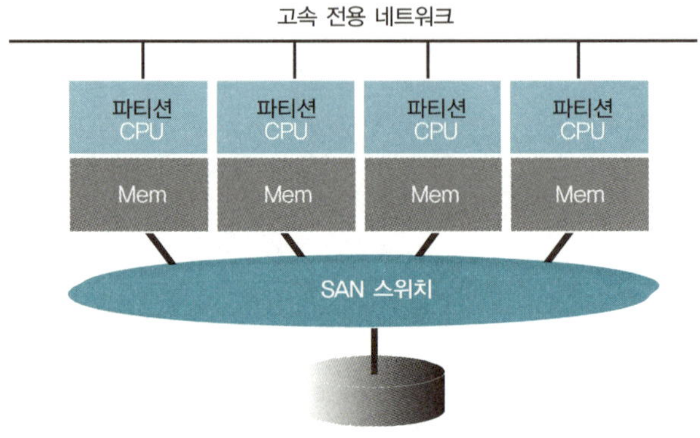

를 이루는 구조를 말한다. 서버들 사이에 디스크를 공유하기 위해서는 서버와 스토리지 사이에 SAN 환경이 필요하며, 서버들 사이에 공유 파일 시스템이 설치되거나 또는 서버 내에 설치된 디스크 관리 모듈 사이에 동기화가 지속적으로 이루어져야 한다. 이와 같은 구조에서 성능 확장이 필요할 경우, 디스크 영역에서 병목 현상이 발생할 수 있다.

대표적인 사례로는 Oracle 10g RAC를 들 수 있다. 각 DBMS 서버 사이의 운영 형태는 '활성화 대 활성화Active-Active' 구성이 가능하지만, 성능상의 이슈로 인해서 'Mutual Exclusive Active-Active' 구성으로 이루어지는 것이 대부분이다. 예를 들어 A서버는 a라는 테이블의 데이터를 처리하도록 지정되어 있고, B서버는 b라는 테이블의 데이터를 처리하도록 되어 있다가, A서버에 장애가 발생하면 B서버가 a와 b 테이블 데이터 모두를 처리하도록 구성된 것을 말한다.

리소스 비공유형 데이터베이스 클러스터링

리소스 비공유형 데이터베이스 클러스터링이란 p. 159의 [그림 3-13]과

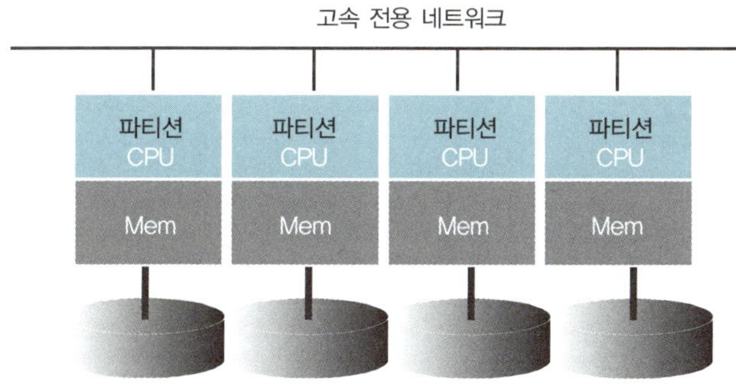

같이 두 대 또는 그 이상의 물리적 서버로 이루어져 있으면서, 각 서버들은 외장 디스크를 공유하지 않는 형태로 이루어진 데이터베이스 클러스터링을 말한다. 이러한 형태는 완전 비공유형 구조라고도 일컬어진다. 왜냐하면 각 파티션은 고유한 메모리, CPU, 디스크를 갖기 때문이다. 이 구조는 데이터 공유로 인한 디스크 병목 현상을 근본적으로 제거해 선형적 성능 증가를 보장하는 구조로서 무제한적인 확장이 가능하다. 특히 데이터 웨어 하우스와 같은 대용량 데이터 처리에 적합한 구조이다. 물리적 구성 형태로는 클러스터와 결합되어 많이 구축된다. 이에 따라 서버와 같은 하드웨어에 유연한 적용이 가능하며, 오픈 아키텍처의 채용으로 하드웨어에 종속된 요소를 조금 더 줄여 준다. 대표적인 사례로는 IBM DB2 DPFDatabase Partitioning Feature를 들 수 있다.

IV

워크로드 가상화

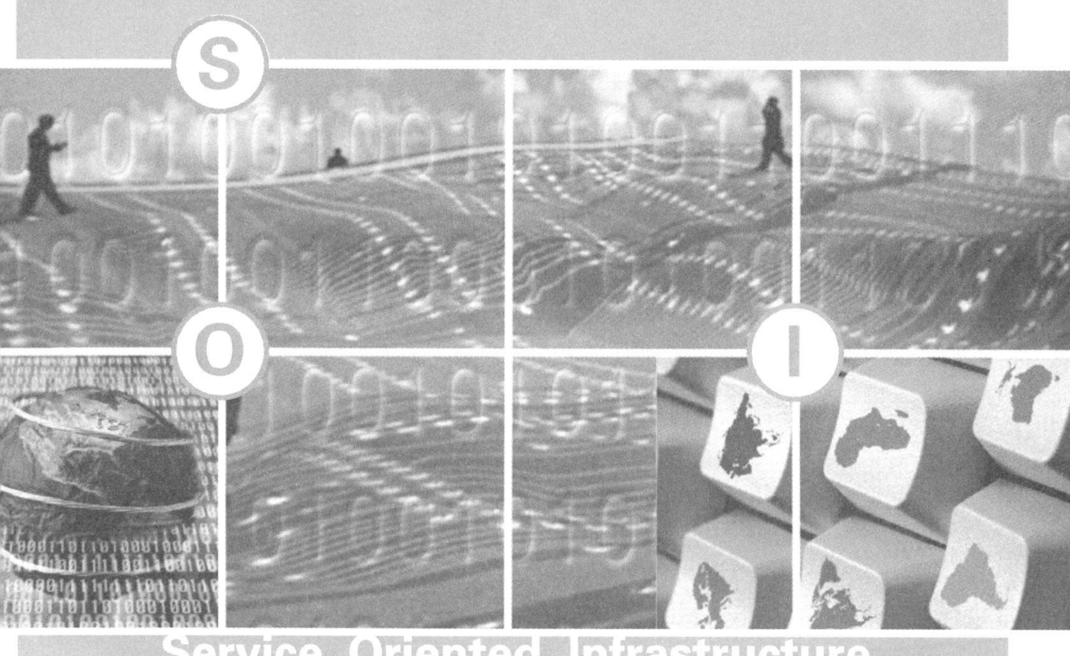

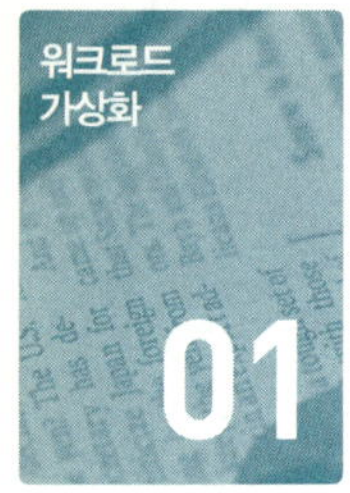

01 컴퓨팅 자원의 가상화

앞에서 우리는 서버, 스토리지, 네트워크와 같은 물리적 자원의 가상화에 초점을 맞추어 살펴보았다. 그러한 물리적 자원의 가상화에서 가장 이상적인 상태는 다른 기종 서버들 사이에 별도의 어려움 없이 컴퓨팅 자원을 완전하게 공유하는 것이다. 그나마 인텔 계열 플랫폼 위에서는 VMware와 같은 가상화 레이어를 이용해 완전하지 않지만 멀티 시스템 사이의 파티션 이동 기능을 이용할 수 있다. 그런데 유닉스 서버를 포함하는 경우에는 다른 기종뿐만 아니라 동일한 기종들 사이에도 하드웨어 수준에서 이들을 서로 묶어 줄 수 있는 것이 최근에 겨우 출시된 정도이다. 다른 기종 서버들 사이의 완벽한 가상화는 쉽게 달성되기 어려우며 어쩌면 영영 불가능한 것인지도 모른다.

이처럼 다른 기종의 서버들 사이에서 하드웨어 차원의 공유가 어려운 것은, 일반적으로 서버가 단순히 물리적 구성만으로 가능하지 않고 다양한 계층들이 총체적으로 결합되는 복잡한 형태를 띠기 때문이다. 즉, 하드웨어의 펌웨어에서 시작해 운영 체제를 거쳐 애플리케이션이나 네트워크 디바이스 등에 이르는 많은 요소들이 물리적 서버와 결합되어야 하기 때문이다. 따라서 진정한 다른 기종 서버들의 가상화를 이루기 위해서는 앞에서 언급된 다양한 요소들에 대한 가상화가 종합적으로 적용되어야 해결될 수 있는 어려움이 존재한다.

그렇다면 '다른 기종 서버들 사이의 가상화는 영원히 풀기 힘든 과제인가?' 라는 의문이 생길 수 있다. 그러나 관점을 바꾸어 보면 쉽게 해결될 수도 있다. 즉, 지금 당장 현실적으로 불가능해 보이는 물리적 자원의 가상화를 벗어나서 애플리케이션의 활용 측면을 적극 검토하면, 직접적인 서버들 사이의 가상화는 아니지만 나름대로 유사한Quasi 효과를 얻을 수 있음을 알 수 있다. [그림 4-1]은 IT 인프라스트럭처의 일반적 구조에서 애플리케이션 측면에서 다른 기종 서버 사이의 가상화를 이룰 수 있는 세 가지 가능한 접근 방안을 나타내고 있다.

첫째, JVMJava Virtual Machine과 같은 가상 머신을 이용하는 미들웨어 애

그림 4-1   워크로드 가상화의 세 가지 측면 : 프리젠테이션-태스크-트랜잭션

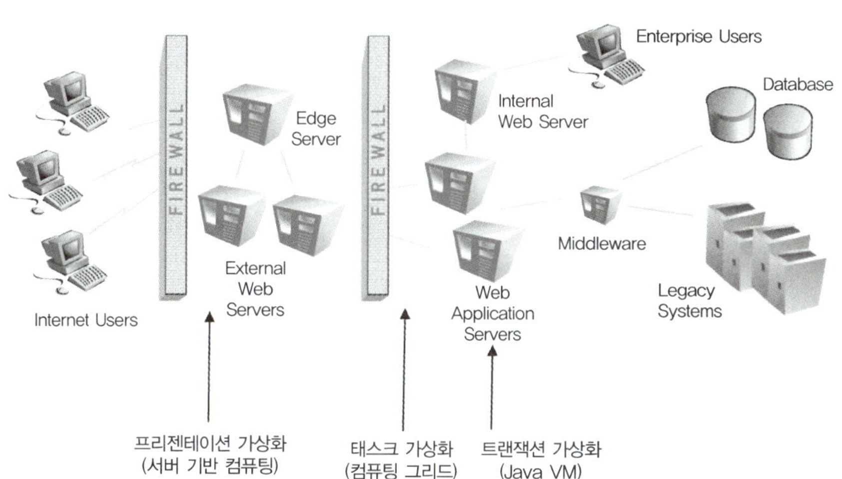

플리케이션을 활용해서 애플리케이션 자체적으로 적절한 워크로드 관리를 바탕으로 새로운 인스턴스를 생성하거나 워크로드가 낮은 서버 쪽으로 작업량을 배분한다. 이러한 형태를 트랜잭션 가상화Transaction Virtualization라고 한다.

둘째, 그리드 미들웨어를 사용해서 다른 기종 서버 환경에 대한 제약을 극복하며, 업무Job 스케줄러를 이용한 워크로드의 분산 처리를 통해 다른 기종의 서버 자원들이 모인 환경에서도 대규모 컴퓨팅 파워를 제공할 수 있다. 이것을 태스크 가상화Task Virtualization라고 하며, 컴퓨팅 그리드라고 일컫기도 한다.

셋째, 최종 사용자 측면에서 아예 애플리케이션이 없더라도 애플리케이션이 수행될 수 있는 환경을 제공한다. 서버 기반 컴퓨팅Server Based Computing(SBC)이 대표적인 기술이며, 윈도우의 터미널 서버 기술을 이용하는 Citrix의 Presentation Server가 대표적인 제품의 예이다. 이것을 프레젠테이션 가상화Presentation Virtualization라고 한다.

02 트랜잭션 가상화

1. 트랜잭션 가상화의 개요

J2EE 애플리케이션은 자바 가상 머신 상에서 해당 애플리케이션을 실행시키는 프로세스를 구동한다. 기존 J2EE 서버의 경우, 애플리케이션이 최적의 성능을 내면서 안정적으로 구동되도록 하기 위해 관리자는 실시간의 부하량과 자원 사용량을 지속적으로 감시하고, 그에 따라 적절한 조치를 취해야만 했다. 관리하는 애플리케이션과 시스템의 양이 적고, 부하량의 변동을 쉽게 예측할 수 있다면 이러한 수동적인 관리만으로도 만족할 만한 서비스를 계속 제공할 수 있다. 그렇지 않다면 관리자와 사용자는 잦은 장애와 서비스 품질 저하에 시달릴 것이다.

관리해야 하는 시스템의 대수가 많고 부하량의 변동이 심할 경우에 대한 단편적인 해결책은 관리자의 수를 늘리는 것이다. 그러나 이것은 관리에 소요되는 비용을 증가시킬 뿐 아니라, 여전히 해결할 수 없는 많은 문제를 남긴다. 관리의 신뢰성을 높이기 위해선 한 명의 관리자가 관리하는 애플리케이션과 시스템의 범위를 좁게 만들어야 하는데, 이렇게 하면 하나의 애플리케이션이 활용할 수 있는 시스템의 수가 '소수 개'로 한정된다. 이것은 애플리케이션의 확장성과 안정성을 떨어뜨릴 뿐 아니라 전체 시스템의 사용률 또한 저하시킴으로써 또 다른 비용의 낭비를 초래한다.

일반적으로 사용되는 이러한 방식은 서버 자원의 사용량이나 응답 속도의 변화 등 운영 중 변화되는 상황을 적절하게 반영할 수 없어 문제가 발생한다. 따라서 적절히 대응하고 서버 자원을 효율적으로 사용하는 데에는 한계가 있다. 그래서 운영 도중 수집된 정보를 바탕으로 관리자의 개입 없이 자동으로 애플리케이션의 프로세스와 인스턴스를 조절하는 방식이 필요하다.

트랜잭션 가상화 개념

트랜잭션 가상화는 J2EE 애플리케이션에 가해지는 업무 부하량과 자원 사용량을 실시간으로 분석하고 적절한 관리 작업을 자동으로 수행함으로써 관리자가 수행해야 할 작업의 부담을 덜어 준다. 이처럼 자동화된 관리 작업은 단지 일부 애플리케이션이나 서버에 제한되지 않는다. 트랜잭션 가상화는 다수의 서버를 자원 풀Resource Pool로 관리함으로써 마치 하나의 큰 서버처럼 가상화해서 바라볼 수 있게 해 준다. 관리자는 이렇게 가상화된 하나의 큰 서버 속에 애플리케이션들을 설치한다. 이 속에 설치된 각 애플리케이션이 물리적으로 어떤 서버 위에서 구동될 것인지는, 트랜잭션을 전체적으로 관리하는 레이어가 각 애플리케이션에 실시간으로 가해지는 부하량과 서버의 자원 사용량을 보고 동적으로 결정된다. 이를 통해 서버 가용성을 높이고 미리 정의된 서비스 레벨을 자동으로 충족해서 사용자의 만족도를 높일 수 있다.

2. 트랜잭션 가상화의 예

IBM WebSphere XD는 J2EE 애플리케이션의 트랜잭션 가상화를 목표로 설계되었으며, 기존의 J2EE 어플리케이션 서버에 추가 모듈로 설치된다. XD의 초기 버전은 IBM WebSphere 서버에만 적용이 가능했지만, 지금은 BEA의 WebLogic이나 Apache Tomcat과 같은 다른 종류의 J2EE 서버에도 적용이 가능하다. 아래는 이에 관련된 XD의 기능들을 좀 더 자세히 설명한 것이다.

애플리케이션 헬스 매니지먼트

IBM WebSphere XD에서는 개별 서버들의 서비스 품질 및 자원 사용 상태를 지속적으로 감지해서 장애 상황이 예견될 경우, 자동으로 조치한 뒤 관리자에게 통지하는 기능을 제공한다. 이를 위해 로그나 메일 등으로 관리자에게 현재의 상황을 통지하고, 해당 서버로 추가적인 요청을 차단하며, 향후 문제 원인 파악을 위해 스레드 덤프Thread Dump 또는 힙 덤프Heap Dump를 출력하고, 마지막으로 서버 재시작을 수행한다.

일반적으로 과도한 응답 시간, 과도한 양의 타임아웃, 서버 시작 후 경과 시간, 서버가 처리한 요청의 수, 메모리 사용률, 메모리 누수Memory Leak 등의 조합에 따라 헬스 매지지먼트Health Management 조건을 부여할 수 있기 때문에 고객의 상황에 가장 적절한 내용의 조합으로 서버를 관리할 수 있다.

동적 클러스터링 및 Goal 기반 QoS

IBM WebSphere XD를 이용하면 목표치 및 우선 순위 기반으로 서비스 품질을 관리할 수 있다. 트랜잭션에 따라 별도로 목표치 및 중요도를 지정할 수 있으며, 이를 통해 개별 트랜잭션 클래스들의 서비스 품질QoS을 실시간으로 관리할 수 있다. 동일한 애플리케이션이라도 사용자마다 서로 다른 목표치 및 중요도를 설정해 서비스 품질을 관리하는 것이 가능하다. 또 부하 변화, 자원 사용량, 성능 정보 등을 실시간으로 추적해서 분석할 수 있기 때문에 사용자 요청을 지능적으로 분배·조정해 항상 일정한 서비스 품질을 유지할 수 있다. 이를 온 디맨드 라우팅on Demand Routing이라고 표현한다.

p. 169의 [그림 4-2]는 동적 운영의 사용 예를 표현한 것이다. 왼쪽 그림은 증권 업무를 처리하는 기업 내에 스톡 트레이딩Stock Trading, 어카운트 매니지먼트Account Management, 파이낸셜 어드바이스Financial Advice라는 세 가지 업무가 있고, 이들이 각각 서로 다른 클러스터를 사용하는 경우를 가정한 것이다. 피크 타임에 스톡 트레이딩 애플리케이션에만 업무가 집중된다고 가정했을 때, 이것이 구동되는 클러스터 내 서버들의 CPU는 곧 사용률 100% 상태에 이르게 되고, 결국 스톡 트레이드 업무는 장애를 입을 수 있다. 그러나 그림에서 보듯이 어카운트 매니지먼트와 파이낸셜 어드바이스는 여전히 평소의 사용률인 15%와 10% 대를 유지하고 있다.

오른쪽 그림은 IBM WebSphere XD를 이용해서 전체 서버들을 하나의 클러스터로 가상화한 것이다. 스톡 트레이딩 애플리케이션의 부하가 폭증했을 때, IBM WebSphere XD는 부하량이 적은 어카운트 매니지먼트나 파이낸셜 어드바이스를 일부 서버에서 내리고, 대신 스톡 트레이딩을 올려 구동시킨다. 어카운트 매니지먼트나 파이낸셜 어드바이스에 부하량이

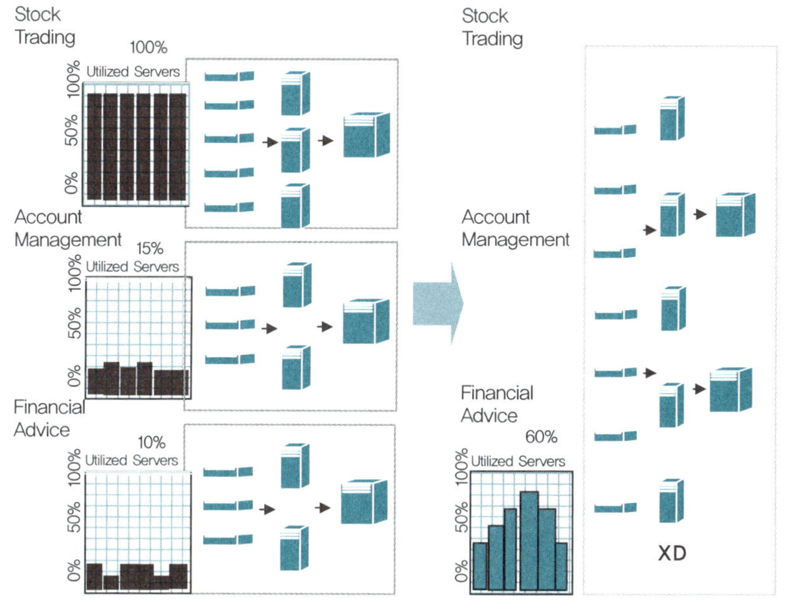

폭증할 때에도 비슷한 작업이 수행된다. 그 당시 부하량이 적은 애플리케이션에 쓰던 서버를 부하량이 많은 다른 애플리케이션에 할당하는 것이다. 각 애플리케이션이 사용하게 되는 물리적인 서버의 범위, 즉 물리적인 클러스터의 크기가 동적으로 변화되기 때문에, 이를 동적 클러스터링Dynamic Clustering이라고 한다.

결과적으로, 서버의 유휴 시간과 집중 시간이 적절하게 분배되어 전체 시스템은 일정한 CPU 양을 균일하게 사용할 수 있다. 또 고객은 하드웨어 및 시스템을 피크 타임 중심으로 사이징Sizing해야 하는 제한에서 벗어날 수 있어 장기적으로 ROI에 도움을 줄 수 있다.

비즈니스 그리드

IBM WebSphere XD를 이용하면 배치 작업이나 복잡하고 긴 산술적 계산 업무 등과 같이 장시간에 걸쳐 수행되는 장시간 수행Long Running 업무와 OLTPon-Line Transaction Processing 업무 사이의 트랜잭션을 별도로 관리해서 그리드 업무에 추가시킬 수 있다. 장시간에 걸쳐 수행되는 트랜잭션에 영향을 미치지 않도록 동일 클러스터 내에서 배치 업무와 OLTP 업무를 동시에 수행할 수 있는 환경을 만드는 것이 비즈니스 그리드Business Grid이다.

[그림 4-3]을 보면 좌측의 이미지는 장시간 수행 업무이며, 우측의 이미지는 OLTP 업무이다. 따라서 서로 업무에 영향을 주지 않도록 그리드를 구성하면, 미사용 상태로 남을 수 있는 유휴 컴퓨팅 리소스를 최대한 활용하면서 트랜잭션 워크로드와 오랜 실행 시간이 소요되는 배치 워크로드까지 동일한 컴퓨팅 자원에서 효율적으로 활용하는 것이 가능하다.

그림 4-3 비즈니스 그리드의 운영 형태

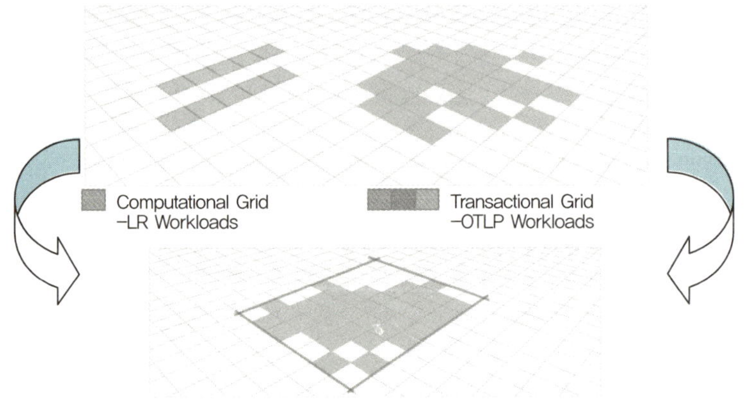

03 태스크 가상화

1. 컴퓨팅 그리드

그리드 환경에서 작업 요청자는 어느 서버에서 작업이 수행되는지를 알 필요가 없다. 다만, 중간 매개체 역할을 하는 서버에게 작업(Task 또는 Job)을 요청하기만 하면, 서버는 가용한 컴퓨팅 자원 풀에 작업을 분배해서 요청 사항을 처리하게 한 다음, 처리가 끝난 후 이를 수집해서 다시 작업 요청자에게 돌려 보내는 형태를 태스크 가상화Task Virtualization라고 한다. 중간 매개체 역할을 하는 서버는 태스크Task 스케줄러 또는 업무Job 스케줄러라고 하며, 뒷단에 있는 많은 컴퓨팅 자원들의 가용 상태를 점검하면서 요청받은 작업에 대한 결과 반환 기능을 수행한다.

이처럼 다중 서버들 사이의 워크로드를 가상화할 수 있는 방법 중 하나인 태스크 가상화는 그리드 컴퓨팅의 유형 중에서 컴퓨팅 그리드Computing Grid와 동일하기 때문에 컴퓨팅 그리드의 개념을 중심으로 태스크 가상화를 설명해 나가기로 한다.

그리드 발전 단계

그동안 학계와 업계에서는 그리드에 대한 약간 다른 정의와 시각 차이로 인해 많은 혼란이 일어났으며, 상당수의 사람들이 '그리드란 과연 무엇인가?' 라는 의문을 가지게 되었다. 학계에서는 분산 컴퓨팅에서 좀 더 발전된 형태를 이상적인 그리드로 보는 경향이 강했다. 실제로 많은 사람들이 여전히 'SETI@Home' 과 유사한 구축 형태만을 그리드라고 보고 있다. 반면에 업계에서는 학계에서 내세우는 그리드의 개념을 일부 수용하면서도 클러스터 기술과 상용 가능한 가상화 기술을 접목한 형태의 제품과 솔루션을 가지고 구축한 형태를 그리드라고 일컬었다. 이런 상황 때문에 그리드를 연구하고 발전시키는 모임에서도 학계와 업계가 한동안 양분되어 있었다.

학계는 2001년에 GGFGlobal Grid Forum라는 단체를 결성해 활동하면서 그리드 기술의 발전과 표준화를 선도하기 위해 다양한 노력을 기울였으며, 글로버스Globus와 같은 그리드 미들웨어를 개발해 왔다. 반면에 IT 업계는 2004년에 EGAEnterprise Grid Alliance라는 단체를 구성해서 데이터 센터에 적용 가능한 엔터프라이즈 그리드 기술을, 개방적이고 호환성 있게 구성해 시장에서 바로 사용할 수 있는 그리드 솔루션의 개발과 보급에 중점을 두었다.

2006년에 GGF와 EGA 두 기구는 개방된 포럼을 통해 그리드 소프트웨어의 호환성을 위한 표준을 개발함으로써, 산업적 가치와 과학 기술 혁신을 위한 그리드 기술의 정착을 가속화하기 위한 목표를 가지고 OGFOpen Grid Forum라는 단체로 새롭게 통합되었다.

그리드의 개념

OGF를 포함해 다양한 기관들에서 좀 더 구체적이며 동시에 현실적 개념이 반영된 그리드 컴퓨팅의 개념을 정립하기 위해 많은 노력들이 쏟아졌다. 그 중에서 가장 널리 받아들여지는 그리드 컴퓨팅의 핵심적인 개념을 중심으로 설명하면 다음과 같다.

그리드는 분산된 인프라스트럭처를 단일 자원인 것처럼 공유 형태로 사용할 수 있게 도와 주는 기술들의 집합체로서 이기종 환경Heterogeneous에서도 운영되어야 하며, 위치와 무관하게Location Independent 구성이 가능해야 하며, 이미 존재하는 자원들을 될 수 있으면 우선적으로 활용할 수 있어야 한다.

다르게 표현하면 p. 173의 [그림 4-4]와 같이 가상화된 분산 환경Virtual Distributed에서 다른 기종 자원들의 공유를 가능하게 해 줄 때 진정한 그리드 컴퓨팅이라고 볼 수 있으며, 반드시 모든 조건들을 엄격하게 만족시켜야만 그리드 환경이 되는 것은 아니다.

위의 정의에서 반드시 원격지에 떨어져 있는 자원들을 연결해야만 진정한 그리드가 되는 것은 아니며, 원격지 사이에 구성할 때에도 원활하게 작동될 수 있어야 한다는 의미로 해석될 수 있다. 마찬가지로 다른 기종 환경을 지원한다고 해서 반드시 다른 기종 서버들이나 다른 기종 스토리지 장비들이 있어야 하는 것은 아니다. 따라서 그 전 단계인 동일한 기종의 서버들로 구성된 클러스터일지라도 이상적인 그리드로 나아가기 위한 원형 단계의 그리드로 볼 수 있다. 이해를 돕기 위해서 [그림 4-5]와 같은 구성을 살펴보면, 왼쪽 그림은 여러 대의 유닉스 서버들을 가지고 클러스터 형태의 그리드를 구성한 것이다. 또 오른쪽은 추가적인 컴퓨팅 파워가 필요하지만 비용적인 제약이 있는 경우에 블레이드 서버 위에 리눅스를 설치해서 기존의 서버 풀에 추가한 모습이다. 여기에서 왼쪽 구조는 그리드가 아니라고 단정할 수 없다. 왜냐하면 그리드는 가상화된 자원 풀을 통

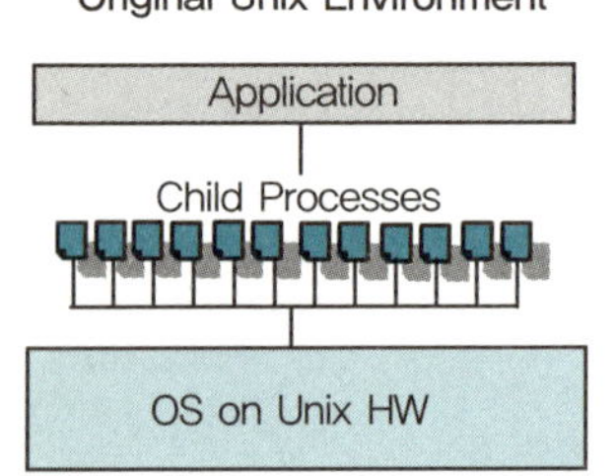

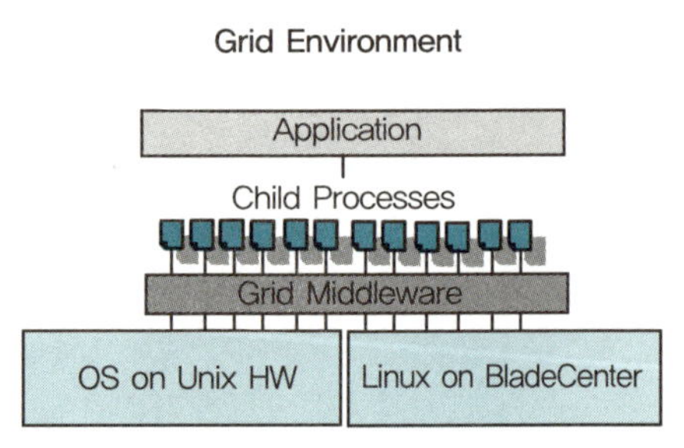

해서 확장성을 보장할 수 있는 구조이면 되기 때문이다. 따라서 반드시 다른 기종의 자원들로 가상 풀이 이루어져야만 그리드이고, 동일 기종으로 가상화된 풀이 이루어질 경우에는 그리드가 아니라고 단정할 수 없다. 위치에 대한 조건도 마찬가지여서 반드시 멀리 떨어져 있어야만 그리드가 된다고 볼 수는 없다.

p. 177의 [표 4-1]은 그리드와 클러스터의 개념을 간단히 비교해 놓았으나, '이것은 클러스터이고, 저것은 그리드이다.' 라고 뚜렷하게 구분해서 말할 수 있는 구조는 아니다. 오히려 클러스터는 이상적인 그리드로 발전할 수 있는 그리드의 원형이라고 볼 수 있기 때문이다.

초기 그리드 컴퓨팅의 개념은 물리적 자원의 가상화를 포함하는 포괄적인 개념이었다. 그러나 가상화 기술이 세부적인 면에서 많은 발전을 거듭하며 실제 적용 단계에서는 애플리케이션과 서버 사이의 태스크 분배 역할을 하는 미들웨어 성격으로 많이 변화되었다. p. 177의 [그림 4-6]에서 나타나듯이 물리적인 IT 자원 자체를 대상으로 파티션이나 에뮬레이션 기능을 적용시키는 것이 가상화라고 한다면, 그리드 컴퓨팅은 애플리케이션과 물리적 컴퓨팅 자원들 사이에 있는 레이어로 좀 더 애플리케이션 측면에서 다른 기종 서버들 사이의 완전한 풀링을 가능하게 해 준다.

2. 컴퓨팅 그리드 아키텍처

데이터 그리드의 기본 아키텍처도 그리드 컴퓨팅과 이렇다 할 차이는 없다. 그러나 데이터를 다루는 데에 양적인 면에서 상대적으로 대용량이며, 데이터 그리드 내부적으로 데이터의 검색 및 이동을 빠르게 수행하기 위한 캐싱, 복제, 글로벌 네이밍 등 독특한 구조 등이 몇 가지 있다. 여기에서는 논의를 단순화하기 위해 업무 스케줄러 기반의 컴퓨팅 그리드를 중심으로 아키텍처를 살펴보기로 한다.

항목	클러스터	그리드
위치	지역적	글로벌
관리 도메인	단일 관리 도메인	다중 관리 도메인에 걸침.
환경	동일 기종 / 동일 OS	다른 기종 기종 / 다른 기종 OS
소유 여부	소유 모델	유틸리티 모델
보안	단일 보안 모델	다중 보안 모델
IPC	MPI	Web Services
자원 형태	실제 컴퓨터 자원	가상 컴퓨터 자원
동기	HPC(High Performance Computing)의 소유	자원의 공유 및 최적화
기타		다중 클러스터로 구성될 수 있음.

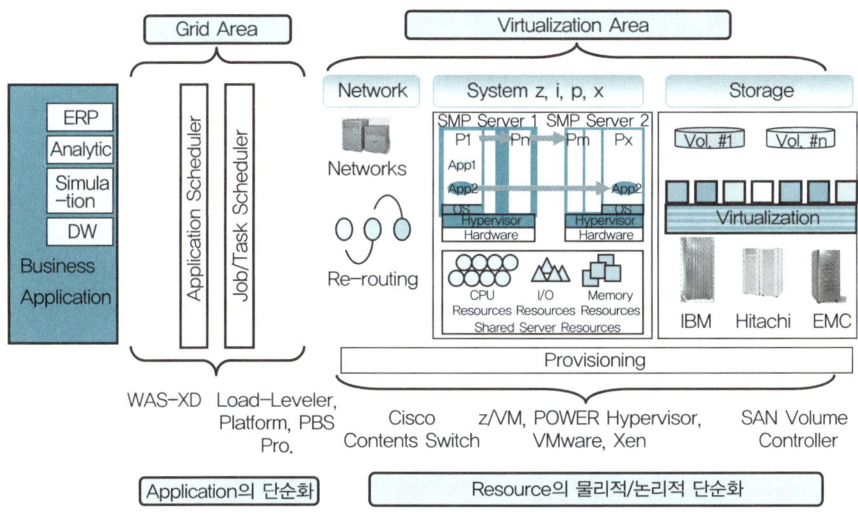

그리드 적용 이전 : 사일로 구조

일반적으로 애플리케이션과 서버의 관계는 1:1 관계를 형성하며, 따라서 애플리케이션 사이에 서버와 같은 하드웨어를 공유할 수 있는 것이 거의 불가능하다.

우리는 [그림 4-7]과 같은 구조를 사일로Silo 구조라고 일컫는다. 이런 구조의 특징으로는 사일로들 사이에 IT 자원들의 제한된 공유로 인해서 높은 구매 비용과 운영 비용이 발생한다는 점이다. 거기에서 그치지 않고 조직 또는 부서 사이의 협업에 많은 어려움이 뒤따르는 것도 문제다. 또 수작업에 의한 스케줄링과 공급으로 인해서 외부 변화에 대한 신속한 대응이 제한적일 수밖에 없다.

그림 4-7 컴퓨팅 그리드 적용 이전의 구조

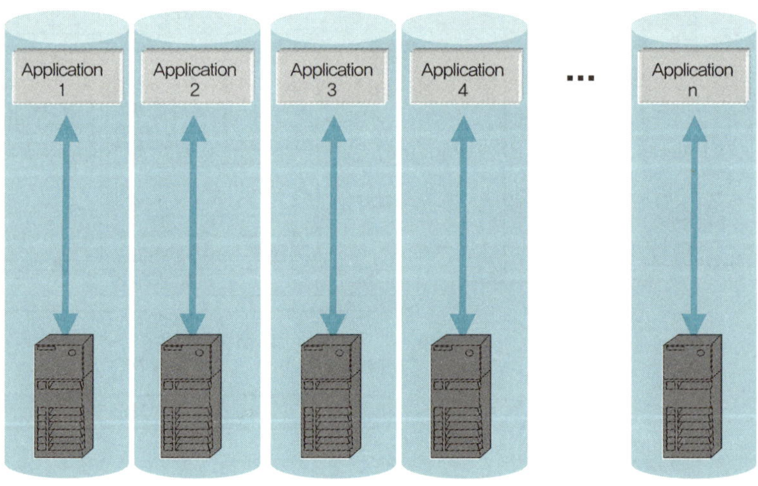

그리드 적용 이후 : 가상화된 자원 풀

반면에 그리드를 적용할 경우, 그리드 미들웨어는 [그림 4-8]과 같이 애플리케이션과 데이터를 특정 하드웨어 플랫폼으로부터 분리해 준다. 따라서 애플리케이션 서비스의 실행 자체를 가상화시켜 준다. 이를 통해 시스템 자원들로 이루어진 가상화된 풀에 걸쳐서 동적으로 요구 사항을 처리해 줄 수 있다. 따라서 응용력이 강해 자기 제어가 가능한 운영 환경을 제공함으로써 높은 가용성을 제공할 수 있다.

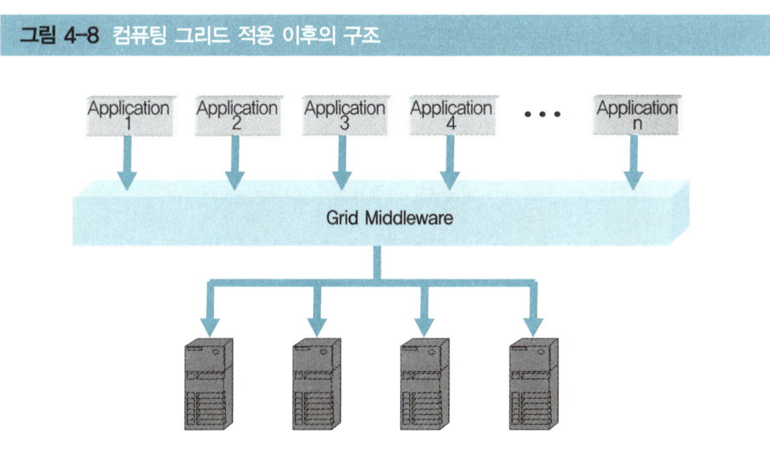

그림 4-8 컴퓨팅 그리드 적용 이후의 구조

기본 아키텍처

컴퓨팅 그리드를 적용하기 전후의 그림을 통해 컴퓨팅 그리드의 기본 아키텍처를 p. 180의 [그림 4-9]와 같이 도출할 수 있다. 이 그림은 컴퓨팅 그리드에 좀 더 적합한 형태로 그려져 있으나 데이터 그리드에도 나름대로 적용이 가능하다. 왜냐하면 사용자들은 어떤 데이터가 어디에 있든,

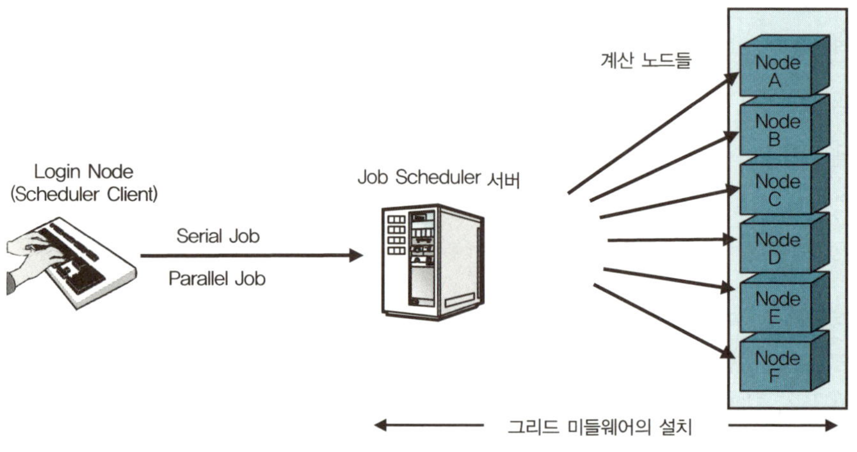

컴퓨팅 그리드의 업무 스케줄러 서버에 해당하는 데이터 게이트웨이 Gateway 서버에게만 요청하면 위치를 알 필요 없이 원하는 데이터를 얻을 수 있기 때문이다.

3. 컴퓨팅 그리드를 구현할 때 고려 사항

앞에서 살펴본 것처럼 활용 형태에 따라 다양한 종류의 그리드 구성이 가능하지만, 특히 컴퓨팅 그리드의 구현을 검토할 경우에는 몇 가지 사항들을 미리 고려해야 한다. 많은 사람들이 그리드 환경이 제공하는 효과를 먼저 생각하고 도입을 검토했다가 실제 구현하는 기술적 검토 과정에서 당혹해 하는 경우가 종종 발생하기 때문이다. 그러므로 이 과정에서 다음의 네 가지를 고려해야 한다.

첫째, 전환 대상인 애플리케이션의 특성이 그리드 환경에 적합한 것인지를 먼저 판단해야 한다. 병렬 처리Parallel Processing가 가능한 애플리케이션일 경우에는 가장 높은 개선 효과를 얻을 수 있지만 순차 처리 알고리즘을 가지고 있거나 분산 처리가 어려울 경우에는 큰 효과를 얻기 힘들다.

둘째, 잡 스케줄러라고 일컬어지는 그리드 미들웨어와 연동이 가능한지를 확인해야 한다. 몇몇 소프트웨어들은 그리드 미들웨어와 쉽게 연동될 수 있도록 자체적으로 병렬 처리 API를 제공하고 있다. 그러나 대부분의 소프트웨어들은 그렇지 않은 실정이다. 또한 기업 자체적으로 개발한 소프트웨어인 경우라면 소스 파일을 가지고 있는지 여부가 중요하다. 왜냐하면 상업용 소프트웨어가 아닌 자체 용도의 소프트웨어인 경우에는, 그리드 미들웨어와 조화롭게 접목될 수 있도록 소스 파일의 일부분을 고쳐야 하기 때문이다. 자체 개발한 소프트웨어를 다른 기종의 운영 체제로 마이그레이션할 때 소스 파일이 있어야 하는 것도 비슷한 논리라고 보면 된다.

셋째, 소프트웨어의 라이선스 정책을 살펴보아야 한다. 일반적으로 상용 애플리케이션을 이용해 그리드 환경이 구축된 경우에는 각 계산 노드들마다 동일한 애플리케이션이 설치되어 있어야 한다. 즉, 그리드 미들웨어를 통해 분배받은 업무를 처리해야 하는 컴퓨팅 노드Computing node는 운영 체제와 그리드 미들웨어만 설치되어서는 아무 작업도 하지 못한다.

더욱이 대부분의 상용 소프트웨어가 CPU 기준으로 가격을 부과하는 경우가 많은데, 이럴 경우에는 단일 대형 서버에서 가동하는 것에 비해 소프트웨어 라이선스 비용을 몇 배나 더 많이 지불해야 할 수도 있다. 가장 좋은 상황은 그리드 환경을 위한 저렴한 소프트웨어 라이선스 가격 체계가 갖추어지는 것이지만, 대부분의 경우에는 그러한 가격 체계를 갖추고 있지 않은 실정이다. 따라서 컴퓨팅 그리드 환경으로 전환을 검토하기 위한 마지막 관문은 소프트웨어 라이선스 체계를 포함한 투입 비용의 분석이 필요하다.

넷째, 외부에서 일정한 비용으로 컴퓨팅 파워를 제공하는 업체가 있는 경우에는 자체 구현 방식이 외부 임대 방식보다 비용이나 기타 측면에서 어떤 이점이 있는지 검토할 필요가 있다. 데이터 센터를 통한 유틸리티 컴퓨팅 방식의 경우에 직접 구현하는 것보다 외부에서 임대하는 방식이 더 경제적일 수 있기 때문이다. 반면에 외부 업체를 이용할 때에는 보안에 많은 신경을 써야 한다.

그리드 구현시 주요 고려 사항

첫째, 애플리케이션의 특성을 확인한다.
둘째, 그리드 미들웨어와의 연동 가능성을 확인한다.
셋째, 소프트웨어의 라이선스 정책을 살펴본다.
넷째, 외부 컴퓨팅 자원을 임대 사용할 때의 비용을 비교 · 분석한다.

컴퓨팅 그리드 미들웨어의 예

컴퓨팅 그리드를 위한 미들웨어는 그리드 스케줄러라는 이름으로 다양한 제품들이 시장에 출시되어 있다. 각 제품은 지원하는 운영 체제와 최적화된 업무 요건이 서로 다르기 때문에 적용 업무에 대한 면밀한 검토가 사전에 이루어져야 한다.

● PBS Pro

- Platform LSF

- IBM LoadLeveler

- United Devices

- MS WCCS(Windows Compute Cluster Server)

04 프레젠테이션 가상화

1. 서버 기반 컴퓨팅의 개요

1990년대 이전의 IT 인프라는 중앙 서버에서 대부분의 업무를 처리하고 최종 사용자의 단말기는 중앙 서버에 접속하기 위한 용도가 대부분이었다. 그러나 IT 인프라스트럭처가 클라이언트−서버 형태로 바뀌면서 상당수의 워크로드가 중앙 서버에서 개별 클라이언트에 해당하는 단말기로 이전되었으며, 자연스럽게 단말기의 성능 향상이 요구되었다. 이에 따라서 워크로드의 이동뿐만 아니라 중요 데이터의 일부분도 클라이언트에서 생성되고 관리되기 때문에, 보안 문제는 별도로 하더라도 데이터의 일관성이 커다란 고민거리로 다가오기 시작했다. 또한 다양한 종류의 소프트웨어가 설치되면서 버전이 올라가는 등 부가적인 관리 업무가 증가되어 IT 지원 부서의 많은 인력 및 시간이 소모되고 있다.

이처럼 클라이언트−서버 구조의 많은 문제점이 부각되면서 다시 예전처럼 중앙 집중형 IT 인프라스트럭처로 회귀하려는 노력이 있었으며, 여러 방안들이 검토되고 있다. 현재 가장 유력한 대안으로는 높아진 서버 자원의 성능을 바탕으로, 핵심 업무 구조는 클라이언트-서버 구조를 그대로 이어가지만 클라이언트 레벨을 가상화하려는 시도가 있다. 즉, 프레젠테이션(웹 서버)-프로세싱(애플리케이션 서버)-데이터(데이터베이스 서버)라는 전형적 3-티어tier 구조에서 웹 서버 단을 가상화함으로써 최종 사용자는 특정 애플리케이션의 설치가 없더라도 해당 애플리케이션을 수행할 수 있는 환경을 제공받을 수 있다.

이처럼 워크로드와 데이터 및 소프트웨어 등 모든 업무 자원은 중앙 집중형으로 구성하고, 사용자는 가벼운 단말기 수준을 유지하면서도 마치 클라이언트-서버 환경에서 업무를 처리하는 것과 같은 효과를 내는 것을 프레젠테이션 가상화Presentation Virtualization라고 한다. 프레젠테이션 가상화를 위한 기술로는 씬 클라이언트Thin Client, 네트워크 컴퓨팅Network Computing, 서버 기반 컴퓨팅Server Based Computing 등이 있으며, 이 중에서 가장 대표적인 기술이 서버 기반 컴퓨팅이다. 따라서 앞으로 프레젠테이션 가상화에 대한 개념 및 기술 등에 대해 서버 기반 컴퓨팅을 중심으로 전개하기로 한다.

국내 대부분의 기업 내 전산 시스템은 흔글, MS-Word, Excel 등과 같은 '백오피스Backoffice' 업무와 인사·회계·영업 관리 등의 기간계 시스템인 ERP 업무, 그리고 메일 시스템이나 사내 게시판 등을 서비스하는 그룹웨어 솔루션 등이 함께 섞여 있다. 그리고 각종 클라이언트-서버 환경과 방화벽을 통한 인터넷 환경과 인트라넷 환경으로 양분되는 등 아주 복잡하게 구성되어 있다. 여기에서 복잡한 형태라는 의미는 이러한 클라이언트-서버와 인트라넷 등의 혼재된 구성 형태만 가리키는 것이 아니다. 한걸음 더 나아가 시스템을 구성하는 데 하드웨어와 소프트웨어 측면에서 고려해야 할 것들이 있기 때문이다. 이를테면 서

표 4-2 복잡한 운영 환경의 문제점

항목	세부 항목
유지 보수 및 관리 측면	애플리케이션 배포, 적용 및 버전 관리의 복잡성
	원격 지원, 시스템 구성, 데이터 복사 등 지속적 문제 발생
	관리 비용, 시간 및 인력의 낭비(국내외 지사 시스템 관리 등)
성능 측면	모든 프로그램이 네트워크 및 개인 PC의 고성능을 요구(Fat Client)
	원격Remote 및 낮은 대역폭 접속시 성능 저하로 인한 생산성의 저하
액세스 측면	다양한 데스크톱 PC, 네트워크, 운영 체제에 대한 부담
	시스템과 애플리케이션 업그레이드 비용의 증가
	다양하고 복잡한 업무 환경에 따른 클라이언트 하드웨어의 지속적인 업그레이드
보안 측면	데이터 및 프로그램의 분산으로 정보 손실의 위험
	불량 사용자의 접근 증가
	바이러스로 인한 정보의 피해
비용 측면	하드웨어와 소프트웨어(System, Application) 구입 및 업그레이드 비용
	설치Installation 및 재설치 · 애플리케이션 개발Re-installation · Application Deployment 비용의 증가
	네트워크 관리자Network Administrator 및 기타 기술 지원, 교육, 관리 비용

버와 클라이언트에 윈도우, 유닉스, 리눅스 등의 운영 체제가 서로 공존하는 것은 기본이며, 이에 따른 하드웨어 장비는 구매 시점에 따라서 여러 업체들의 제품들로 구성된다.

게다가 클라이언트에 해당하는 PC는 브랜드 PC에서 조립 PC에 이르기까지 더욱 다양한 형태로 존재한다. 따라서 조직이 비대해질수록, 그리고 서비스 지향 아키텍처 중심의 환경으로 나아가면서 모든 서버와 클라이언트에서 동일한 환경을 구현하는 일은 다양한 문제점들을 내포하고 있다.

[표 4-2]는 그러한 상황에서 일반적으로 예상되는 주요 문제점들을 나열해 놓은 것이다.

서버 기반 컴퓨팅의 개념

서버 기반 컴퓨팅의 개념을 정확히 이해하기 위해서는 먼저 씬 클라이언트Thin Client나 팻 클라이언트Fat Client와 같은 개념을 함께 이해하면 많은 도움이 된다. 우선 각 용어의 개념과 차이점을 간단히 살펴보기로 한다.

| 씬 클라이언트 컴퓨팅Thin Client Computing

씬 클라이언트는 클라이언트-서버 시스템에서 총 소유 비용의 삭감을 목표로 하는 클라이언트 하드웨어Client Hardware의 구성 형태이다. 예전의 개인용 컴퓨터인 PC는 각종 애플리케이션을 자체적으로 내장하고 서버에 맡긴 공유 데이터의 관리 이외의 처리를 하는 클라이언트, 즉 팻 클라이언트

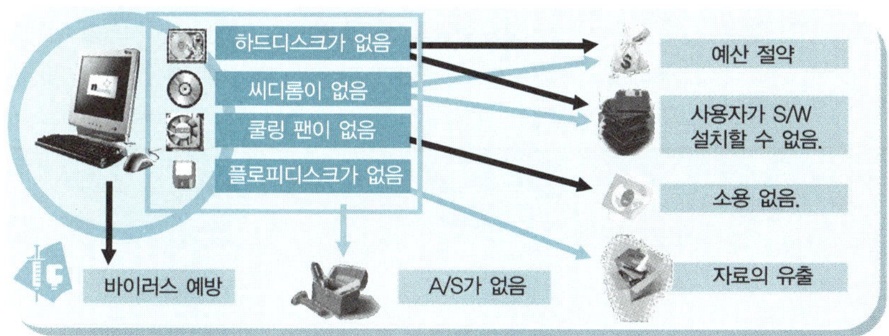

였다. 그러나 이와는 달리, 씬 클라이언트는 [그림 4-10]과 같이 그 기능을 사용자인 인간과 컴퓨터 사이의 인터페이스Man-machine Interface 처리에 한정함으로써 총 소유 비용을 삭감할 수 있게 한다. 따라서 씬 클라이언트 컴퓨팅은 PC의 외형만 바꾸는 게 아니라 그 방식부터 근본적으로 변화시키고 있다.

씬 클라이언트는 단지 스크린 업데이트Screen Update, 키보드 스트로크 Keyboard Strokes, 마우스 클릭Mouse Click과 같은 데이터만을 서버와 주고받게 됨으로써 네트워크 인프라스트럭처의 증대, 기존 PC의 하드웨어 및 소프트웨어의 업그레이드, 유지 및 보수 비용 등과 같은 부담에서 벗어나 전사적인 차원에서 총 소유 비용을 절감할 수 있게 도와 준다. 이 구상에 따른 클라이언트 측 하드웨어로는 Sun 등이 개발한 Network ComputerNC, Intel과 Microsoft 등이 개발한 넷 PCNet PC, Microsoft가 개발한 윈도 단말 Window Terminal 등이 있다. 씬 클라이언트는 이러한 종류의 컴퓨팅 방식을 총칭하는 용어라고 볼 수 있다.

팻 클라이언트 컴퓨팅 Fat Client Computing

반면 현재 주류를 이루고 있는 컴퓨팅 아키텍처인 클라이언트-서버 환경
에서는 사용자가 고성능 클라이언트를 가지고 대부분의 작업을 수행한다.
서버는 클라이언트와 네트워크로 연결되어 공동으로 사용하는 데이터나
파일 및 프로그램을 보관해 줄 뿐이다.

이처럼 업무가 클라이언트에 집중되다 보니 전사적 자원 관리 시스템

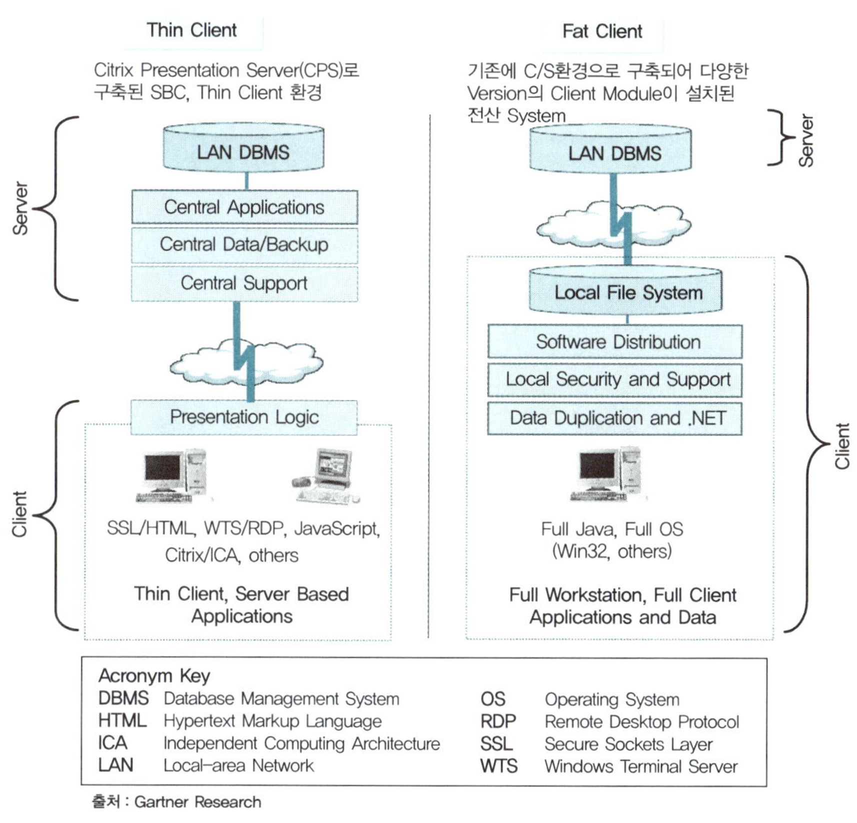

그림 4-11 씬 클라이언트와 팻 클라이언트의 비교

ERP이나 문서 관리, 고객 관계 관리CRM 등 대규모 애플리케이션을 도입할 때마다 수만 대의 데스크톱을 업그레이드해야 할 때가 많다. 그뿐만 아니라 애플리케이션의 개별적인 배포 및 설치, 유지 및 보수, 네트워크 대역폭 확장을 위해서도 상당한 비용 증가가 요구된다.

이처럼 클라이언트-서버 환경의 발전으로 인해 PC의 하드웨어 사양이 향상되면서 소프트웨어의 기능상 부담이 클라이언트에 가중되었다. 자연히 이에 따라 발생되는 클라이언트의 설치와 유지 및 보수의 부담 같은 관리 비용이 늘어날 수밖에 없는 구조가 내재한다. p. 189의 [그림 4-11]은 씬 클라이언트와 팻 클라이언트의 개념을 도식화해 나타낸 것이다.

서버 기반 컴퓨팅Server Based Computing

씬 클라이언트 컴퓨팅의 또 다른 이름은 '서버 기반 컴퓨팅Server Based Computing(SBC)'이다. 서버 기반이란 은행에 예금을 맡기듯 서버에 모든 애플리케이션을 모아 두겠다는 뜻이다.

그림 4-12 서버 기반 컴퓨팅의 개념

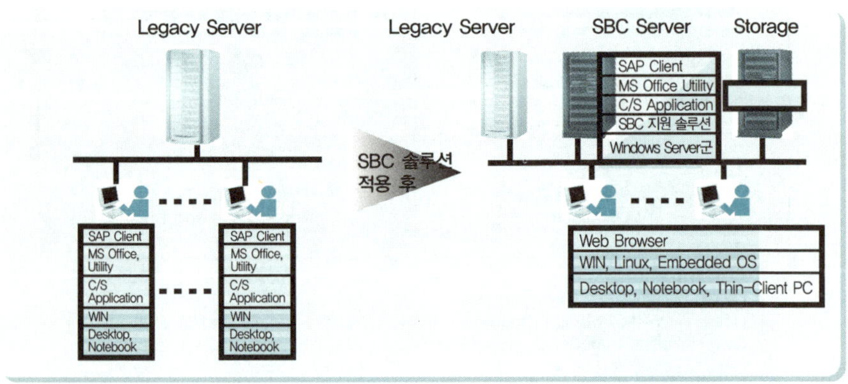

클라이언트는 프로그램이 필요할 때마다 서버에 접속하기만 하면 된다. 이때 소프트웨어를 다운로드해서 쓰는 게 아니다. 그저 소프트웨어를 서버에서 실행시키고 서버에서 나타나는 화면만 받아서 보는 방식을 취한다. 그렇게 되면 굳이 클라이언트 측의 메모리나 하드디스크 등의 용량이 커야 할 필요가 없어진다. 서버와 네트워크로 연결만 되어 있다면 클라이언트에는 CD-ROM 드라이브나 플로피디스크 드라이브 등도 달려 있을 이유가 없다.

이처럼 새로운 개념의 컴퓨팅 아키텍처인 서버 기반 컴퓨팅 환경에서 모든 애플리케이션은 p. 190의 [그림 4-12]와 같이 100% 서버에서 실행되며, 클라이언트는 단지 서버의 실행 결과만을 보여 주는 단순한 터미널 역할을 하는 새로운 개념의 씬 클라이언트 컴퓨팅 환경으로 발전한다.

앞에서 소개된 씬 클라이언트 PC는 서버 기반 컴퓨팅의 아키텍처를 따르면서도 클라이언트 측면에서 여러 모로 '가벼워진' 것을 의미한다.

이것은 일반 PC와 대비할 때 좀 더 저렴한 저사양 단말기를 뜻한다. 씬 클라이언트 PC는 기계적인 주변 장치가 적어 상대적으로 안정적인 환경에서 오랫동안 사용하는

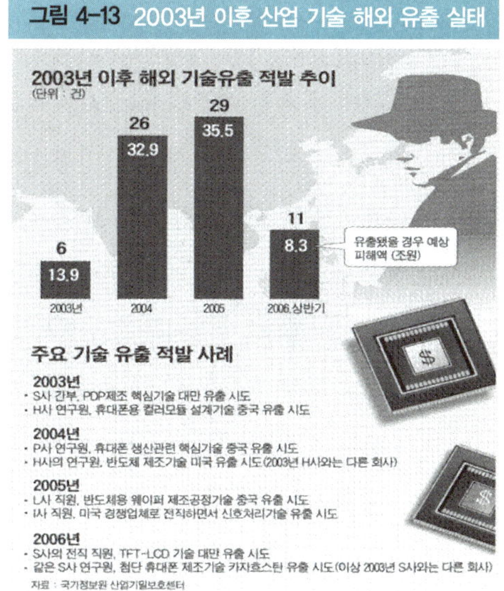

것이 가능하다.

다르게 표현하면, 서버 기반 컴퓨팅은 씬 클라이언트 컴퓨팅의 기본 아키텍처를 따르면서도 일반 PC에 준하는 컴퓨팅 사양을 갖추고 있다. 하지만 핵심 업무용 애플리케이션은 설치하지 않기 때문에 씬 클라이언트와 팻 클라이언트 모델 사이에서 절충점을 찾은 것이라고 볼 수 있다.

서버 기반 컴퓨팅에서는 클라이언트의 외형이 축소된 만큼 업무 로드가 줄어들고, 그 대신 서버에 대한 의존도가 높아진다. 업무용으로 새로운 애플리케이션을 도입해도 서버에만 설치하면 그만이다. 굳이 클라이언트의 하드웨어 사양을 업그레이드할 필요가 없고 소프트웨어 배포나 설치에 신경을 쓸 필요도 없어진다.

또 서버 기반 컴퓨팅 제품은 기존에 작성된 클라이언트-서버 환경에 맞게 개발된 애플리케이션을 별도 프로그래밍 없이 자연스럽게 웹 기반으로 전이시키는 기능이 있어 개발 비용을 줄여 준다. 그뿐만 아니라 IT 관리자의 업무를 반 이상 줄여 줄 수 있다. 서버 기반 컴퓨팅 시대가 열리면 애플리케이션은 자연히 웹 기반으로 진화할 것으로 예상된다.

이러한 씬 클라이언트 컴퓨팅 환경이 갖춰지면 기업의 총 소유 비용을 상당 부분 절감할 수 있으리라고 예상된다. 시장 조사 기관인 톨리 그룹에 따르면 기존 클라이언트-서버 환경에 비해 서버 기반 컴퓨팅 환경이 45~65%의 비용 절감 효과가 있다고 한다.

초기에 서버 기반 컴퓨팅 기술이 시장에서 수용될 수 있었던 것은 개인용 컴퓨터, 소프트웨어, 관리 비용 등 전반적인 총 소유 비용의 절감 측면이 대부분이었다. 그러나 최근 들어 데이터 보호와 보안을 위해서 서버 기반 컴퓨팅 기술을 도입하는 사례가 많이 증가하고 있다.

기대 효과

현재 서버 기반 컴퓨팅의 적용은 주로 윈도우 운영 체제 환경에서 많이 이루어지고 있기 때문에 어떤 면에서 서버 기반 컴퓨팅은, 윈도우 기반 애플리케이션의 프레젠테이션 기능을 담당하는 솔루션이라 말해도 무방할 정도이다. p. 194의 [표 4-3]은 주로 인텔–윈도우 운영 체제 환경에서 서버 기반 컴퓨팅을 통해 얻을 수 있는 효과를 정리한 것이다.

항목	기대 효과
완벽한 호환성	윈도우 애플리케이션 및 GUI(Graphic User Interface)를 그대로 활용함. 기존 PC에서의 작업은 동일해 일반 사용자는 기존 환경과 서버 기반 컴퓨팅 환경 구축 후 별다른 차이점을 발견하지 못함.
최상의 성능 유지	모든 애플리케이션이 서버에서 구동되므로 클라이언트에서는 별다른 업그레이드 없이 서버 사양의 업그레이드만으로 모든 클라이언트에서 동일한 성능이 향상됨(즉, 서버 환경의 변경만으로 모든 클라이언트의 사양이 동일하게 적용됨). 클라이언트에서 사용되는 모든 애플리케이션에 대한 서버 중앙 집중화로 클라이언트로의 배포 및 관리가 전무함(기대 : 추후 해외 및 지방의 모든 사무실에 대한 완벽한 단일 지점 중앙 집중 관리).
관리 비용 절감	새로운 소프트웨어 및 기존 프로그램을 업그레이드할 때 서버의 프로그램만 교체하면 되므로 관리 인력 및 비용이 절감됨. 다운타임Down-time 없는 시스템 구성으로 생산성 증대와 비용 절감의 극대화가 가능함.
소프트웨어 비용 절감	클라이언트마다 소요되는 라이선스 비용이 서버 라이선스로 전환됨에 따른 라이선스 비용 절감 가능. 소프트웨어의 사용 현황을 쉽게 파악. 불필요한 라이선스의 추가 구매 방지.
우수한 보안성	모든 데이터가 서버에만 존재하기 때문에 PC에 존재하는 기밀 문서, 기업 내 중요 콘텐츠의 외부 유출 및 바이러스 감염 확률이 개인 PC에 비해 상대적으로 적음. 서버는 방화벽Firewall 내에 상주. 애플리케이션 사용에 대한 완벽한 통제와 관리가 가능.
효율적 작업 관리	사용자 및 부서마다 사용할 수 있는 종류나 접근 권한을 제한하므로 사용자 프로파일 등 개인이나 부서에 따라 애플리케이션의 권한 레벨을 쉽게 제어할 수 있음. Windows 2000, Windows 2003 등의 그룹 정책Group Policy과 완벽하게 호환됨.

위의 기대 효과에 바탕을 두어 다른 솔루션에 비해 서버 기반 컴퓨팅 구조를 사용할 경우, 더 많은 혜택을 누릴 수 있는 상황들을 나열해 보면 p. 195의 [표 4-4]와 같다.

요구 상황	적합 환경
높은 보안성이 요구될 때	연구소, 지방 자치 단체, 기업 등 중요 정보를 다루는 환경. 생산 라인 등 바이러스 감염시 치명적이거나 관리가 어려운 환경.
공간적인 제약이 따를 때	객장 PC 등 물리적인 공간이 협소하거나 모바일 오피스를 구현하고자 하는 환경.
업무와 이를 위한 PC 환경이 정형화된 사용 환경일 때	콜센터, 교육장 등 업무와 이에 따른 사용 애플리케이션이 표준화된 환경.
다양한 접속 환경을 제공해야 할 때(Remote/무선 환경)	클라이언트–서버 환경에서 웹 환경으로의 전이 및 별도의 애플리케이션의 개발 없이 모바일 오피스 가능. 외부 공용 PC 및 PDA 통한 액세스 가능.
클라이언트 관리가 어려운 경우	교육장, 생산 라인, 객장 등 다수의 공용 PC로 구성된 환경. 클라이언트 애플리케이션의 업데이트가 잦은 환경.

2. 서버 기반 컴퓨팅을 도입할 때 고려 사항

그리드 환경의 도입과 마찬가지로 CPSCitrix Presentation Server를 통한 서버 기반 컴퓨팅 환경을 구축할 경우에도 몇 가지 선행적으로 고려해야 하는 사항이 있다.

첫째, 소프트웨어의 라이선스에 대한 문제이다. 주로 윈도우 기반의 애플리케이션을 구동하다 보니 개별 사용자별로 라이선스를 구매할 때보다 훨씬 적은 수의 라이선스만으로 구현이 가능하다. 따라서 소프트웨어 수입의 감소를 우려하는 소프트웨어 벤더 입장에서는 서버 기반 컴퓨팅 환경의 확대가 그리 반가운 현상이 아닐 수도 있다. 어떤 경우에는 서버 기반 컴퓨팅 환경에 대해서는 서버 또는 CPU 개수 기준으로 가격을 책정하지 않고 접속하는 사용자 수(또는 평균 동시 접속자 수)를 기준으로 소프트웨어 가격을 책정하고 있다. 따라서 사용하려는 애플리케이션의 특성과 가격 정책을 사전에 미리 점검하는 것이 중요하다.

둘째, 윈도우 기반의 경우에는 특히 다중 접속 환경을 제공해 주는 터미널 서비스의 라이선스를 별도로 구매해야 한다. NT 이상의 윈도우 운영 체제를 구매할 때 기본적으로 한 유저에 대해서 터미널 서비스가 가능하지만, 2인 이상의 동시 접속을 위해서는 동시 접속자 수만큼 별도의 터미널 라이선스를 구매해야 한다. 이런 추가 비용들이 서버 기반 컴퓨팅 환경의 확산을 막고 있는 몇 가지 요인들 가운데 하나이다.

셋째, LDAP 또는 액티브 디렉토리Active Directory와 같은 사용자 계정 관리 체계가 필요하다. 다중 접속자를 위한 환경이다 보니 사용자마다 일일이 권한에 대한 설정, 변경 및 계정 관리가 필요하다. 당연히 시트릭스 프레젠테이션 서버에서 자체적으로 사용자별로 관리한다는 것은 거의 불가능하다. 따라서 통합적인 사용자 계정 관리 체계가 필요하며, 윈도우 체계에서는 주로 액티브 디렉토리를 많이 사용한다.

3. 서버 기반 컴퓨팅의 예

서버 기반 컴퓨팅을 위한 제품들 중에서 가장 대표적인 제품이 시트릭스사의 프레젠테이션 서버Citrix Presentation Server이다. 현재 전 세계 12만여 기업, 5천만에 이르는 고객들이 시트릭스 솔루션을 사용하고 있다. 포천지가 선정한 100대 기업의 100%, 500대 기업의 99%, 글로벌 100대 기업의 97%가 시트릭스의 서버 기반 컴퓨팅 제품 군을 사용하고 있다. 그만큼 제품의 신뢰도와 안정성을 갖춘 시스템이 바로 서버 기반 컴퓨팅 솔루션이다.

시트릭스사의 프레젠테이션 서버를 한마디로 표현한다면 기본적으로

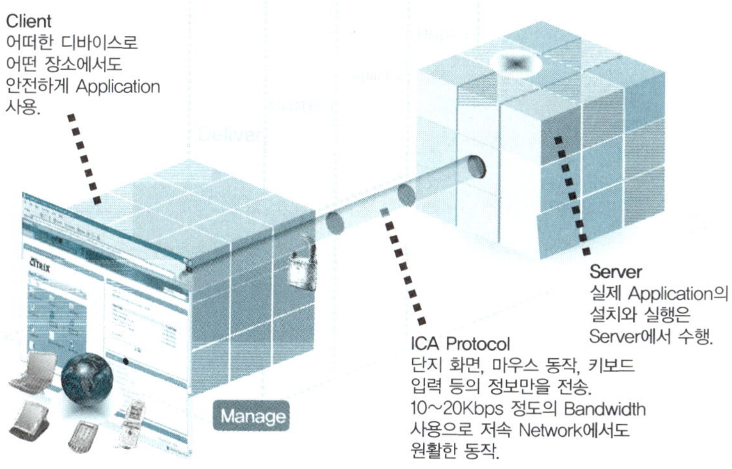

윈도우 터미널 서비스Windows Terminal Service 또는 X-터미널X-Terminal과 비슷한 개념으로, 윈도우에서 구동되는 다양한 애플리케이션을 위한 서버 기반 컴퓨팅 미들웨어라고 할 수 있다. 시트릭스 프레젠테이션 서버의 기본 아키텍처는 [그림 4-14]와 같이 나타낼 수 있다.

- 애플리케이션은 100% 서버에서 설치 및 실행되어 클라이언트인 개인 PC는 입·출력을 위한 단말기 역할만 한다.
- 사용자는 단말기, 네트워크, 프로토콜의 종류와 무관하게 윈도우 기반의 다양한 애플리케이션을 사용할 수 있다.
- 단일 서버에 다수의 사용자가 로그인하며, 각 사용자마다 윈도우 정책에 따라 분리 및 보호된 세션Session 내에서 해당 애플리케이션을 실행할 수 있다.
- 서버에서 애플리케이션의 실행이 100% 이루어지고, 클라이언트 PC

에서는 키보드 입력, 마우스 클릭을 통해 화면 결과 값만 전송받는
아키텍처이다.

- 네트워크나 클라이언트 장비, 운영 체제에 관계없이 언제 어디서나 기업의 주요 업무 애플리케이션에 접근하는 전산 환경에서 동일한 UIUser Interface로 조작이 가능하다.
- 윈도우 기반의 애플리케이션 이외에 유닉스 및 리눅스용 프레젠테이션 서버의 구축도 가능하다.

V

가상화 **운영** 환경 **관리**

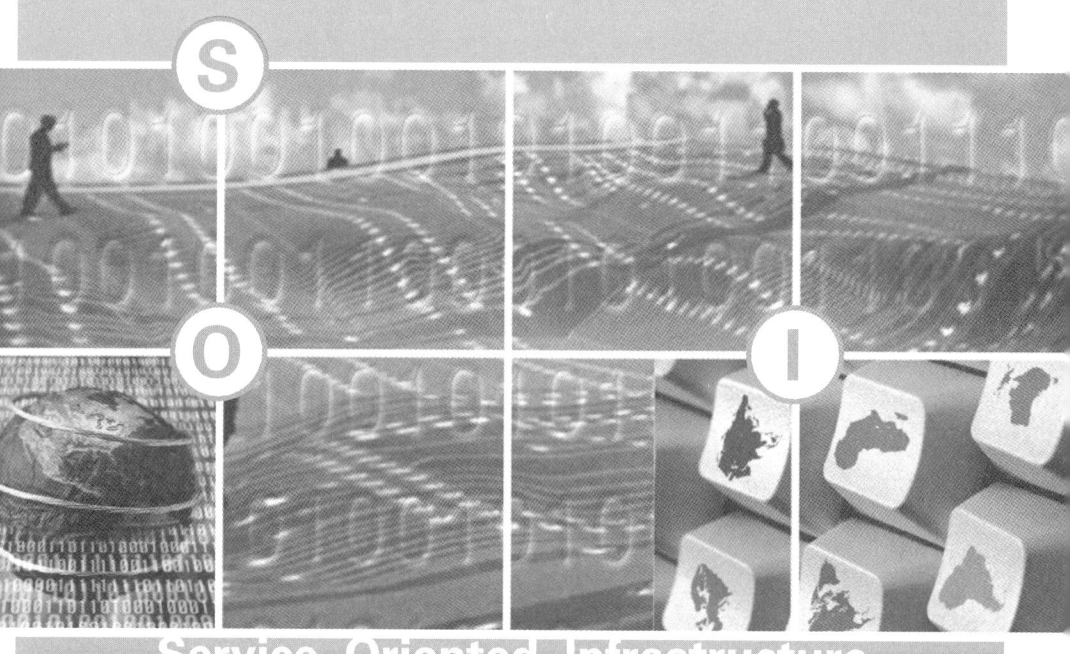

01 일반 환경 관리

1. 일반 환경 관리의 필요성

물리적인 자원이나 소프트웨어가 가진 기능을 중심으로 가상화의 다양한
형태들을 구체적으로 살펴보았다.

여기에서 잠깐 생각해 보면 가상화는 하드웨어 또는 소프트웨어 영역
에만 적용되는 것처럼 보일 수 있다. 그러나 가상화가 적용될 수 있는 영
역은 IT와 관련된 모든 영역으로 확대할 수 있으며, 특별히 범위에 제약을
받지 않는다. 따라서 이번 장에서는 가상화된 IT 환경에 대해서 자원을 감
독하고, 정보를 수집해 IT 인프라를 비즈니스와 연동해 워크로드를 제어
하면서 전체적인 전력 사용량을 효율적으로 줄일 수 있는 방안에 대해서
모색하고자 한다.

가상화 운영 환경을 위한 세부 주제로는 일반 자원 관리, 성능 관리, 전
력과 발열 관리 및 유틸리티 컴퓨팅 인프라스트럭처 등과 같은 항목들을
들 수 있다.

서버나 스토리지 같은 IT 자원을 운영하는 과정에서 일부 또는 특정 자원의 초기 설치, 배치, 유지 관리, 마이그레이션 등의 작업은 [그림 5-1]처럼 시간 측면에서 많은 부분을 차지한다. 이것은 곧 소모 시간에 비례해서 인력 비용 또는 운영 비용이 그만큼 많이 발생함을 의미한다.

이와 같은 운영 상의 비효율성을 줄이기 위해서 가상화를 인프라스트럭처 전반에 걸쳐 도입하면 가상화된 자원을 쉽게 생성, 이동, 복제, 폐기할 수 있다. 그러나 아이러니컬하게도 자원 운영의 단순화를 위해서 가상화를 도입했는데, 오히려 가상화로 인해서 복잡성이 증대되는 결과가 초래될 수도 있다. 이것은 여러 환경에 걸쳐 가상화된 자원이 급격히 증가함에 따라서 발생한다.

그 이유는 물리적 인프라에 대한 가상화된 자원들의 관계가 모호해지거나, 물리적 자원 및 가상화된 자원이 전체 인프라에 걸쳐 혼재되어 있기 때문이다. 당연히 모니터링 과정에서 문제가 발생했을 때, 구체적으로 어디에서 장애가 발생했는지를 파악하기가 그만큼 어렵다. 가상화가 많이 진척될수록 이를 관리하는 노력이 그만큼 더 많이 요구된다면 가상화의 도입 방안으로서 바람직하다고 볼 수 없다.

가상화는 많이 적용되더라도 관리는 수월하면서 상대적으로 적게 하는

그림 5-1 일반적인 서버 유지 및 관리 비용

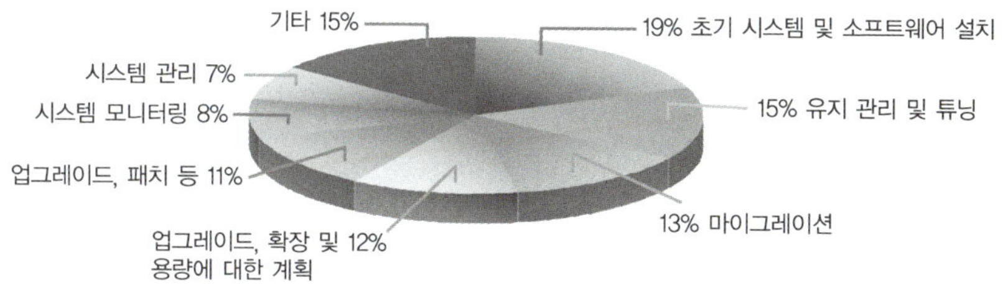

출처 : IDC 조사 데이터, 2002~2004

'가상화는 더욱 넓게, 관리는 더욱 적게Virtualize More, Manage Less' 전략과 이를 뒷받침해줄 수 있는 기반 관리 환경이 필요하다. 이를 위해서는 물리적 자원의 가상화에서 벗어나 가상화 환경에서 관리의 효율성을 높일 수 있는 관리 측면의 가상화Management Virtualization 개념이 절실하게 필요하다.

이것은 관리 그 자체를 가상화한다는 의미가 아니다. 가상화된 인프라 환경을 좀 더 직관적이면서도 신속하게 모니터링할 수 있을 뿐만 아니라 자원의 형태에 무관하게 모든 자원들을 관리의 대상으로 하면서, 업계 표준을 따르는 통일된 관리 방안이 필요하다는 의미다.

2. 일반 자원 관리 솔루션의 예

위에서 언급된 관리 전략에 따라 IBM은 2006년 하반기에 개별적으로 흩어져 있던 여러 관리 제품들을 가상화 환경에 맞게 재구성해서 IBM Systems Director Family라는 오퍼링을 발표했다(p. 203의 [그림 5-2] 참조). IBM Systems Director Family 오퍼링은 IBM의 온 디맨드 데이터 센터의 핵심 기반으로서 물리적 자원 및 가상화된 자원을 함께 통합 관리하며 서버, 스토리지, 네트워크와 같은 자원의 종류와 벤더에 무관하게 모든 IT 자원들을 관리할 수 있는 공통된 도구 세트Tool Set를 의미한다. 따라서 고객들은 컴퓨터 시스템을 자동화해 좀 더 단순하게 관리할 수 있다.

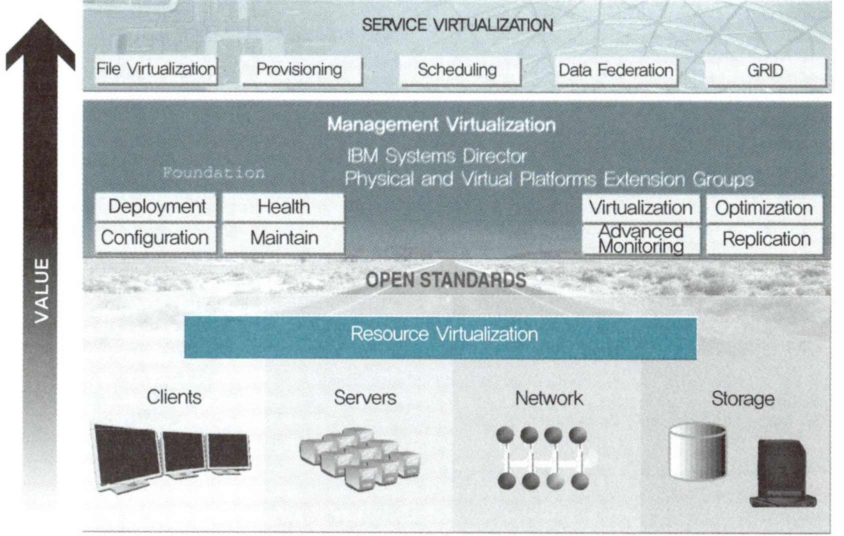

IBM Systems Director 구성

IBM Systems Director는 p. 204의 [그림 5-3]과 같이 크게 파운데이션 Foundation과 익스텐션Extensions의 두 부분으로 나눌 수 있으며, 파운데이션 파트에는 전반적인 통합 관리 툴인 IBM Director와 정보 라이프사이클 관리 구현을 위한 기본 정보를 제공해 주는 TPC 스탠더드 에디션TPC Standard Edition 두 가지가 들어 있다. 익스텐션 파트는 가상화를 위한 모듈, 최적화를 위한 모듈, 고급 모니터링을 위한 모듈, 스토리지 복제를 위한 모듈로 각각 나뉘어 있다.

흥미로운 것은 IBM Systems Director에 포함된 대부분의 구성 요소들은 몇 개의 구성 요소들(예, EWLM, TPM, UAM, TPC 일부)을 제외하고

IBM Systms Director Extensions:

Systems Director for Virtualization
IBM Virtualization Manager
IBM Director z/VM® Center
IBM Usage and Accounting Manager
IBM Resource Dependency Service
Integrated Virtualization Manager for IBM System p

Systems Director for Optimization
IBM Enterprise Workload Manager
IBM Tivoli Provisioning Manager for OS Deployment DX
IBM Cluster Systems Management
IBM Capacity Manager for IBM System x^{TM}

Systms Director for Advanced Monitoring
IBM Tivoli Monitoring Systems Edition for System p
IBM OMEGAMON® z/OS® Management Console
IBM System i Navigator

Systems Director for Replication Management
IBM TotalStorage Productivity Center for Replication
IBM TotalStorage Productivity Center for Replication
Two Site BC

IBM Systms Director Foundation:

IBM Director 5.2®
IBM TotalStorage Productivity Center Standard Edition

는 IBM의 모든 하드웨어 플랫폼에서는 무상으로 다운로드해 설치가 가능하다. 여기에서는 파운데이션 파트에 속하는 IBM Director와 익스텐션 파트에 속하는 IBM 가상화 관리자IVM에 대해서 간단히 설명하기로 한다.

IBM Systems Director 통합 오퍼링의 파운데이션 파트에 해당하는 IBM Director는 원래 인텔 기반 서버의 물리적 자원 관리를 위해 제공되던 시스템 관리 도구였다. 그러나 POWER 서버, 메인프레임 등과 같은 비인텔 계열 서버에 대한 관리를 지원하는 등 다양한 가상화 환경 관리를 위한 통합 관리의 기본 툴로서 IBM Director가 선택되면서 기능적인 면과 지원 가능 분야에서 획기적인 발전이 이루어졌다. p. 205의 [그림 5-4]와 같이 네트워크 상에서 관리 가능한 시스템을 찾는 일에서부터 특정 시스템이 정상적으로 작동하고 있는지를 점검하며, 새로운 시스템이 들어올 경우에는 업무 환경에 맞게 간단하면서 빠르게 구성할 수 있다. 또한 시스

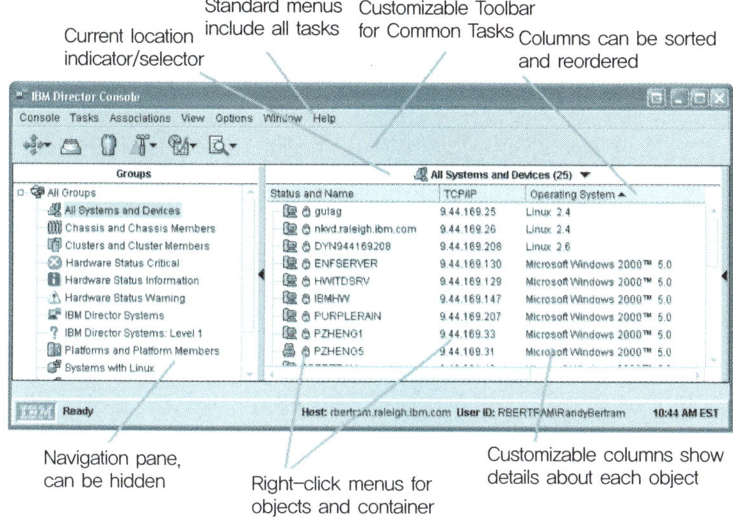

템 펌웨어 및 드라이버의 설치뿐만 아니라 애플리케이션의 버전을 최신으로 유지할 수 있는 기능도 수행할 수 있도록 도와 준다.

또한 추가적인 기능 확장이 필요한 경우, IBM Director는 엔터프라이즈 관리 솔루션Enterprise Management Solution과 연동 가능하도록 필요한 확장 인터페이스를 무상으로 제공한다. 즉, Systems Director 제품군은 Tivoli, OpenView, MOMMicrosoft Operating Management과 같은 엔터프라이즈 서비스 관리 솔루션과 원활하게 통합될 수 있다. 따라서 IBM Director는 엔터프라이즈 관리 솔루션이 충분하게 다루지 못하는 분야를 보완해 줌으로써 고객들이 자사의 IT 환경에서 필요한 운영 효율성 및 효과를 달성할 수 있도록 비용 효율 측면에서 접근 방안을 제시하고 있다.

IBM 가상화 관리자IBM Virtualization Manager

다양한 유형의 가상 서버들을 구축 및 운영할 경우, 여러 개의 다양한 관리 툴이 필요할 수밖에 없다. 따라서 관리자는 개별 관리 툴을 능숙하게 다룰 때까지 익혀야 할 필요가 있다. 새로 출시된 IBM 가상화 관리자IBM Virtualization Manager(IVM) 소프트웨어는 다양한 유형의 가상 서버들을 지원하는 데 필요한 여러 개의 관리 툴을 대폭 줄여 주는 역할을 함으로써, 관리자의 학습 노력을 덜어 주며 이를 통해 관리 업무의 향상을 도와 준다.

IBM의 메인 화면인 대시 보드Dash Board는 p. 207의 [그림 5-5]와 [그림 5-6]처럼 웹 기반의 유저 인터페이스에서 운영되며, 기업들은 자사의 컴퓨팅 자원들을 마치 재무 포트폴리오를 관리하는 것과 같이 복잡한 컴퓨팅 환경 관리 업무 처리를 하나의 화면에서 처리하도록 해 준다. 이를 통해 운영 과정에서 발생 가능한 문제들을 즉시 인식할 수 있을 뿐만 아니라, 컴퓨팅 리소스를 추가하거나 삭제할 수 있는 기능도 갖게 되는 등 기존의 업무량을 증대시키고 생산성을 향상시킬 수 있다. IVM이 가진 그밖의 주요 기능으로 자원들 사이의 관계를 도식화해 주며 CPU와 메모리 사용량 등을 실시간으로 보여 주는 기능이 있다. 이와 같은 리소스 토폴러지Topology에 대한 특별한 관점은 고객이 가상 서버 환경을 이해하고 관리하는 데 많은 도움이 된다.

IVM은 현재 상용화되고 있는 주요 가상화 플랫폼에서 작동이 가능하다. 이는 업계 최초의 기술로서 VMware, Microsoft Virtual Server, Xen 및 POWER 기반의 가상화 환경에 대한 관리 지원을 포함하고 있다. 또한 고객들은 관리의 접점을 단일화하기 위해서 VMware VirtualCenter를 IBM Director에 통합하는 방식으로 VMware VirtualCenter 기능을 이용할 수도 있다.

그림 5-5 가상화 환경을 관리해 주는 IBM Virtualization Manager의 모습

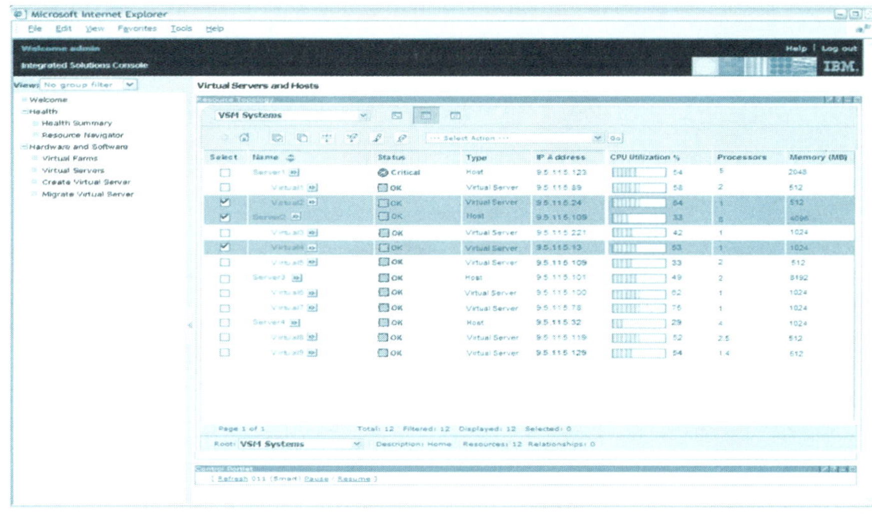

그림 5-6 자원들 사이의 관계를 도식화해 주는 IBM Virtualization Manager의 한 장면

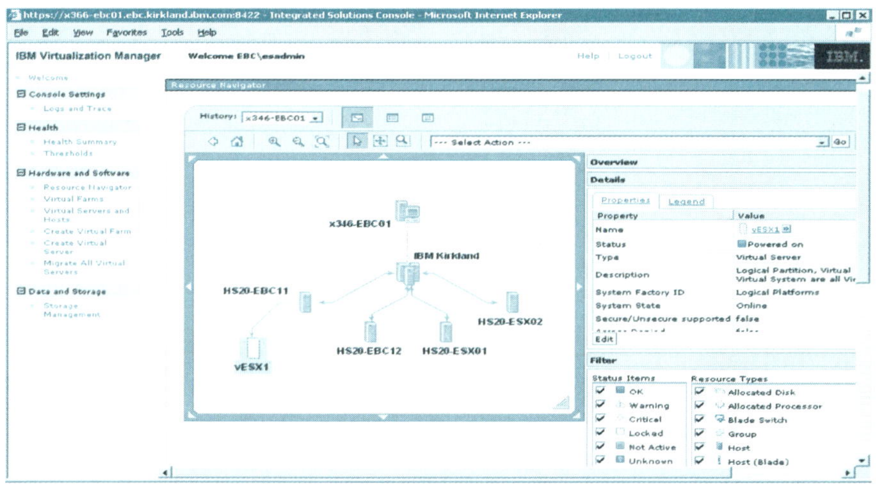

또한 IBM의 System z, i, p, x 및 BladeCenter를 사용하는 신규 또는 기존 고객들은 IBM Virtualization Manager와 IBM Systems Director를 무상으로 다운로드할 수 있다. 현재 IBM Virtualization Manager 소프트웨어는 윈도우, System x 기반의 리눅스 및 BladeCenter 상에서 구동된다.

02 성능 관리

1. 전사적 워크로드 관리의 필요성

모든 IT 인프라는 결국 비즈니스 프로세스를 지원하고 성과를 극대화하기 위해 존재한다. 따라서 분산된 IT 환경이나 가상화된 IT 환경 모두 비즈니스의 서비스 수준Service Level Agreement을 충족시켜 줄 필요가 있다. 서비스 수준의 판단 기준으로 트랜잭션의 워크로드를 들 수 있는데, 워크로드의 종류 및 관리 범위에는 p. 210의 [그림 5-7]처럼 세 가지 형태가 나타날 수 있다.

│ 단일 시스템

단일 운영 체제 안에서 여러 개의 애플리케이션이 동시에 수행되면서 업무 중요도에 따라 운영 체제로부터 CPU와 같은 자원 할당량이 애플리케이션에 따라 달라진다.

| 멀티 파티션 시스템

물리적으로는 하나의 서버이지만 실질적으로는 여러 대의 서버가 하나의
플랫폼 위에 존재하는 형태로서, 각 파티션이 수행하는 임무 중요도에 따
라 또는 각 파티션의 활용 정도에 따라 CPU나 메모리와 같은 자원들이 파
티션들 사이에 재분배된다.

| 다중 분산 시스템 환경

웹 서버, 애플리케이션 서버, 데이터베이스 서버와 같은 전형적인 3계층
3-tier 구조에서, 각 계층별로 워크로드를 판단하는 것이 아니라 최종 사용
자가 바라보는 응답 시간Response Time을 기준으로 워크로드를 판단한다.

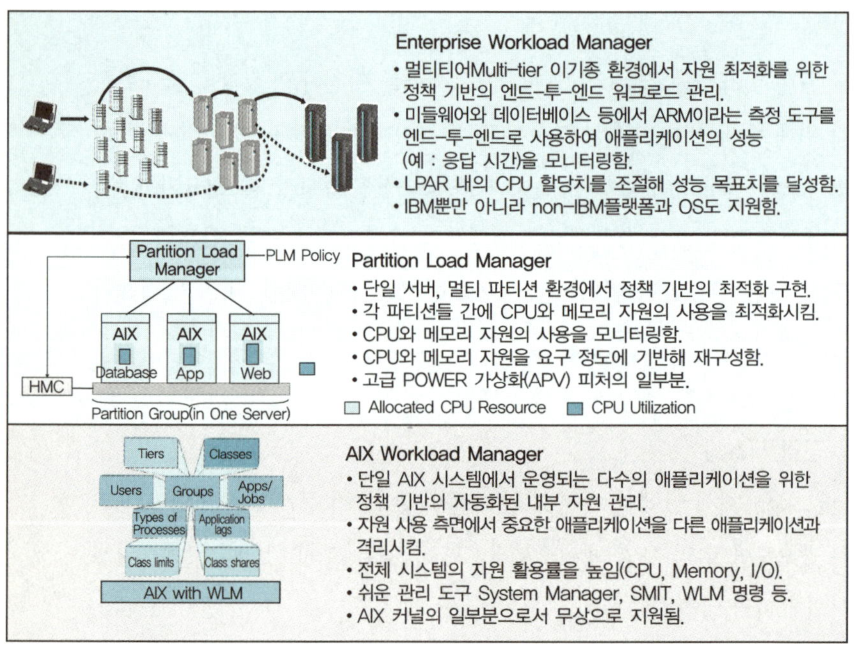

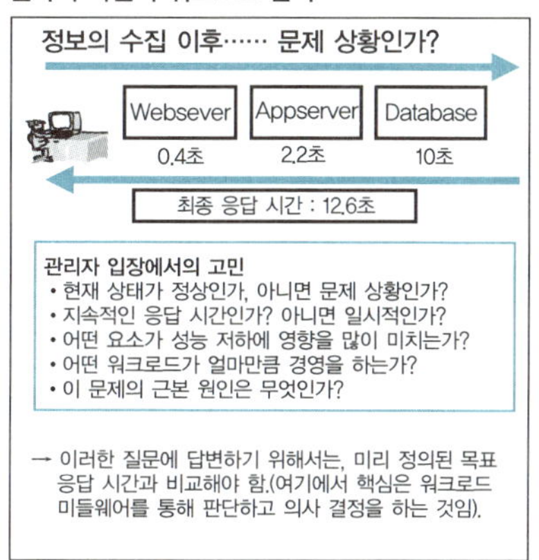

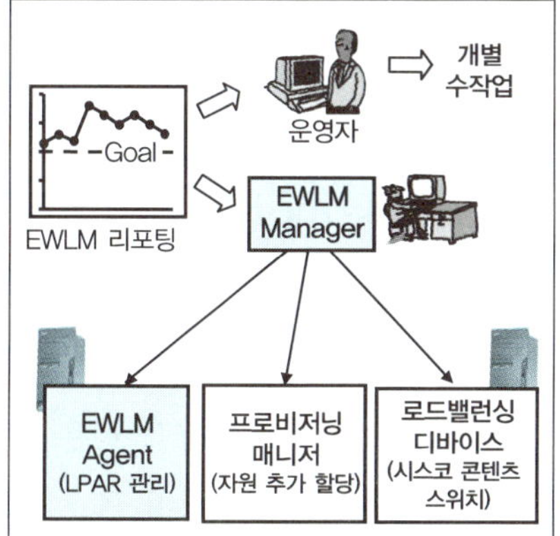

응답 시간이 길어지는 등 서비스 수준이 떨어지면 문제의 원인을 파악해서 필요한 조치를 취한다. 예를 들어 특정 계층별로 서버 자원을 추가하거나 또는 웹 서버를 애플리케이션 서버로 변경하는 등 서버 자원의 역할을 변경하는 작업을 통해 서비스 수준을 유지하려고 한다.

일반적으로 전사적 차원에서 워크로드를 관리한다는 것은 기본적으로 다중 분산 시스템 환경을 제어할 수 있는 능력을 갖고 있음을 의미한다. 전사적 워크로드 관리를 위해서 [그림 5-8]과 같이 전체 상황에 대해서 질문해 볼 수 있다.

- 첫째, 현재의 운영 상황이 정상적인가, 아니면 문제가 있는 상황인가?
- 둘째, 만약 문제가 있는 상황이라면 이러한 현상이 지속적인가, 아니면 일시적인가?
- 셋째, 지속적인 상황이라면 어떤 요소가 그러한 문제 상황에 가장 많

이 영향을 끼치는가?

- 넷째, 그러한 문제의 근본 원인은 무엇인가?

이러한 질문들을 통해서 관리자는 현재 상황이 비즈니스 응답 시간 측면에서 만족스럽지 못할 경우, 문제 원인을 파악한 후 필요한 조치를 취해야 한다. 기존 환경에서 관리자는 본인의 경험과 능력에 바탕을 두고 문제의 원인을 예측한 후 하나씩 점검하며 상황을 해결할 것이다.

그러나 인프라스트럭처 전체적인 관점에서 워크로드를 바라보며 관리하는 매개체가 있을 경우에는 최초의 환경 구성 시점에서만 관리자가 참여할 뿐, 구성이 완료된 뒤에는 관리자의 개입이 없더라도 자동으로 최적의 방안을 모색해서 상황에 맞는 적절한 행동들을 실행하게 된다.

구체적인 행동의 실행 측면에서 p. 211의 [그림 5-8] 오른쪽 그림처럼, 첫째로 하나의 시스템 상에 여러 개의 파티션이 있는 경우에는 파티션들 사이에 할당된 CPU 등의 자원을 재분배할 수 있다. 둘째로, 분산된 3계층 구조에서 공급 환경이 갖추어져 있다면 공급 절차를 통해 서버 자원을 추가 할당 또는 회수할 수 있다. 셋째로 지능적인 라우터가 있는 네트워크 환경이라면 라우팅 경로에 가중치를 주어 응답 요구를 빠르게 처리하는 경로 쪽으로 더 많은 응답 처리 요구가 흘러가도록 할 수도 있다.

2. 전사적 워크로드 관리 도구의 예

비즈니스 트랜잭션이 여러 하드웨어 플랫폼, 운영 체제, 네트워크 및 애플리케이션을 거치게 되면서, 엔드-투-엔드End-to-End 차원의 성능 정보를 얻거나 워크로드를 전체적으로 관리하는 것이 점점 더 어려워졌다. 가상화 운영 환경 관리 도구인 IBM Systems Director의 최적화 모듈 요소 가운데 하나인 IBM Enterprise Workload Manager(EWLM)은 그러한 문제 상황에 대한 해결 방안을 제시해 준다.

앞의 p. 210의 [그림 5-7]에서 언급된 것처럼 워크로드 관리는 개별 서버 수준의 워크로드 매니저에서 파티션들 사이의 워크로드 매니저인 PLM을 거쳐 전체 IT 인프라에 걸친 워크로드가 가능한 수준인 IBM EWLM로 개념적으로나 기술적으로 발전을 거듭해 오고 있다. 10여 년 전에 z/OS의 워크로드 매니저에서 소개된 개념을 확장한 IBM EWLM은 애플리케이션 응답 관리Application Response Management와 같은 널리 인증된 기술을 적용해 멀티티어 또는 다른 기종 환경에서 사용자가 정의한 서비스 레벨 목표를 달성하기 위해 워크플로Work Flow를 모니터링하고 관리해 준다.

이를 위해 먼저 IBM EWLM은 운영 환경 내에서 어떤 프로세스가 어떻게 물리적 자원들과 연동되어 작동하는지에 대한 논리적 구성 다이어그램을 자동으로 작성한다. 이를 통해 트랜잭션의 구성 형태가 자연스럽게 작성된다. 그런 다음 EWLM은 관리 대상이 되는 도메인 내에 있는 다양한 서버로부터 수집되고 분석된 자원 사용량 및 지연Delay 통계치를 사용해 도메인 안에서 수행되는 트랜잭션에 대해서 엔드-투-엔드로 통합된 뷰와 트랜잭션의 퍼포먼스를 제공해 준다. EWLM 컨트롤 센터를 통해 관리자는 트랜잭션의 구성 형태를 볼 수 있으며, 우선 순위가 설정된 비즈니스 목표가 제대로 충족되는지를 모니터링할 수 있다. 또한 성능 상의 문제점을 발견할 경우에는 애플리케이션과 플랫폼에 고유한 프로비저닝 툴(예를 들어, Tivoli Provisioning Manager)을 실행해서 문제 상황을 해결할 수 있다.

서비스 수준의 향상을 달성하기 위해 [그림 5-9]와 같이 시스코사의 콘텐츠 스위치와 연계해 최적의 라우팅 의사 결정을 내릴 수도 있으며, POWER 기반 서버에서 논리적으로 파티션된 운영 체제들 사이에 걸쳐 CPU 자원의 할당을 동적으로 조절할 수 있도록 명령을 내릴 수 있다. EWLM은 CPU 사용량을 모니터링하고 관리할 수 있으며, 지정된 파티션 그룹에 걸쳐 목표로 삼은 서비스 수준을 만족시키기 위해 필요한 만큼 CPU 할당량을 조정할 수도 있다. EWLM은 이러한 일을 실시간으로 처리하기 때문에 시스템 관리자나 성능 분석가가 조치를 취할 필요가 없다.

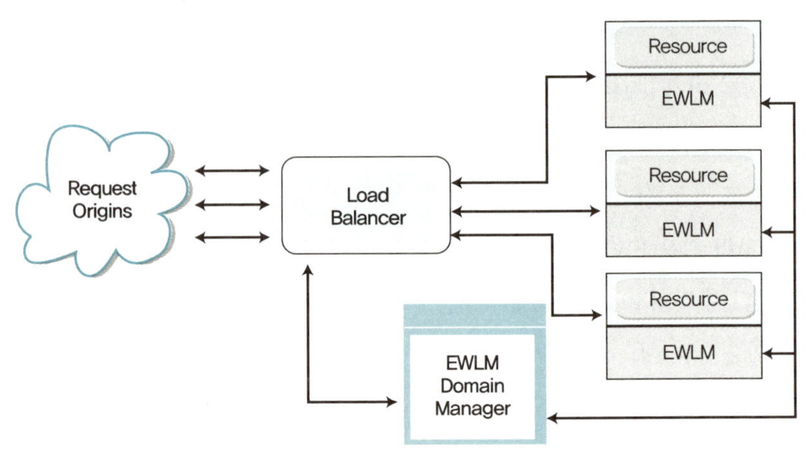

IBM EWLM 운영 가상 시나리오

[그림 5-10]과 같이 단일 POWER 서버 내에서 파티션을 통해 외부 업무

와 내부 업무 두 가지가 가동되고 있으며 각 업무 사이의 시간대별 사용 패턴은 동일하지 않다고 가정한다. 주간에 외부 업무의 워크로드가 증가할 때에도 사용자가 느끼는 응답 시간을 일정하게 유지함으로써 서비스의 질을 만족시키려고 한다.

기본 구성

초기 기본 구성에서 모든 파티션은 동일한 CPU 리소스를 가진다. 이때 CPU는 반드시 정수 단위로 할당될 필요는 없으며, 0.5개 또는 2.4개와 같은 형태로 할당될 수 있다. 또한 모든 작업은 트랜잭션의 응답 시간에 대한 목표치(예, 10초 이내)를 가지며, 외부 업무에 대한 작업 요청은 내부 업무보다 높은 우선 순위를 가진다. IBM Enterprise Workload Manager 내부적으로는 서비스 클래스Service Class라는 개념으로 업무에 대해서 구분한

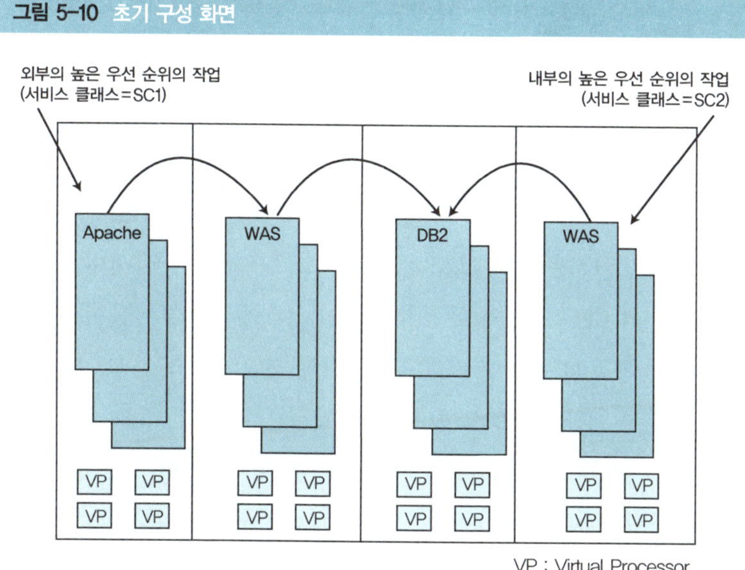

그림 5-10 초기 구성 화면

다. 따라서 외부 업무는 서비스 클래스 1(=SC1)이고, 내부 업무는 서비스 클래스 2(=SC2)라고 내부적으로 매핑한다. 여기에서 서비스 클래스에 할당되는 번호는 단지 구분자일 뿐 업무 우선 순위의 높고 낮음을 나타내지는 않으며, 업무 우선 순위의 설정은 관리자의 판단에 따라 초기 설정 화면에서 이루어진다.

▎ 주간 구성 변경

주간에 외부 업무인 SC1로 작업량이 증가해서 SC1에 대한 응답 시간 목표치를 초과하는 빈도가 높아진다. 즉, 응답 시간 목표치가 10초인 경우에 평균 응답 시간이 10초를 초과했으며, 이러한 현상이 일시적이 아니라 지속됨을 의미한다. 따라서 IBM EWLM은 문제의 원인이 과다한 작업 요구량이라고 분석하며, 평균 응답 시간이 응답 시간 목표치 이하로 내려가거나 근접하기 위해서는 CPU 자원의 추가 할당이 이루어져야 한다고 판단한다. 즉, IBM EWLM은 주어진 상황하에서 SC1을 지원하는 WAS 파티션과 DB2 파티션에서 CPU의 지연이 발생함을 파악한다. 그리고 아파치Apache 파티션과 SC2를 지원하는 WAS 파티션에서 CPU 자원의 일부를 회수해 SC1을 지원하는 WAS 파티션과 DB2 파티션에 적절하게 할당하면, SC1의 응답 시간이 향상될 수 있다고 판단한다. 그러고 나서 IBM EWLM은 동적 LPARDynamic LPAR, DLPAR를 통해 서버 내 파티션들 사이의 CPU 자원의 할당이 온라인 상태에서 이루어질 수 있음을 확인한 후 동적 LPAR에게 파티션들 사이에 적절한 양의 CPU 자원을 온라인 상태로 재할당하라는 명령을 내린다. 이를 통해 각 파티션들 사이의 CPU 자원 변경이 일어나며, 결과적으로 SC1의 응답 시간이 짧아진다. 여기에서 CPU 자원의 양을 개수로 표현하지 않고 가상 CPU로 표현한 것은, CPU 자원의 할당이 정수 개가 아니라 소수점 단위로도 이루어

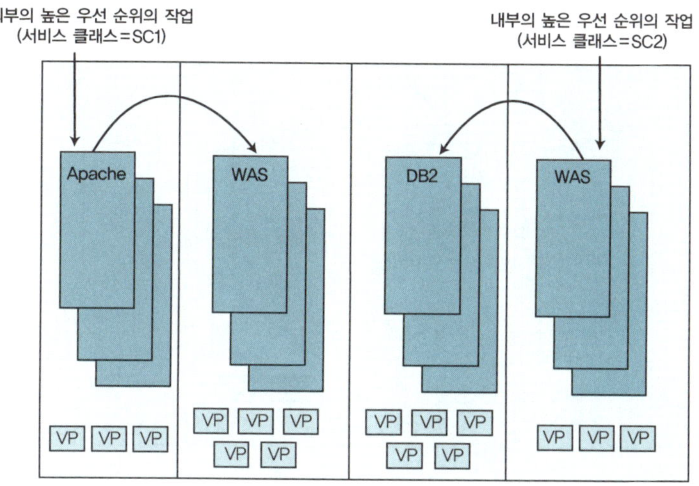

질 수 있기 때문이다.

| 야간 구성 변경

밤이 되면 SC1의 업무량이 현저하게 줄어들고, SC2의 업무량이 점차 증가하기 시작했다. 이에 따라 SC2에서 평균 응답 시간이 목표 응답 시간(예, 8초)에 도달하지 않았다. IBM EWLM은 이에 대한 문제 원인이 SC2의 WAS 파티션의 CPU 자원의 부족 때문이라고 분석하고, 다른 여유 파티션에서 CPU 자원을 가져올 경우에 문제 상황이 해결될 수 있을 것이라고 판단한다. 그리고 나서 EWLM은 동적 LPAR에게 명령을 내려 적절한 수준에서 SC1을 지원하는 WAS 파티션에서 SC2를 지원하는 WAS 파티션으로 CPU 자원을 이동하라고 명령을 내린다. 결과적으로 내부 업무인 SC2의

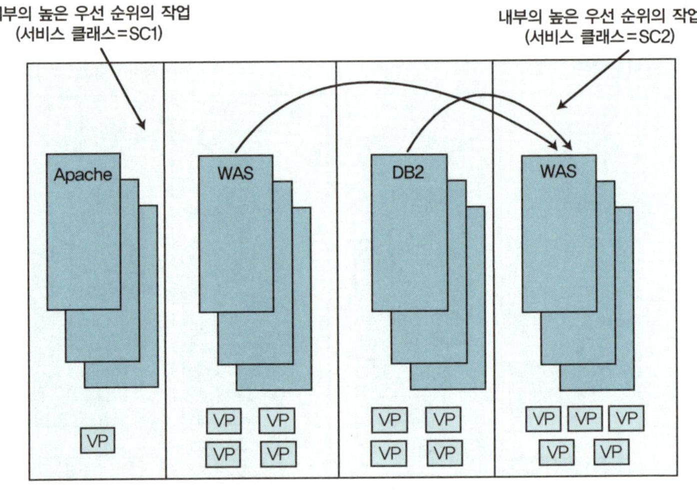

평균 응답 시간이 목표 응답 시간 이하로 내려갔다.

관리 모니터링

IBM EWLM은 오픈 소스 기반의 애플리케이션 응답 측정 표준 프로토콜을 사용해서 현재 수행되는 애플리케이션으로부터 필요한 응답 시간 데이터를 얻는다. 이를 통해 트랜잭션의 응답 시간이 목표 응답 시간과 비교해서 잘 관리되고 있는지 아니면 초과하는지를 알 수 있다. 그리고 이를 그래프로 표시함으로써 응답 시간 초과 현상이 일시적인지 또는 지속적인지를 IBM EWLM 뿐만 아니라 관리자도 쉽게 판단할 수 있도록 모니터링 기능을 제공하고 있다.

즉, [그림 5-13]과 같이 시간의 변동에 따른 응답 시간의 PIPerformance Index를 나타내는 그래프를 제공하고 있다. PI는 목표 응답 시간에 대한 현재 응답 시간의 비율로서 기준은 1이며, 따라서 목표에 도달했을 때(즉, 만족 상황일 때)에는 1 이하로 나타나고, 목표에 미달했을 때(즉, 불만족 상황일 때)에는 1을 초과해서 나타난다.

현재 애플리케이션 응답 측정 표준을 지원하는 소프트웨어 제품과 벤더는 빠르게 증가하고 있다. 그 중에서 대표적인 제품으로는 IBM WebSphere Application Server, DB2 UDB, 아파치 웹 서버, 마이크로소프트의 IIS 서버, 그리고 WebSphere MQ에서 JMS 메시징 등이 있다. 그 밖에 상당히 많은 다른 소프트웨어 벤더들도 자체적으로 애플리케이션 응답 측정을 구현하는 중이다.

EWLM은 모든 IBM 플랫폼과 운영 체제에 걸쳐 지원 가능할 뿐만 아니라 Non-IBM 플랫폼과 운영 체제에 걸쳐서도 워크로드를 모니터링하고 관리할 수 있다. 여기에는 z/OS, 윈도우, 리눅스뿐만 아니라 솔라리스 및

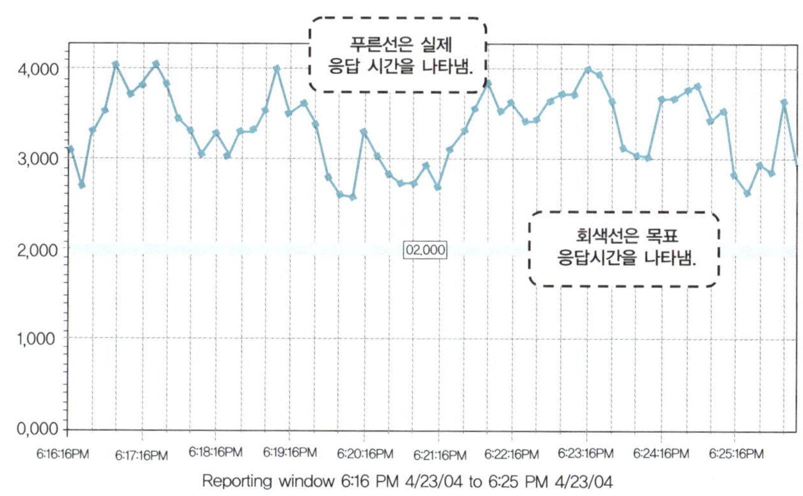

그림 5-13 IBM EWLM을 이용한 응답 시간 모니터링

HP/UX 시스템도 특정한 조건이 만족될 경우에는 IBM Enterprise Workload Manager 도메인 아래에서 관리될 수 있다.

03 전력과 발열 관리

1. 전력과 발열 관리의 필요성

2007년에 발표된 IDC 자료를 통해 가상화 운영 관리의 또 다른 측면인 전력 및 발열 관리에 대해서 잠깐 살펴보기로 한다. p. 222의 [그림 5-14]는 서버에 대한 신규 투자 비용, 전력 및 냉각 비용, 누계 설치 대수 등의 변화 추이를 그래프로 나타낸 것이다. 2000년에는 새로운 서버를 구매하는 데 100달러의 비용이 들었다면 전력 및 냉각에는 21달러를 지출했으며, 2005년에는 전력 및 냉각 비용의 비중이 100:48로 급격하게 상승하고 있으며, 2010년에는 이 비율이 100:71까지 증가할 것으로 전망된다. 또한 향후 5년 동안 전 세계에 설치된 서버에 전력과 냉각을 위한 공급에 지출되는 비용(연평균 11.2% 증가)은 새로운 서버를 도입하기 위해 지출되는 비용(연평균 2.7% 증가)보다 4배 이상 높은 증가율을 보일 것으로 예상된다.

이처럼 전력과 냉각 비용에 대한 관심이 고조되는 것은 최근 서버의 구매 비용 증가세가 완화되면서 안정화되고 있지만 운영 비용은 지속적으로

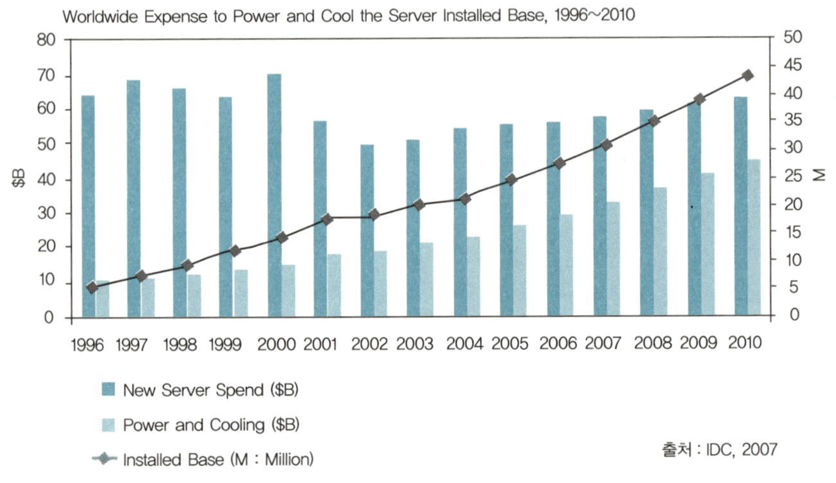

크게 증가하기 때문이다. 그리고 IT 인프라스트럭처를 운영하기 위한 전력 비용이 더 이상 일반 비즈니스 비용과 연동되지 않고 지속적으로 증가하는 등 다르게 움직이는 것으로 보이기 때문이다. 그런가 하면 데이터 센터의 전력 및 냉각 용량의 한계로 인해 더 이상 새로운 형태의 서버 도입이 이루어지지 않는 등 자체적인 한계로 인해 새로운 기술의 도입을 저해하기 때문이기도 하다.

최근 국내 항공사에서 채택하는 승객용 주문형 오디오&비디오Audio and Video on Demand 시스템을 살펴보더라도 높은 발열 때문에 비슷한 상황을 겪고 있음을 알 수 있다. 주문형 오디오&비디오를 위한 하드웨어 시스템이 중앙 집중식이 아니라 개인별로 의자 밑에 설치되어 있으며, 자리가 꽉 찬 상황에서 설치된 모든 시스템이 동시에 작동할 경우에는 상당한 열을 방출한다. 따라서 주문형 오디오&비디오 시스템은 기내 온도 상승에 직접 영향을 끼친다. 이로 인해서 승객들은 쉽게 건조해지는 기내 환경에 적응하기 위해서 더 많은 물을 마셔야 한다. 또한 고객들의 불편을 해소하기 위해 항공사 입장에서는 더 많은 음료와 물을 기내에 실어야 하며, 이것은 결국 유류비의 증가로 이어져 항공사 운영 비용 개선에 걸림돌이 될 수 있다.

전력 소비량의 증가 요인

이제는 서버 한 대를 도입하더라도 전력 소모량과 발열량을 고려해야 할 때이다. 이처럼 전력 및 냉각 문제가 갈수록 중요해지는 상황에서 데이터 센터 매니저는 IT 인프라의 운영 비용에 영향을 미치는 다양한 요인들에 대해서 주목할 필요가 있다.

데이터 센터의 전력 소모 분포

[그림 5-15]는 데이터 센터가 소모하는 전체 전력 사용량을 100으로 보고

그림 5-15 데이터 센터의 전력 사용 분포

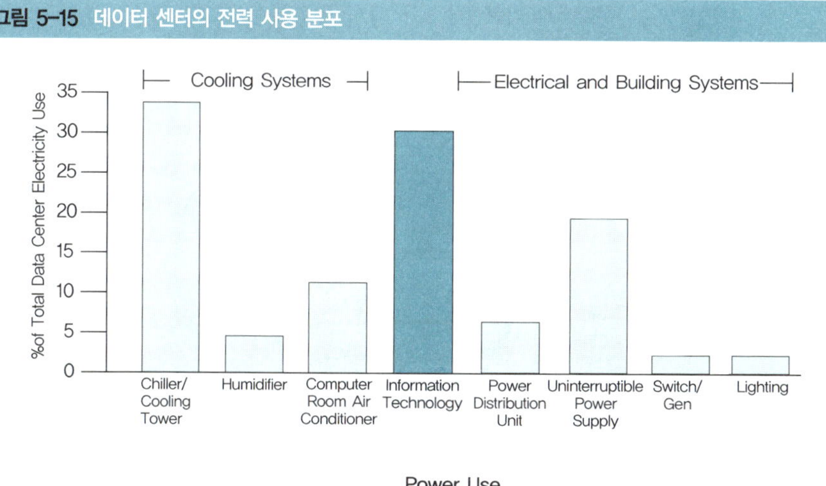

각 요소들이 차지하는 비율을 퍼센트(%)로 나타낸 것이다. 그림에서 보는 것처럼 데이터 센터가 사용하는 전력 비용 중에서 가장 많은 부분을 차지하는 것은 항온·항습기를 포함하는 냉각 비용으로서 전체 비용의 절반을 훨씬 상회하고 있다. 이와 달리 서버와 스토리지 같은 IT 자원들은 전체 소비 전력의 약 30%를 차지할 뿐이다. 이것은 효율적인 전력 사용과 발열 관리가 데이터 센터 운영 비용을 줄일 수 있는 중요한 요소임을 뜻한다.

개별 시스템 차원의 전력 소모 분포

한편 개별 시스템 차원에서는 어떤 요소들이 전력을 얼마나 사용하는지를 살펴볼 필요가 있다. [그림 5-16]은 일반적인 서버 내의 각 요소들이 사용하는 전력량을 비율로 표시한 것이다. 그림에서 보면 프로세서가 단일 요소로서 가장 큰 비중을 차지한다. 아울러 전류의 변환 및 전달이나 냉각 팬 동작과 같은 간접 요인들이 무려 40%가 넘게 차지함을 알 수 있다. 아무튼 서버 안에 더 많은 요소들을 집어넣을수록 단위 면적당 더 많은 전력

그림 5-16 단일 서버 내 전력 사용 항목 및 비율

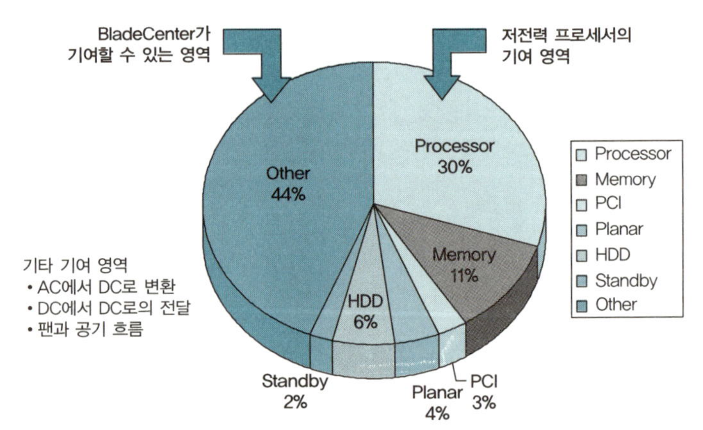

을 소모하는 것은 당연한 이치이다. 최근에 저전력 CPU가 출시되고, 전력 공급Power Supply 장치와 냉각 팬을 공동으로 사용함으로써 전력 소모량을 줄여 주는 블레이드 서버 구조가 많이 선택되는 것도 동일한 이유이다.

▎전력 소비량의 주요 증가 요인

데이터 센터에서 전력 및 냉각 비용에 영향을 미치는 요인들로는 프로세서 속도의 증가, 서버 밀집도의 증가, 기업 조직 구조 및 서로 다른 수명 주기 등 여러 요인들이 뒤섞여 영향을 미치고 있다. 크게 다섯 가지로 구분되는 요인은 다음과 같다.

첫째, 컴퓨팅 성능의 증가를 들 수 있다. 서버 프로세서의 성능은 지속적으로 증가되어 왔으며, 더 빠른 응답 시간을 원하는 고객의 수요에 맞추어 서버 벤더는 프로세서뿐만 아니라 메모리나 디스크 드라이브 등과 같은 컴포넌트의 성능도 꾸준히 향상시켜 왔다. 이러한 성능 향상은 IT의 컴퓨팅 역량이 크게 증가하는 방향으로 작용했지만, 반면에 서버의 전력 및 냉각에 소요되는 비용 역시 크게 증가시켰다. 서버 한 대가 10년 전에는 평균 150와트의 전력을 소비했다면, 지금은 약 400와트의 전력을 소비할 정도이다.

둘째, 고집적 서버로 변화하는 경향을 들 수 있다. 데이터 센터의 공간은 한정되어 있는데 IT 인프라스트럭처를 확장해야 할 경우, 기업은 고밀도의 서버 시스템을 도입할 수밖에 없다. 이런 경향이 반영되면서 기업용 서버 시장은 p. 226의 [그림 5-17]과 같이 타워형 서버에서 랙 마운트 서버로, 그리고 최근에는 블레이드 서버로 바뀌면서 서버 시스템의 밀집도는 지난 10년 동안 해마다 15%씩 증가했다. 서버의 밀집도가 높아짐에 따라서 랙 단위에서의 전력 및 냉각 관리 문제도 부각된다. 1996년에 랙 하나에 평균 7대의 서버가 설치되었다면, 2007년에는 평균 14대의 서버가

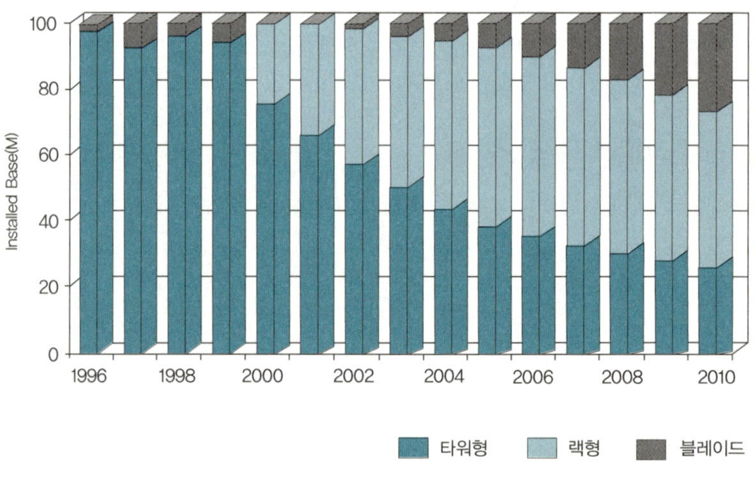

출처 : IDC 2007

설치되어 있으며, 앞으로는 평균 20대의 서버가 설치될 것으로 예상된다.
이에 따라 2000년 랙당 평균 전력 소비량이 1킬로와트였다면, 2006년에
는 랙당 6.8킬로와트가 필요했으며, 앞으로 지어질 새로운 데이터 센터에
는 랙당 20킬로와트가 필요할 것으로 예상된다. 데이터 센터의 서버 밀집
도의 증가는 전력 소비량의 증가와 시스템의 신뢰성 및 안정성에 영향을
미칠 수 있는 열섬 현상Hot Spot의 발생 원인이 될 수 있다. 그러나 오늘날
가동 중인 상당수의 데이터 센터는 이처럼 고집적 컴퓨팅 환경을 고려하
지 않고 설계되어 더욱 심각한 문제로 떠올랐다.

　셋째, 개방 및 분산 시스템으로의 확산을 들 수 있다. 전 세계 서버의 설
치 대수는 해마다 15% 이상 증가해 왔다. 설치 대수의 증가를 주도하는
주요 요인으로 높은 가용성 시스템, 트래픽 부하 분산 시스템처럼 비즈니
스의 가용성 및 신뢰성 증가를 위한 목적의 시스템 증설을 꼽을 수 있다.

아울러 분산형 IT 환경의 확산과 미래 수요 증가에 대비한 서버 자원의 최대 사양 구성 등도 꼽을 수 있다. 이처럼 지속적으로 증가된 서버 대수의 확보를 통해 기업은 충분한 컴퓨팅 용량을 보유하게 되었으나 그만큼 활용률은 낮아졌다. 이로 인해 연간 활용되지 않는 서버 자원의 경제적 가치는 2006년 기준으로 약 140억 달러(14조 원)에 이르는 것으로 추산된다.

넷째, 기업의 운영 조직 구조를 들 수 있다. 많은 기업의 경우, 데이터 센터 매니저와 IT 구매 담당자는 서로 다른 부서에 소속되어 있다. 즉, 전력 및 냉각 시설 운영에 관련된 책임은 주로 시설 관리 부서의 데이터 센터 매니저에게 있다. 이러한 구매와 관리 업무의 이원화는 그동안 서버의 전력 및 냉각 문제가 왜 IT 매니저의 관심 밖에 있었는지를 설명해 준다.

다섯째, 데이터 센터의 평균 기대 수명과 서버의 평균 기대 수명 사이의 차이에도 일부 영향을 받는다. 데이터 센터의 평균 기대 수명은 보통 10년 이상이지만 서버의 평균 기대 수명은 3~4년이다. 이러한 평균 기대 수명 주기의 차이로 인해 데이터 센터를 구축할 때에는 고려하지 못했던 새로운 기술과 폼팩터가 출현하기도 하며, 결과적으로 서버의 발전 속도를 데이터 센터가 따라가지 못하는 경우가 종종 발생한다. 외부 조사 기관에 따르면 데이터 센터의 86%가 2001년 이전에 지어졌으며, 데이터 센터의 기능 및 역량이 서버 구매에 영향을 미쳤다고 답한 고객이 전체의 29%를 차지하는 것으로 나타났다.

▎요약

위에서 논의된 다섯 가지 요소들을 정리하면 p. 228의 [그림 5-18]과 같이 나타낼 수 있다. 전력 및 냉각 문제는 분명히 세계적인 기업들은 말할 것 없고 국내 기업들에게도 중요한 이슈로 떠올랐다. 특히 전력 및 냉각 문제는 기업들에게 재무적인 측면과 인프라스트럭처 측면 모두에 영향을

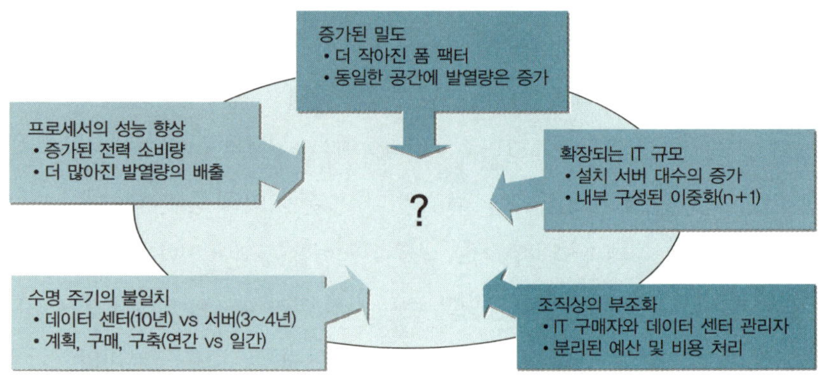

미친다. 먼저 재무적인 측면에서 서버를 가동하고 유지하는 데 소요되는 비용의 증가는 기업의 수익성을 감소시키는 요인으로 작용한다. 또한 IT 인프라스트럭처 측면에서 전력 수급 문제는 비즈니스 수요에 맞춰 컴퓨팅 용량을 증가시켜야 하는 데이터 센터의 확장성을 제한하는 요인이 될 수 있다. 이를테면, 냉각 용량의 한계로 인해 새로운 시스템을 도입하는 데 제약이 따를 수 있기 때문이다.

2. 에너지 절감 방안

데이터 센터의 전력 및 냉각 관리를 위한 효과를 높일 수 있는 가장 일반적인 접근 방안은, p. 229의 [그림 5-19]와 같이 단계별로, 그리고 범위에 따라 크게 다섯 가지로 나누어 볼 수 있다.

| 시스템과 테크놀로지 기술에 바탕을 둔 고효율 및 저전력 시스템의 활

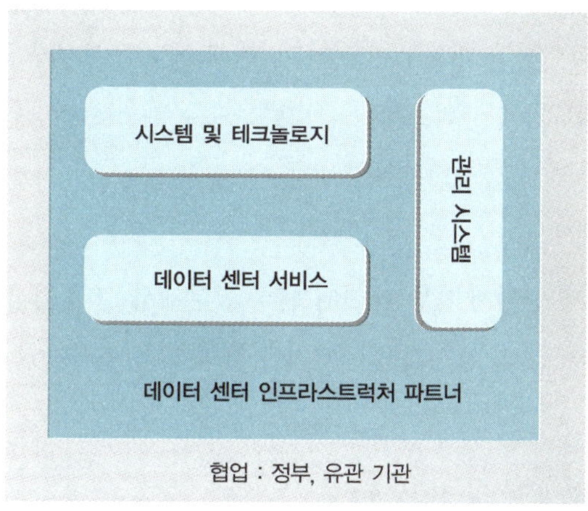

용이 주요 목표로, 동일한 전력에서 최대의 성능을 발휘할 수 있는 서버와 스토리지뿐만 아니라 저전력 구조의 CPU, 전원 공급기, 냉각 팬 등의 부분품, 나노 테크놀로지 기술 등을 고려할 수 있다.

❘ **관리 시스템** 개별 서버 시스템 및 데이터 센터에서 소모되는 전력 사용량에 대한 전력 자원의 모니터링 및 사용 제어로, 관리 측면에서 효율성을 추구하는 것이다.

❘ **데이터 센터 서비스** 데이터 센터의 신축 및 재설계나 구조 변경을 통해 저전력 냉각 방안을 모색하고 실천하는 단계이다. 단순히 케이블을 다시 정리하거나 랙의 위치를 바꾸는 것만으로 상당한 양의 냉각 비용을 줄일 수 있기 때문이다.

❘ **데이터 센터 인프라스트럭처 파트너** 세계적인 수준의 데이터 센터 인프라스트럭처 공급자들과 밀접한 협력을 통해, 선진 사례들을 벤치마킹하고 앞선 기술들을 적극 수용하는 것이다.

정부 등 유관 기관과의 협업 IT 벤더뿐만 아니라 에너지 공급자 및 정부 기관 등 다양한 주체들과 긴밀한 협업Collaboration을 통해서, 에너지 문제를 함께 고민하고 대처하는 것이다. 현재 에너지 효율을 강조하는 다양한 프로그램들과 인센티브들이 글로벌하게 존재하며 관심 있는 프로그램에 참가하는 것도 권장되는 방안 가운데 하나이다.

위의 5단계 중에서 개별 데이터 센터 입장에서 쉽게 접근할 수 있는 부분은 1~3단계로서, 직접적인 에너지 절감 효과를 볼 수 있는 방안이다.

저전력 시스템과 테크놀로지

시스템 레벨에서 고려할 수 있는 에너지의 효율적 사용 방안은 p. 231의 [그림 5-20]과 같이 크게 네 가지로 분류할 수 있다.

테크놀로지

먼저 기술 차원에서 나노 기술과 진공 절연 같은 신기술을 사용해 회로 상에서 전류의 손실을 최소화하고, 칩 상에서 '공기 간극Air-gap' 기술을 이용해 현재 전력 수준에서 35% 정도의 성능 향상을 이루거나 또는 동일 성능을 내면서도 15% 정도의 전력을 감소시킬 수 있다.

프로세서 및 칩

프로세서와 칩 레벨에서 저전력 모드 및 동적 전력 제어가 가능한 CPU를 활용할 수 있다. 저전력 CPU의 대표 사례가 인텔의 LVLow Voltage(저전력) 계열 CPU와 AMD의 HEHigh Efficiency(고효율) 계열 CPU를 들 수 있다. 이들 CPU는 모두 일반 CPU보다 20~40% 정도 적게 전력을 소모하면서도

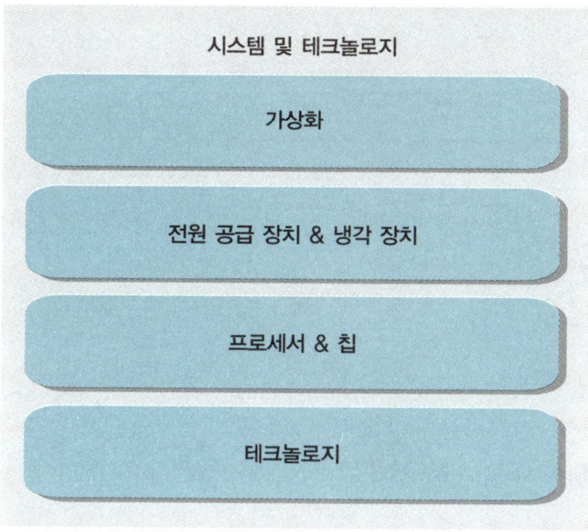

비슷한 성능을 발휘하기 때문에 일반 CPU보다 비싼 가격대를 유지한다.

한편, 새롭게 출시된 IBM의 POWER6 CPU는 현존하는 가장 빠른 프로세서이며, 최대 4.7GHz의 클럭 스피드의 성능을 자랑한다. POWER6 CPU는 POWER5 칩과 비슷한 전력을 사용하면서도 성능은 최대 2배까지 낼 수 있는 구조이다. 또한 CPU 자체의 사용 형태에 따라 프로세서의 운영 모드를 변화시킴으로써 사용 전력을 낮추는 방안도 있다.

전력 공급 및 냉각 장치

전력 공급 장치의 효율도 전력 소비량에 상당한 영향을 미친다. 대부분의 전력 공급 장치는 80:20의 법칙을 만족시킨다. 즉, p. 232의 [그림 5-21]과 같이 워크로드가 20% 이상 걸릴 때, 비로소 효율성이 80% 이상 좋아지며, 대개 40~70%의 워크로드 범위에서 작동되도록 설계되었다. 따라서 서버의 워크로드를 20% 이상으로 유지하는 것이 전력 효율성 면에서

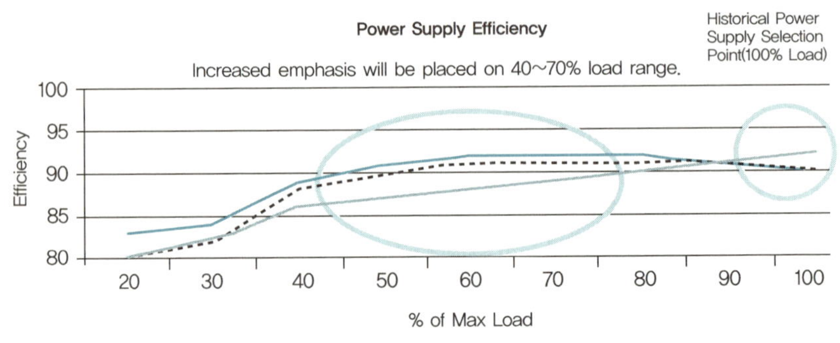

유리하며, 뒤에서 소개될 서버 가상화가 전력 사용 관점에서 타당한 것도 동일한 이유 때문이다.

가상화

마지막으로 서버 가상화를 통한 에너지 절감 방안을 고려할 수 있다. 서버 통합의 근간이 되는 기술로 알려진 가상화 기술을 활용할 경우, [그림 5-22]와 같이 물리적으로 별도인 자원들을 서로 공유할 수 있는 형태로 만들어 주며, 기존의 독립 분산된 IT 구성 환경에 비해서 자원의 활용률을 비약

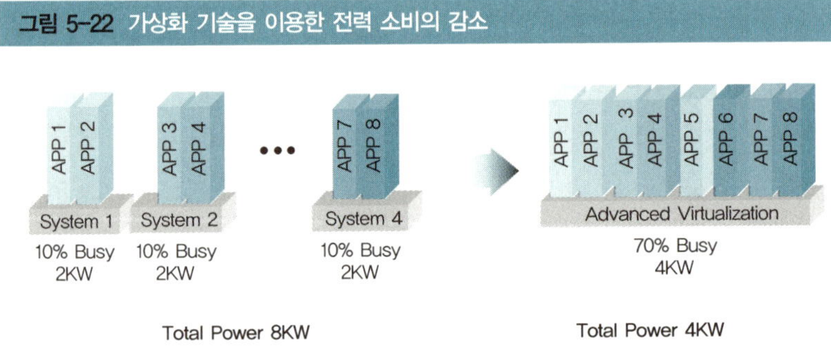

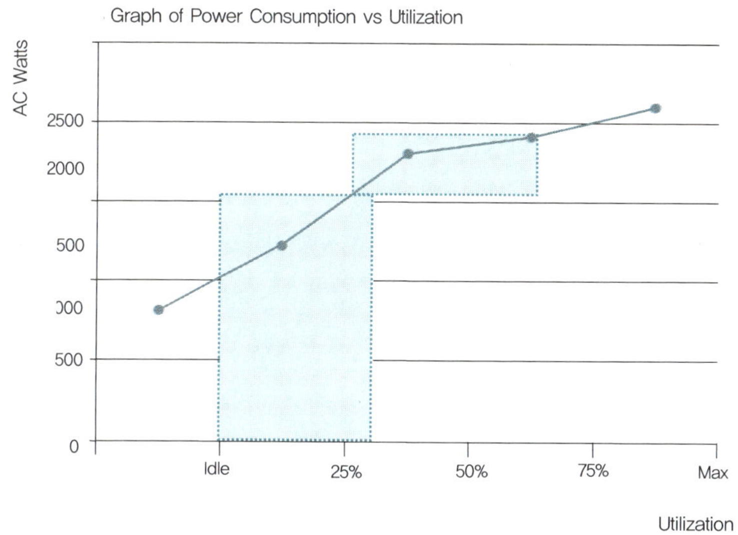

적으로 증가시킬 수 있다. 그 때문에 장·단기적으로 데이터 센터 내의 공간 활용 및 소모 전력량에 가장 큰 영향을 미치는 요인으로 작용한다. 실제로 [그림 5-23]과 같이 서버의 전력 소모량은 쉬고 있는 경우나 20% 전후까지는 거의 똑같다고 할 정도이며, 20~60%의 활용률 구간 내에서 사용하는 실제 전력량 또한 거의 비슷한 것으로 나타난다.

또한 단일 서버가 아니라 하드웨어 인프라 가상화의 대표 사례인 블레이드 센터처럼 전원 공급 장치와 냉각 팬을 하나의 섀시 안에 패키징하는 구조도, 전력 공급 장치 및 냉각 팬을 각 블레이드 서버들이 공유하는 등 전력 사용의 효율성을 극대화한 아키텍처로 볼 수 있다.

시스템 관리

효율적인 에너지 관리 방안의 두 번째 항목인 관리 시스템은 p. 235의 [그림 5-24]와 같이 관리 대상인 시스템들이 사용하는 전력 자원을 모니터링하고 예측함으로써, 전력 부족에 대한 대비를 미리 할 수 있도록 도와 준다. 그리고 실제 부족 상황이 일어났을 때에는 일정한 범위 내에서 사용을 제어할 수 있는 등 세부적으로 세 가지 레벨로 분류할 수 있다.

| 계획 도구

먼저 전력 사용 및 발열량에 예상 가능한 데이터를 수집할 수 있는 계획 도구가 필요하다. 이 도구는 데이터 센터 내에 입주할 각종 장비 및 IT 자원을 대상으로, 최악의 시나리오를 구성해서 계산된 전력 사용량 및 발열량에 대한 보고서를 보여 줄 필요가 있다. 이를 바탕으로 신규 데이터 센터를 설계하거나 기존 데이터 센터를 확장할 때 요구되는 최대 요구 소비 전력량 등 전력 및 냉각에 필요한 정보를 제공해야 한다. IBM에서는 Power Configurator라는 소프트웨어 패키지 도구를 제공하며, 이를 사용해서 현재 도입된 장비와 앞으로 도입 예정인 장비들의 모델을 입력하기만 하면 일목요연하게 총 사용 전력량과 총 발열량을 다양한 정보와 함께 보여 준다.

| 플랫폼 단위 관리

개별 시스템 수준에서 사용하는 전력량과 발열량에 대한 모니터링 및 향후 사용 패턴의 예측 등이 필요하다. 가능할 경우, 각 자원별 사용 가능한 전력의 제어까지도 요구된다. 서버 수준에서는 p. 235의 [표 5-1]과 같은 세 가지 단계적 전력 관리가 가능해야 한다.

  가상화 기술의 새로운 패러다임

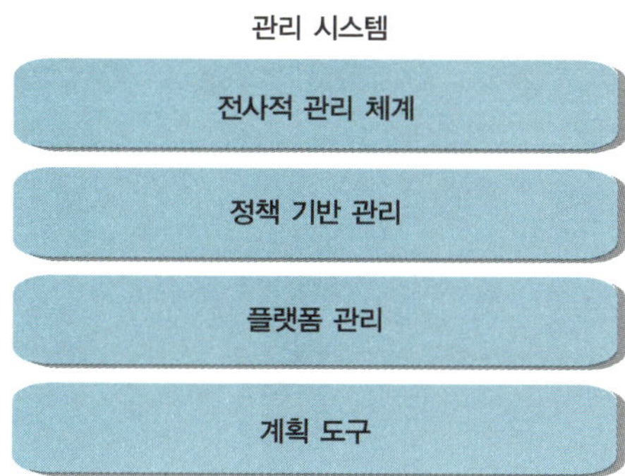

표 5-1 서버 차원의 전력 관리의 3단계

항목	개념
전력 사용량의 측정 및 패턴 파악	현재 소모되고 있는 전력량을 파악하고, 지속적으로 관련 정보를 누적해 통계치 값을 제공함.
정확한 전력량을 할당 또는 캡핑 Capping	과거의 전력 사용량에 대한 계측을 기반으로 적절한 전력량을 할당함.
전력 소비량을 감소시킴.	활용률이 낮을 때 다양한 저전력 모드를 구현함.

이를 위해 IBM에서는 PowerExecutive라는 소프트웨어 도구를 제공하고 있다. PowerExecutive는 앞에서 소개된 IBM Systems Director와 연동되어 실행되는 부속 애플리케이션으로서, p. 236의 [그림 5-25]와 같이 개별 서버 또는 그룹별로 전력 사용량 등의 정보가 IBM Systems Director 서버의 콘솔Console 화면 상에 표시된다. 관리되는 개별 서버마다 에이전트Agent가 설치되면, 개별 서버의 현재의 실제 전력 사용량, 최대 사용량, 과거의 사용량 실적 및 향후 사용량 추세, 모든 서버에 대한 총 전력 사용량 등을 정확히 측정해 준다. 그뿐만 아니라 흡입되는 공기의 온도와 배출되는 공기의 온도를 측정하면서 시간에 따른 발열량의 추세도 함께 보여

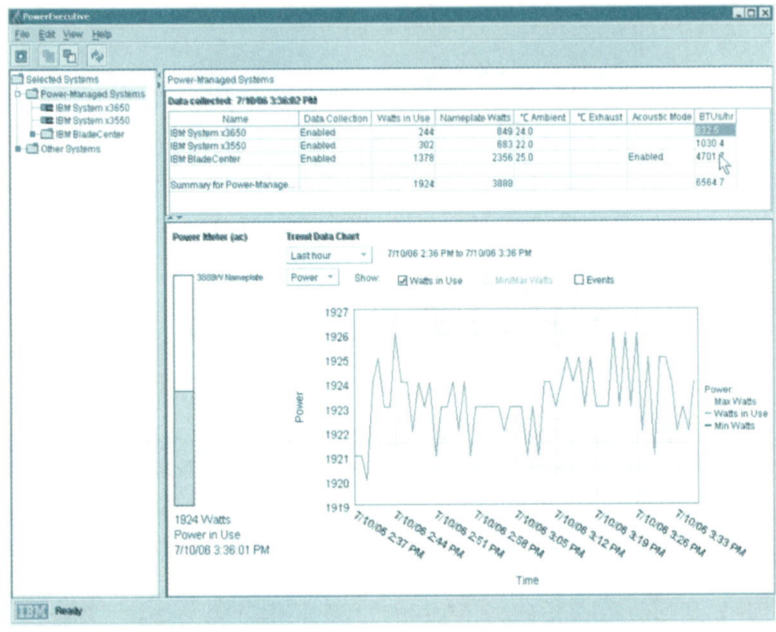

준다.

또한 전력도 제한적인 자원으로 보기 때문에 UPSUninterrupted Power Supply 다운과 같은 긴급 상황에 대비하거나 제한적으로 공급되는 전력량에 맞추기 위해서, 전체 사용량을 고려해 개별 서버들이 일정량 이상의 전력을 사용하지 못하도록 하는 지능적인 캡핑Capping 기능도 함께 제공한다. 예를 들어 과거의 전력 사용량 패턴을 파악한 후 가장 많이 사용할 때의 전력량을 기준으로 캡핑해 두고 전체 데이터 센터 내의 전력 공급량을 설계하면, 그만큼 서버에 할당되는 전력과 관련된 시설 인프라스트럭처 비용을 줄일 수 있다. 마치 자동차의 크루즈 기능(일정한 속도로 계속 주행하는 것)과 비슷하다.

이에 따라 시스템 그룹 또는 단일 물리 시스템, 섀시 또는 랙 상에서의 전력 및 최고 에너지 양을 비즈니스에 영향을 미치지 않으면서 안전하게 제한한다. 동시에 조절과 재배치도 가능하다. IT 관리자들은 에너지 부문에 할당된 예산과 실제 전력 사용량 사이의 차이를 파악함으로써, 전력 소비를 최적화하고 장기적으로 예산을 절약할 수 있다.

| 정책 기반 관리

정책 기반의 전력 사용 관리가 구현되기 위해서는 전력과 성능의 상관관계가 확인되어야 하며, 요청에 따른 전력 할당량의 증가 및 감소가 가능해야 한다. 이를 위한 기반 기술로는 서버들 사이의 가상화와 자동화된 공급 등의 환경이 구축되어야 한다. 예를 들어 [그림 5-26]과 같이 야간에 가운데에 있는 서버의 외부 접속률이 거의 제로에 가까워 서버를 중단하더라도 큰 무리가 없다고 판단되면, 해당 서버를 종료할 수 있다. 만약 활용률이 낮더라도 종료할 수 없는 상황이라면, 서버 사이의 파티션 이동이라는 가상화 기술을 사용해 상대적으로 에너지 효율성이 높은 다른 서버들로 업무 자체를 일시적으로 이관했다가, 그 다음 날 복귀시키는 정책을 수립

그림 5-26 IBM POWER6 Server 사이의 파티션 이동을 통한 전력 사용량 절약

할 수도 있다.

▎전사적 관리 체계 구축

전사적 차원에서 소비되는 전체 전력량 정보를 파악하고, 발생된 전력 비용을 사용 부서에 비례적으로 할당하는 유틸리티 기반 관리 환경의 구축을 고려할 수 있다. 이를 위해서는 먼저 서버뿐만 아니라 프린팅 장비까지 포함해서 모든 전력 소비 주체에 대한 파악이 선행되어야 한다. 이런 기반 위에 각 소비 주체별로 사용한 전력 비용을 사용자별 또는 부서별로 집계해 보고해Reporting 주는 미터링metering 및 빌링billing 체계가 구축되어야 한다. 동시에 전사적 차원에서 전력 사용에 대한 지속적인 절약 운동이 체계적으로 정착되도록 최고 경영진의 적극적인 장려책이 함께 도입될 필요가 있다. 이와 관련되는 대표적인 제품으로는 CCMDBChange and Configuration Management DB와 ITUAMIBM Tivoli Usage and Accounting Manager 등이 있다.

데이터 센터 서비스

개별 기업 수준에서 고려할 수 있는 효율적 전력 관리의 마지막 방안인 데이터 센터 서비스는, 기본적으로 그린 데이터 센터Green Data Center(친환경 데이터 센터)의 구축과 유지에 초점을 맞춘다. 그린 데이터 센터는 에너지 효율을 극대화하도록 설계되고 유지되는 신개념의 데이터 센터로서, 온난화로 인한 대기 가스 배출 규제와 환경 보호에 대한 기업들의 직·간접적 책임이 요구되는 시점에서 더욱 강조되는 데이터 센터 모델이다.

미국의 어떤 큰 회사의 데이터 센터에서 소모하는 시간당 전력량이 코네티컷 주 전체의 시간당 전력과 맞먹을 정도로 데이터 센터에서 소모하는 전력량은 상상을 초월할 정도이다. 이처럼 어마어마한 양의 전력을 소모하

는 데이터 센터의 구조를 친환경적으로 바꿀 수 있다면 해당 기업은 다른 기업에 비해서 운영 비용의 절감으로 인한 경쟁 우위를 확보할 수 있다.

그린 데이터 센터의 대표 사례로는 [그림 5-27]과 같이 세계에서 가장 아름다운 데이터 센터라고 일컬어지는 스페인 바르셀로나 슈퍼컴퓨팅 센터를 들 수 있다. 바르셀로나 슈퍼컴퓨팅 센터는 유럽 1위의 슈퍼컴퓨팅 센터로서, 수천 대의 블레이드 서버를 이용해 100테라플롭스에 가까운 성능을 내고 있다. 그뿐만 아니라 수냉식 냉각 시스템을 적용했으며, 랙당 21킬로와트 전력을 지원하는 등 유연한 증설을 고려한 설계 구조를 채택했다. 또한 고밀도 설계로 인한 냉각 문제를 해결하기 위해 모든 서버를 2층에 설치하고, 1층에는 전부 항온ㆍ항습기 및 냉각 장치만 설치해 차가운 바람이 1층에서 2층으로 올라가는 독특한 냉각 방식으로도 유명하다.

여기에서 친환경적이라는 의미는 데이터 센터 가동에 필요한 전력 에너지를 태양광이나 풍력 같은 대체 에너지로 바꿔 나간다는 의미보다는, 소비되는 전력 에너지의 효율을 극대화하도록 설계하고 지속적으로 개선해 나감을 뜻한다. 그렇게 함으로써 전력 에너지의 생산에 들어가는 석유 자원의 소비를 줄이고 이산화탄소의 배출량을 감소시켜, 결국 인류 전체의 혜택에 기여한다는 뜻이다.

친환경적이라는 의미를 좀 더 쉽게 이해하기 위해서 이를 수치적으로 표현하면, 일반적으로 2,323㎡(약 702평)의 면적을 차지하는 미국 데이터 센터는 해마다 전력 비용으로 약 260만 달러 정도를 소비하는데, 이를 절반으로 줄이는 것을 생각하면 이해하기가 쉬울 것이다. 이것은 도로에서 1,300여 대의 자동차가 1년 동안 소비하는 휘발유 소비량과 동일한 양이다.

에너지 효율을 높인 그린 데이터 센터의 구축과 운영을 위한 기본 접근 방향은 [표 5-2]와 같이 크게 5단계로 나누어볼 수 있다. 이미 가상화와 관리 소프트웨어에 대한 부분은 앞에서 얘기했으므로, 여기에서는 진단과 구축 및 냉각에 필요한 다양한 세부 기술들을 간략하게 살펴보기로 한다.

표 5-2 친환경 데이터 센터 구축을 위한 5단계 절차

단계	키워드	세부 내용
1단계	진단	기존 시설에 대한 평가로서 에너지 사용 효율성 평가 및 개선 사항의 도출을 위한 정보 수집이 필요.
2단계	구축	에너지 효율을 높인 데이터 센터를 위한 계획 수립과 구축 및 개선으로 다양한 기술들이 적용 가능.
3단계	가상화	가상화된 인프라스트럭처의 도입 및 저전력 특수 프로세서를 활용.
4단계	관리	전력 관리 소프트웨어를 이용한 관리 제어권의 확보.
5단계	냉각	데이터 센터 내·외부적으로 액체 냉각 솔루션을 활용.

 가상화 기술의 새로운 패러다임

진단 – 데이터 센터 에너지 효율성 평가

데이터 센터의 에너지 효율성에 대한 평가Energy Efficiency Assessment는 데이터 센터의 현실과 사실에 근거해서 수집된 정보를 바탕으로 포괄적 분석을 실시한다. 이를 통해서 데이터 센터 내에 입주한 다양한 컴포넌트들의 문제점을 파악하고, 어떤 방법으로 개선 가능한지에 대한 방법들을 제안하며, 제안된 방법들 사이에 어떤 방안이 비용 및 노력 대비 효과가 더 높은지를 판단할 수 있도록 도와 준다. [그림 5–28]은 에너지 효율성 평가를 위해 필요한 작업 수행 절차를 단계적으로 표시하고 있다. 필요한 정보의 습득 여부와 규모에 따라서 6~8주 정도의 시간이 소요된다.

한편, 두 달에 가까운 정밀한 에너지 효율성 평가를 받기 이전에, 데이터 센터에 대해서 적용할 수 있는 간단한 자가 진단 도구를 사용해 특히 어떤 부분이 에너지 효율의 개선 효과가 큰 영역인지를 쉽게 파악할 수 있다. p. 242의 [그림 5–29]와 같이 현재 IBM의 웹페이지 상에서는 무료 자가 진단 도구가 제공되며, 이를 이용해서 현재 사용 중인 데이터 센터의 에너지 효율을 누구나 간단하게 자체적으로 평가할 수 있다.

그림 5-28 데이터 센터 에너지 효율성 평가 절차

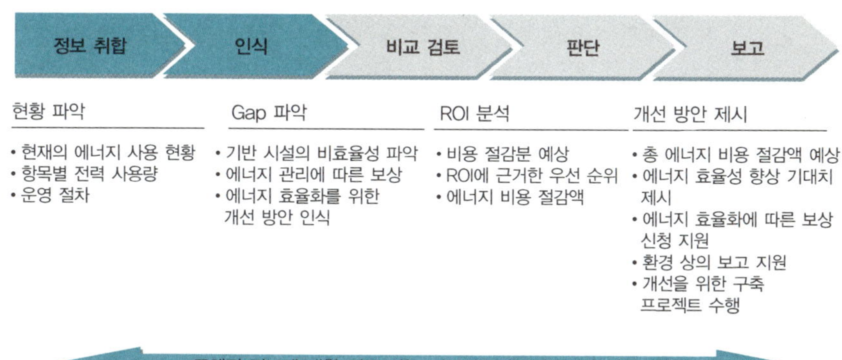

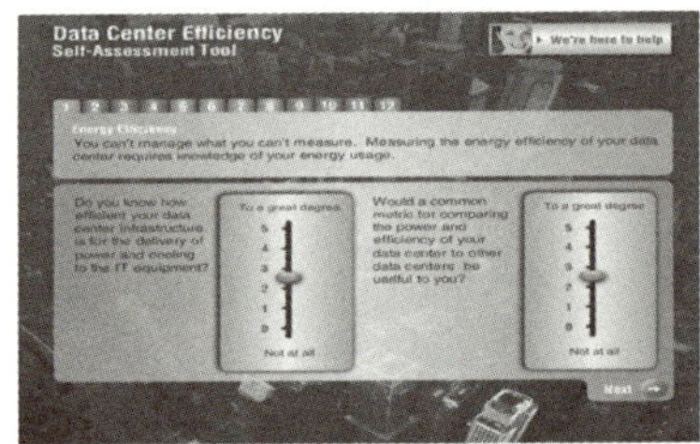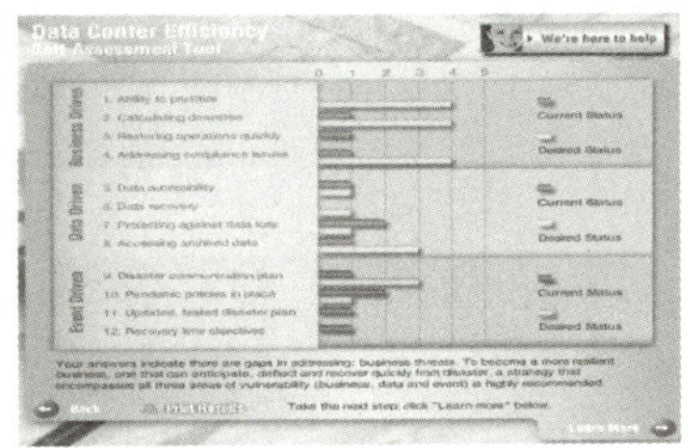

이것은 누구나 사용할 수 있는 웹 기반의 평가 도구로 비즈니스·사업·재해 등의 관점에서 열두 가지 항목에 대한 질문에 답변하면, 세 가지 주요 영역별로 현재의 상태에 대해서 진단한 후, 현재 상태와 목표의 대비를 통한 개선 효과가 큰 영역 또는 방향을 제시해 준다.

진단-데이터 센터 열 분석

데이터 센터의 에너지 효율을 개선하기 위한 또 다른 방법의 하나는, 데이터 센터 내에서 방출되는 열의 높고 낮음에 대한 분석Thermal Analysis을 통해 데이터 센터의 레이아웃 변경 또는 설계에 반영할 수 있다. 즉, 동일한 서버 장비와 워크로드를 가지고 있더라도 어떻게 배치하고, 어떻게 냉각하고, 배선Cabling을 어떻게 하느냐에 따라 냉방 효율이 달라질 수 있다. p. 243의 [그림 5-30]의 왼쪽과 같이 대부분의 랙은 정면을 바라보고 있다. 그래서 앞의 장비들이 차가운 바람을 맞은 다음, 장비에 닿아 뜨거워진 바람이 뒤로 내뿜어지고, 점차 뒤로 갈수록 더욱 뜨거운 바람(붉은 색)이 내뿜어지면서 부분적으로 열섬 현상이 발생할 수 있다. 모든 하드웨어는 이상적인 운영 환경이 있는데(예를 들어, 온도 22°C, 습도 45%), 이를 초과할 경우에는 장비의 수명이 짧아지고 장애 발생 가능성이 높아진다. 따라서 이

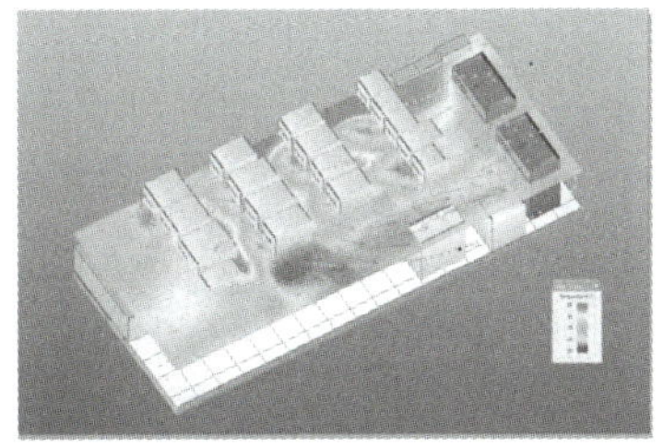 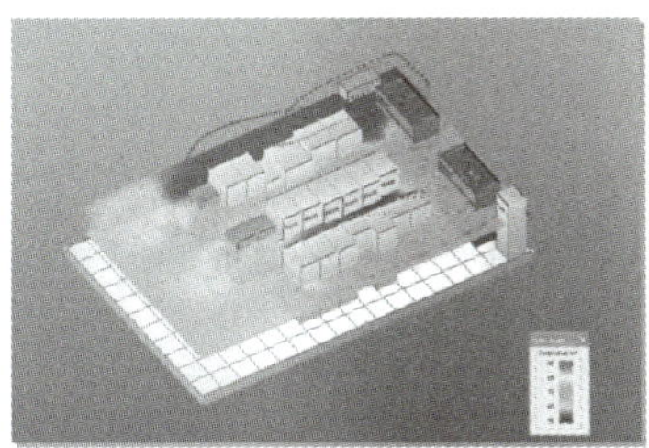

와 같은 열섬 현상을 낮추기 위해 더 많은 항온·항습기를 설치해야 하고, 결국 더 많은 전력을 소비할 수밖에 없다. 그러나 이러한 상황에서 단지 배치를 바꾸고, 차가운 복도와 뜨거운 복도를 분리해 주는 것만으로 동일한 항온·항습기를 사용하고서도 더 높은 냉각 효율을 얻을 수 있다.

이를 위해 IBM의 R&D에서는 3차원 상에서 데이터 센터 내의 온도 분포를 측정하는 특별한 도구를 개발했다. [그림 5-31]과 같이 IBM의 새로운 이동 계측 기술Mobile Measurement Technology을 이용할 경우, 데이터 센터

의 물리적 변수들을 계측해 열섬 현상과 공기 흐름의 누수 및 다른 비효율
성 요소들을 3D 이미지를 통해 시각화할 수 있다. 수집된 데이터는 잘 다
듬어진 발열 및 에너지 모델을 찾는 데 이용됨으로써 데이터 센터 내의 열
섬 현상을 완화하고 불균형을 해소할 수 있는 방안을 찾는 데 통찰력을 제
시해 준다.

| 구축-모듈형 데이터 센터

전형적인 데이터 센터의 구조를 살펴보면, 한쪽 벽에 항온·항습기가 한
줄로 나란히 배열되어 있고 같은 줄의 나머지 공간은 추후에 도입될 항
온·항습기를 위해서 비워져 있게 마련이다. 또한 UPS의 용량도 향후 증
설을 고려해서 미리 여유 용량을 확보해 대용량 UPS를 설치하고 있다.
이처럼 데이터 센터의 사이징sizing은 향후 성장을 고려해 설계하다 보니
초과 용량을 지닌 데이터 센터로 구축될 수밖에 없으며, 현재 관점에서는
커다란 낭비 요인이다. 반대로 데이터 센터의 용량을 초과해 비즈니스의
성장이 진행될 때 데이터 센터를 확장하면 많은 비용을 지출할 수밖에 없
다. 따라서 데이터 센터에도 수요에 따라 확장 가능한 속성을 지닌 온 디
맨드 데이터 센터on Demand Data Center로 변화할 필요가 있다.

　이를 위한 접근 방안으로 확장 가능한 모듈형 데이터 센터를 고려할 수
있다. p. 245의 [그림 5-32]와 같은 모듈형 데이터 센터는 UPS, 분전함,
배선, 냉각, 랙, 보안, 환경 감시 등 데이터 센터에 필요한 모든 기반 시설을
랙 배열 속으로 배치해서 일체형 구성을 이루었다. 따라서 데이터 센터의
효율성과 공간 활용도를 높이고, 표준화된 설계와 부품으로 데이터 센터의
구축 품질을 높이면서 구축 기간은 줄일 수 있다. 또한 필요에 따라 시설 확
장이 용이한 구조여서 성장 예측이 어려운 고객에게 특히 유리하다.

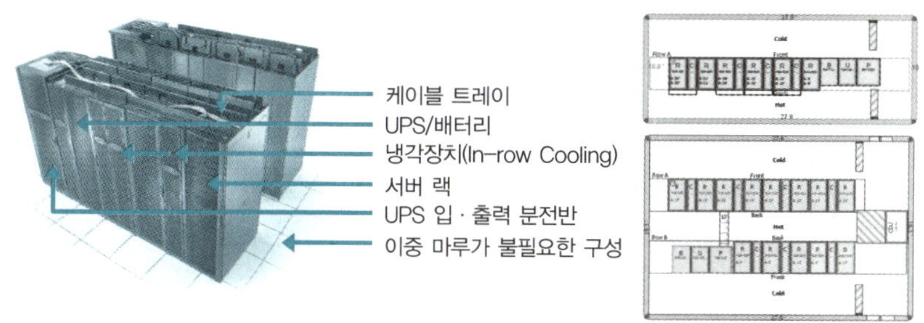

냉각-스토어드 쿨링 솔루션Stored Cooling Solution

일반적인 수냉식 항온 · 항습기의 구조는 칠러Chiller와 냉각 타워에서 냉수를 만들며, 여기에서 만들어진 냉수가 항온 · 항습기로 공급되는 형태이다. 그러나 [그림 5-33]과 같이 스토어드 쿨링 솔루션을 칠러와 항온 · 항습기의 가운데에 설치할 수 있다. 이것은 칠러에서 만들어진 냉기를 PCM(Phase Change Material) 스토리지라고 하는 일종의 쿨링 배터리 역할을 하는 중간 장치에 냉기를 저장했다가, 필요할 때마다 항온 · 항습기로 보내는 방식으

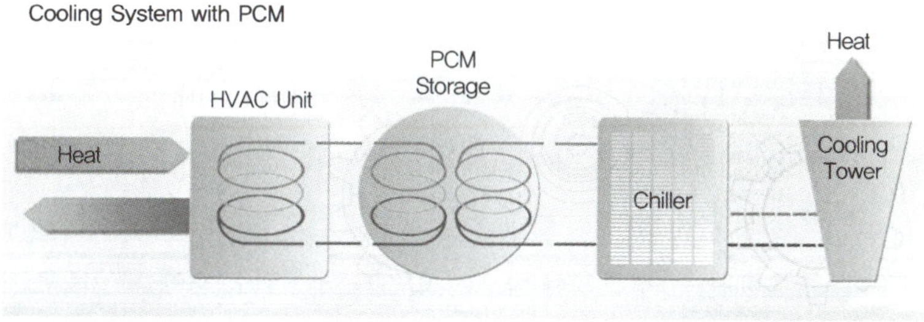

로 전체 냉각 시스템의 운영 비용을 줄여 효율을 높일 수 있다. 이처럼 PCM 스토리지를 사용할 때 냉각 관련 비용을 절감할 수 있는 이유에는 크게 세 가지 요인이 있다.

첫째, 냉각에 필요한 전력 비용은 주·야간 시간대별로 다르며 계절별로 차이가 있다.

둘째, 실제 냉수나 냉기를 만드는 데 소모되는 에너지도 기온이 높은 주간보다는 기온이 낮은 야간에 훨씬 적게 든다. 이런 효과를 무상 냉각Free Cooling 효과라고 한다.

마지막으로, 자동차의 경우에 최적의 연비로 동작되는 속도 구간이 있는 것처럼, 모든 냉각 장비는 가장 효율적으로 운영되는 가동률이 있다. 따라서 냉각 요구가 낮은 야간 시간대에는 가동률과 무관하게 지속적으로 냉각 장비를 가동하는 것보다는, PCM 스토리지를 이용함으로써 가동을 최소화해서 나머지 시간대에 최적인 부하율로 가동되게 하는 것이 훨씬 바람직하다.

PCM 스토리지를 이용해 실제로 구축한 사례를 살펴보면, 칠러와 같은 냉각 장비의 효율성이 40~50% 정도 향상되었으며, 피크 타임대에 사용되던 에너지의 최대 사용량이 30% 줄어들어서, 최대 45% 정도의 에너지 비용을 절감한 것으로 알려져 있다.

| 냉각—국지적 발열의 제어

데이터 센터 차원에서 검토할 수 있는 또 다른 냉각 관리 방안으로는, 특정 지역에서 발생하는 과도한 발열량이 다른 서버 군으로 흘러 들어가 나쁜 영향을 주지 않도록, 문제가 발생되는 곳 자체에서 해결할 필요가 있다. 왜냐하면 랙 뒷면에서 나오는 열기가 데이터 센터에 퍼지며 전체적인 냉각 관리의 효율성을 떨어뜨릴 수도 있기 때문이다. 따라서 제어할 수 없을 정도로 발열량이 많이 발생하는 열섬 부위를 집중적으로 관리함으로써, 데이터 센터 전체의 냉각 효율을 일정하게 유지할 수 있다. 고려할 수 있는 많은 방안들 중에서 [그림 5-34]와 같이 랙 뒷면에 고강력 냉각판을 부착해, 발열이 발생한 랙 자체에서 냉각시켜 주는 방법이 유력하다.

IBM에서는 일반 물을 사용하는 수냉식의 후면 냉각판Rear Door Heat eXchanger(RDHX)이라는 솔루션을 통해, 공간의 제약 아래에서도 저비용으로 발열량을 관리할 수 있는 데이터센터 차원의 최적화된 발열량 제거 오퍼링을 시장에 제공한다. 후면 냉각판RDHX이 실제로 구축된 곳에서 온도계를 이용해 측정한 결과, [그림 5-35]와 같이 랙으로 흡입되는 공기의 온

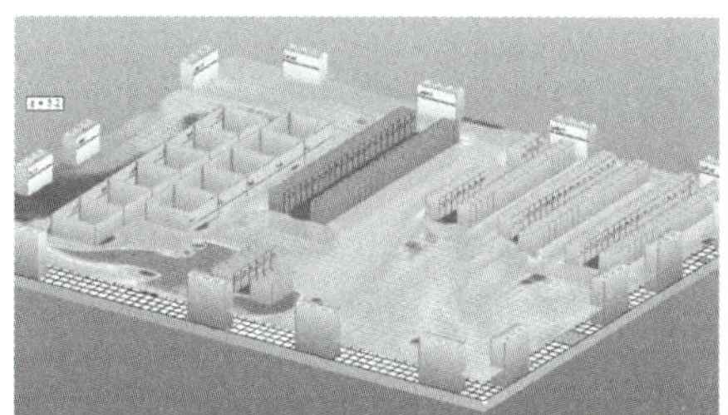
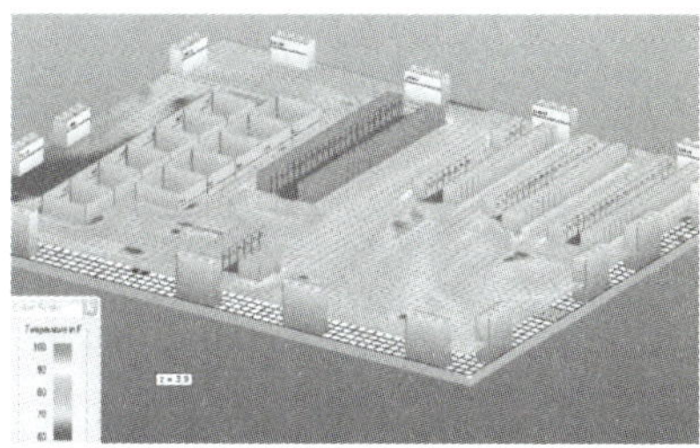

Hot Spot Area

Rear Door Heat eXchanger

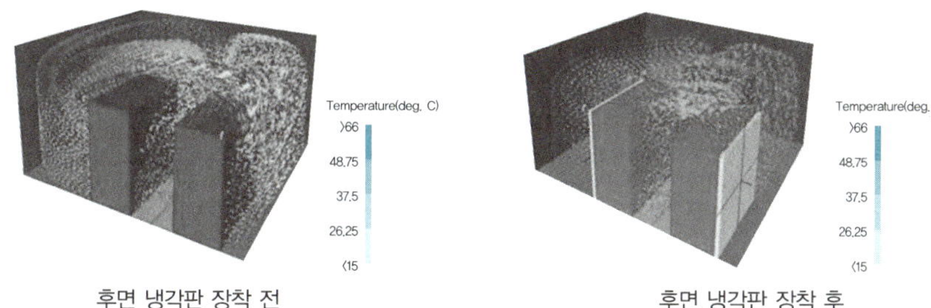

후면 냉각판 장착 전

후면 냉각판 장착 후

도보다 랙을 빠져나오는 공기의 온도가 훨씬 낮은 것으로 나타났다.

┃ 구축-그린 인텔리전트 빌딩 구축

기타 방안으로 에너지 효율화 개념을 건물 그 자체에 적용한 것으로 데이터 센터 자체를 친환경 개념의 건물로 구축하는 것이다. 여기에는 다양한 방안의 효과와 비용을 고려해 우선 순위별로 적용할 필요가 있다. 현재 알려진 방안들로는 태양광을 이용한 건물 내부의 조명, LED 방식의 조명 방식 채택, 흡수·증발·축열·자연 환기 등의 다양한 냉각 시설의 구축, 옥상 정원을 이용한 외부 열기의 침투 방지, 이중 벽체를 통한 단열 설계 등이 있다.

IBM의 빅 그린Big Green 프로젝트

그동안 IBM은 서버나 스토리지의 성능 향상에 주력해 왔다. 그러한 전략적 방향에 더해 제한된 IT 예산 안에서 어떻게 효율적으로 에너지를 사용하고 관리할 것인지에 대한 고객들의 고민에 좀 더 가깝게 다가가는 노력을 계속했다. 이런 노력의 연장선 위에서 IBM은 자체적으로 빅 그린 프로젝트Big Green Project를 진행하고 있으며, 이를 기반으로 효율적인 전원 관리 및 냉각을 할 수 있는 IBM 내·외부의 다양한 선도적인 제품들을 하나로 묶어서 p. 249의 [그림 5-36]과 같이 쿨 블루Cool Blue라는 포트폴리오를 시장에 내놓았다.

어마어마한 양의 전력을 소모하는 데이터 센터의 구조를 친환경적으로 바꿀 수 있는 혁신 방안을 찾기 위해 IBM은 해마다 1억 달러에 가까운 돈을 투자하고 있다. 그러한 노력을 빅 그린 프로젝트라고 일컫는다. 빅 그린 프로젝트는 그린 기술과 서비스의 확보 노력을 가속화하고 고객들에게는 IT 에너지 위기에 대비하기 위한 로드맵을 제공하기 위해서, 전 세계에 흩어져 있는 850명 이상의 IBM 에너지 효율성 전문가들을 그린 팀으로 구성했다.

에너지 절감 비용의 예

최근 에너지관리공단의 발표 내용을 살펴보면 사무실에서 넥타이를 풀고 에어컨 설정 온도를 2℃ 올려 일할 경우, 절약되는 연간 전력 사용량을 돈으로 환산하면 954억 원이나 된다는 분석 결과를 발표했다.

쿨 블루Cool Blue 오퍼링

효율적인 전원 관리 및 냉각을 위해 쿨 블루 오퍼링은 두 가지의 접근 방법을 제공한다.

하나는 에너지 절감을 위한 원천 기술을 통해 전력 사용량을 최소화하는 것이다. 여기에는 저전력 구조의 CPU, 시스템 디자인, 물리적 자원의

그림 5-36 에너지 사용 효율화를 위한 IBM 쿨 블루 포트폴리오

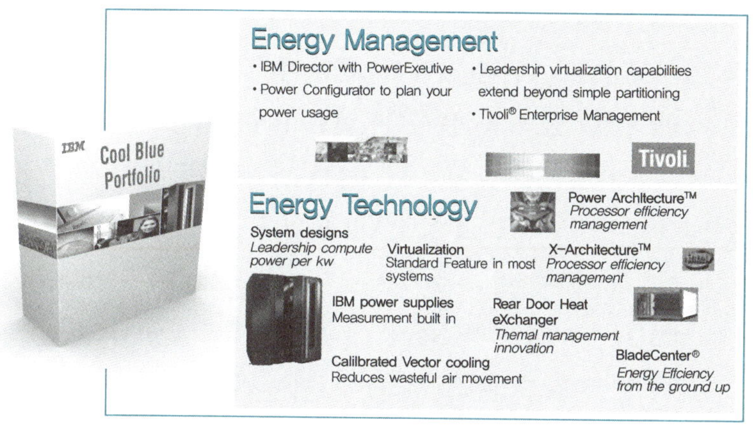

가상화, 고성능 전원 공급 장치, 능동형 냉각 팬CVC, 후면 열 냉각판 및 블레이드 기술 등이 포함된다.

또 다른 접근 방안으로는 적절한 전력 사용을 위한 각종 리포팅 및 제어용 소프트웨어를 들 수 있다. 여기에는 전력 사용량에 대한 예측치를 제공해 주어 데이터 센터를 설계할 때 전력 사용량에 대한 가이드라인을 제공해 주는 파워 컨피규레이터 전력 사용량에 대한 실시간 리포팅과 제어 기능을 제공하는 IBM PowerExecutive, 그리고 이를 엔터프라이즈 관리 시스템과 연결해 주는 Tivoli Enterprise Management 등이 있다. 더욱이 IBM은 인텔이나 AMD 같은 칩 제조 업체와 공동으로 그린 그리드Green Grid라는 컨소시엄을 결성해 파워 IBM PowerExecutive 프로그램의 기능을 지속적으로 향상시키고 있다. 대부분의 컴포넌트들은 앞에서 이미 소개되었으므로 별도의 추가 설명은 생략하기로 한다.

요약

전력 및 발열 문제를 해결할 수 있는 방안으로 앞에서 하드웨어 시스템, 관리 시스템, 데이터 센터 서비스 측면에서 소개한 방안들 이외에도 다양한 방안들이 존재한다. 데이터 센터 자체뿐만 아니라 센터 내에 입주하는 모든 시스템과 장비 및 요소들은 에너지 효율이라는 '검색대Screening Door'를 반드시 거쳐야 할 것이다. 이상에서 논의된 데이터 센터의 에너지 효율화 방안을 요약하자면 다음과 같이 정리할 수 있다.

- 기업들은 서버를 구매하는 데 시스템 성능뿐만 아니라 전력 소비량과 발열량까지 종합적으로 고려해서 에너지의 효율적인 시스템을 중심으로 구매해야 한다.

- 서버를 구입할 때 초기 구입가보다는 운영할 때 발생하는 모든 비용을 통틀어 고려하는 총 수요 비용 측면의 접근 방법을 사용하듯, 이제 기업은 개별 서버의 컴퓨팅 파워만을 고려하기보다는 데이터 센터 관리라는 전체적인 맥락에서 이 문제에 접근할 필요가 있다.

- IT 벤더는 단위 전력당 더 많은 워크로드의 수행이 가능한 고효율 에너지 기술 및 서버의 활용에 좀 더 적극적일 필요가 있다. 아울러 좀 더 에너지 효율을 높일 수 있는 서버와 스토리지 공급에 대한 지속적인 개발 및 연구를 유지해야 한다.

- 가상화 기술 역시 전력 및 냉각 문제에 나름대로 해결책을 제공할 수 있다. 가상화 기술은 물리적으로 별도의 자원들을 서로 공유할 수 있도록 해 주어 자원의 활용률을 극대화한다. 따라서 데이터 센터 내부에서의 공간 활용도 및 전력 소모량의 효율이 함께 높아진다.

- 지능적인 전력 관리와 진보된 냉각 기술이 구비된 데이터 센터를 구축, 유지, 관리하는 방향으로 관심을 기울여야 한다.

- IT 구매 부서와 시설 관리 부서를 통합해 데이터 센터 운영 비용을 효율적으로 측정 및 관리하는 방안을 고려할 수도 있다.

3. 효율적 전력 및 발열 관리 사례

서울대학교 슈퍼컴퓨팅 클러스터

서울대학교에 설치된 기존의 리눅스 클러스터 시스템은 1U 또는 2U 서버를 랙에 장착하는 형태로 구성되어 있었다. 2005년에 20억 원을 투자한 신규 클러스터 시스템을 IBM BladeCenter를 이용해 구축한 결과 p. 252의

표 5-3	서울대 슈퍼컴퓨팅 클러스터의 구성 변화를 통한 연간 전력 절감 비용		
구분	기존 1U 타입	Blade 타입	연간 절감 금액(원)
항온 · 항습(RT/PY/yr)	41/16	39/7	–
소요 전력(KW/yr)	184.7	86.73	–
연간 항온 · 항습 비용	22,941,952	10,037,104	12,904,848
연간 전력 비용	207,455,040	97,415,136	110,039,904
4년간 절감 비용(원)			491,779,008

[표 5-3]과 같이 상당한 전력 비용을 줄일 수 있었다. 중앙전산원의 자료를 근거로 비교한 결과, 기존 랙 타입 서버 클러스터 대비 블레이드 서버 클러스터를 이용한 슈퍼컴퓨팅 환경 구축을 통해서 전력 비용만 4년 동안 약 5억 원 정도의 절감할 수 있었다.

PG&E 에너지 회사

PG&E사Pacific Gas & Electric Company는 미국 내에서 가장 큰 천연 가스 및 전력을 공급하는 에너지 회사의 하나로, 캘리포니아 북부 및 중부 지역에 거주하는 대략 1,500만 명의 주민들에게 서비스를 하고 있다. 그동안 에너지 효율 방안과 친환경 에너지 생산에 많은 노력을 기울이는 기업으로 널리 알려져 왔으며, 에너지 효율성 추구가 기업 최대의 우선 순위를 차지한다.

2007년 5월 10일 PG&E사와 함께 IBM은 서버 통합과 새로운 발열 절감 기술을 통해, 캘리포니아에 위치한 PG&E사의 IT 운영 센터에서 에너지 효율 증대를 위한 그동안의 공동 노력을 발표했다. 공동으로 발표된 내용을 구체적으로 살펴보면, PG&E사는 거의 300대에 가까운 유닉스 서버들을 단 6대의 IBM System p 서버로 통합해 에너지와 공간 소모를 80%

가까이 절감했다. 그리고 IBM의 가상화 기술을 사용해서 10%대에 머물던 서버 활용률을 80% 가깝게 끌어올렸다 또한 PG&E사는 IBM의 후면열 냉각이라는 수냉식 냉각 기술을 System p 서버에 적용해서 데이터 센터의 발열량을 60% 정도 낮추었다. 또한 PG&E사가 보유한 데이터 센터의 열 분석을 위해 IBM 연구 팀에서 특별히 고안된 이동식 계측 기술을 개발해 전체 데이터 센터의 발열 데이터를 간단히 수집했다. 이를 통해 데이터 센터 내의 발열 상태를 [그림 5-37]과 같이 3차원 영상으로 시각화해줌으로써 센터 내 장비의 효율적인 재배치에 대한 통찰력을 제공했다.

한편, PG&E사에서 운영되는 에너지 효율 인센티브 프로그램에 IBM이 참가하기로 결정했다. 에너지 효율 인센티브 프로그램은 PG&E사에서 수립된 에너지 효율성 벤치마크 기준을 초과하는 시스템과 IT 인프라에 대해 PG&E사에서 해당 제품을 구매할 때, 에너지 절감 부분에 상응하는 인센티브를 벤더에게 지급하는 프로그램이다.

그림 5-37 후면 열 냉각 방식을 적용한 PG&E 데이터 센터의 시뮬레이션

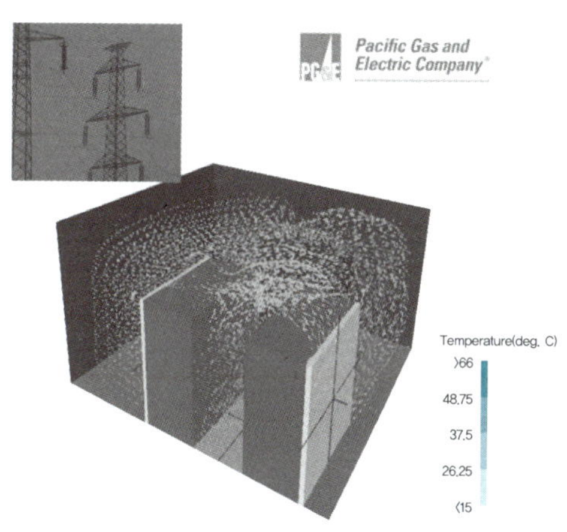

04 유틸리티 인프라스트럭처

1. 유틸리티 컴퓨팅의 이해

개인이 살다 보면 때때로 '급전Hot Money'이 필요한 것처럼 p. 255의 [그림 5-38]처럼 기업 업무가 폭주할 때 이를 뒷받침해 줄 수 있는 추가적인 컴퓨팅 자원이 일시적으로 필요할 때가 많다. 이처럼 컴퓨팅 자원의 일시적인 수요를 해결하기 위해 여러 방안이 필요하다.

일시적 초과 수요의 해결

일반적으로 기업이 보유한 컴퓨팅 자원은 워크로드의 증가를 예상해서 일정한 여유 용량을 확보하고 있다. 하지만 여유 용량을 초과하는 예상치 못한 워크로드 증가가 발생할 경우에는 비즈니스 기회의 손실로 이어질 수 있다. 또한 평상시와 피크 타임 때의 활용률 차이가 클 경우에는 활용률의 차이만큼에 해당하는 기회 비용 손실을 기업이 떠안게 된다. 이처럼 경제적 기회 비용에 대한 손실을 최소한으로 줄이기 위해서 나온 IT 구매 모델이 유틸리티 컴퓨팅Utility Computing이다.

유틸리티 컴퓨팅의 정의를 살펴보면 'IT를 고객에게 서비스 형태로 제공하며, 고객이 원하는 시간에 원하는 자원 및 서비스를 제공하는 컴퓨팅 환경'으로 요약할 수 있다. 즉, IT 인프라스트럭처 및 자원을 효율적으로 활용해 가용성을 최대한 높일 수 있는 서비스들을 종합적으로 제공하기 위한 환경을 유틸리티 컴퓨팅 환경이라고 한다.

유틸리티 컴퓨팅과 관련해 우리는 유틸리티 컴퓨팅 서비스와 유틸리티 인프라스트럭처의 개념을 구분해서 이해할 필요가 있다. 먼저 유틸리티 컴퓨팅 서비스는 필요할 때 필요한 만큼의 서비스를 제공받는 형태의 비즈니스 모델을 총칭한 것이다. 대형 데이터 센터를 중심으로 한 온 디맨드 서비스, 즉 아웃 소싱과 같은 형태를 기본으로 하는 비즈니스 모델을 유틸리티 컴퓨팅 서비스라고 일반적으로 정의한다. 이에 반해 유틸리티 인프라스트럭처Utility Infrastructure는 이러한 서비스를 고객 스스로 자신의 IT 인프라스트럭처를 재구성해 비즈니스의 요구에 따라 효율적이고 효과적으

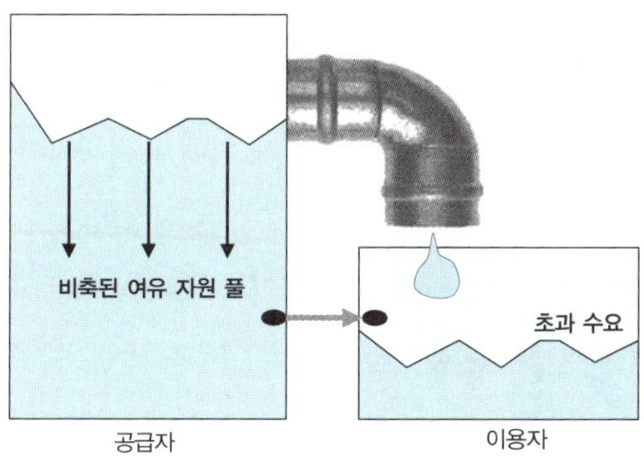

그림 5-38 유틸리티 컴퓨팅의 개념

로 사용하려는 유연성 있는 환경을 제공하는 인프라스트럭처를 말한다.

내부 비용 처리 프로세스와의 일치

기업 내부의 IT 인프라스트럭처의 가상화 정도에 따라 또는 IT 자원 사용량에 따라 비용을 부담하는 유틸리티 컴퓨팅이 가능한 인프라스트럭처에 대한 요구는 더욱 커진다. 가상화 환경의 도입이 진척될수록 기업은 IT 자원의 효율적 사용으로 인한 혜택을 많이 볼 것으로 예상된다. 하지만 막상 현실을 살펴보면 몇몇 기업을 제외하고는 일정 부서별 또는 한 단계 더 높은 조직 단위로 가상화 환경이 구축되는 경우가 많다. 이것은 가상화 환경을 도입할 때 얻을 수 있는 이점을 충분히 고려하지 못해서가 아니다. 오히려 제도적 또는 정치적인 요소가 많이 작용하기 때문이다.

즉, 여러 부서들이 공통으로 사용하기 위해서 새로운 서버를 도입할 때 어떤 부서가 지불하는 비용은 1/n이지만, 실제 서버의 사용량이 상대적으로 적다면 구태여 공용으로 사용할 대형 서버를 구매하지 않고 소형 서버를 구매하는 것이 더 경제적일 수도 있다. 또한 중간 관리층 이상의 관리자라면 더 많은 인력과 자산을 소유할수록 조직 내에서 더 많은 영향력을 발휘할 것이라고 생각할 수 있다.

이처럼 많은 기업들이 가상화를 통해 자원을 공유하고 자원의 활용률을 높여서 IT 관련 지출 비용을 줄이기 위해 노력하지만, 위에서 언급된 다양한 요인들이 가상화의 도입을 막고 있는 실정이다.

간단히 말해 가상화의 전사적 도입이 지연되는 주요 이유는, 가상화된 자원들로 인해 발생하는 혜택과 비용을 이용자 또는 부서별로 합리적으로 배분할 수 있는 체계가 없기 때문이다. 더욱이 온 디맨드 운영 환경으로 이행하기 위한 첫 단계인 IT 단순화Simplification 활동이 타당성을 얻기 위해서도, 서버 통합에 필요한 신규 예산과 서버 통합을 통해 줄어드는 비용 또는 편익을 정확히 알아야만 투자의 타당성을 비교·확인할 수 있다. 이것은 영업 부서에서 영업 이익 및 순이익을 산출하기 위해 영업 비용의 정확한 산정이 필요한 것처럼, IT 예산의 효율적인 사용을 확인하기 위해서라도 이용자 및 사용처별로 세분화된 IT 비용의 산정은 필수불가결한 요소이다.

유틸리티 컴퓨팅의 특징

2000년 초부터 널리 회자되기 시작한 유틸리티 컴퓨팅은 시간이 지나면서 용어의 정의나 실제 기술뿐만 아니라 제공 방법 측면에서 점차 구체화되고 있다.

여기에서 유틸리티 컴퓨팅은 '외부에서 관리하는 전산 자원에 대해서 일정액을 주고 사용하는 것'이라는 단순한 개념이 아니다. 오히려 아웃소싱Outsourcing이나 호스팅 서비스Hosting Service에 좀 더 가까운 개념이라고 할 수 있다. 진정한 유틸리티 컴퓨팅 환경을 마련하기 위해서는 [표 5–4]와 같은 특성들을 만족시켜야 한다. 특히 중요한 비즈니스를 수행해야 하는 기업 환경에서는 사용자와 서비스 공급자 사이의 상호 신뢰가 가능한

표 5–4 유틸리티 컴퓨팅 환경의 특징

구분	전통적 IT 운영 환경	유틸리티 컴퓨팅 환경
IT 인프라의 확보	피크 타임 용량 기준	사용량 기준
시스템 용량 확보 기간	구매 타임이 다양	매우 짧은 리드 타임
지불 형태	일시불 구매	사용량 기준 빌링
컴퓨팅 자원 관리	셀프 서비스	전문가에 위임
투자	대규모 일시불 투자	순차적 투자
비용 구조	자산 기준 고정 비용	월간 고정 비용+사용량 기준 변동비

<table>
<tr><td colspan="3">표 5-5　자산의 이용 형태에 따른 특징</td></tr>
<tr><td>형태</td><td>개념</td><td>특징</td></tr>
<tr><td>소유</td><td>IT 인프라를 소유하고 관리함.
일시불 지불 방식을 주로 채택함.</td><td>자산으로 구입 후 3~5년에 걸친 감가상
각 수행.</td></tr>
<tr><td>리스</td><td>상대적으로 장기간 사용.</td><td>기간별 주기적인 고정 비용 지불.</td></tr>
<tr><td>렌트</td><td>짧은 기간 사용.</td><td>사용량에 따른 가변 비용 지불.</td></tr>
</table>

IT 환경에서 유틸리티 서비스가 구현되어야 한다.

유틸리티 컴퓨팅 환경을 이해하기 위해서 [표 5-5]와 같이 자산에 대한 이용 형태별 특징을 이해하는 것 또한 많은 도움이 된다.

구성 요소

처음 유틸리티 컴퓨팅 개념이 나왔을 때만 해도 유틸리티 컴퓨팅 모델을 뒷받침해 줄 수 있는 관련 기술이 부족해 유틸리티 컴퓨팅 환경을 구축하는 데 많은 어려움을 겪었다. 그러나 최근 가상화, 서비스 기반 아키텍처, 그리드 및 웹서비스 기술의 발달에 따라서 기업들이 추구하고자 하는 유틸리티 인프라스트럭처를 구축하는 것이 더욱 쉬워지고 가속화되고 있다. 이러한 기술들을 바탕으로 유틸리티 인프라스트럭처가 서비스 지향 인프라스트럭처와 더불어 차세대 IT 인프라스트럭처 구축 모델로 평가받고 있다. (p. 259의 [그림 5-39] 참조)

| 가상화와 과금 체계의 확립

유틸리티 인프라스트럭처를 단계적으로 구현하려면 가장 먼저 인프라스트럭처의 가상화가 선행되어야 한다. 그 다음 단계로서 사용량에 기반한 과금 및 계측Billing and Metering을 위한 체계가 구축되어야 한다. 가상화와

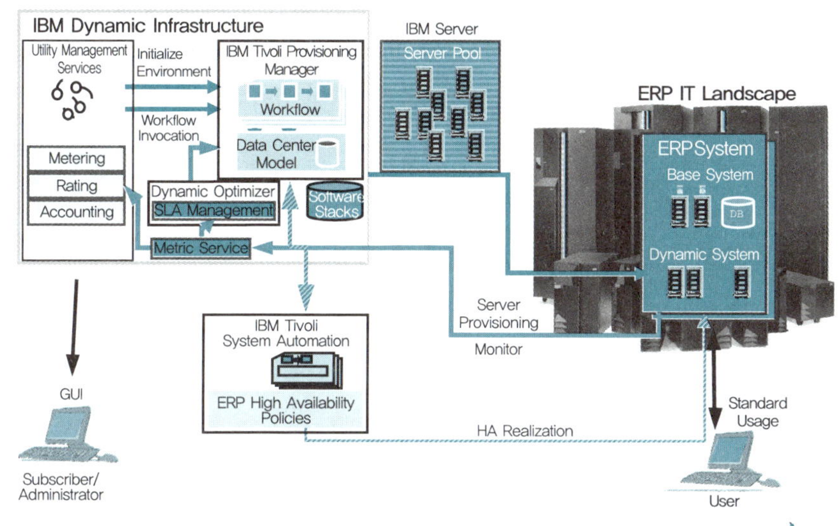

과금 체계 두 가지가 순차로 또는 동시에 완전히 결합되었을 때에야 비로소 진정한 유틸리티 컴퓨팅 환경이 완성된다.

이처럼 과금 체계는 유틸리티 인프라스트럭처의 중요한 기능 가운데 한 부분을 차지하는 솔루션 영역이다. 유틸리티 컴퓨팅 운영 환경 영역의 목표 중에는 유틸리티 서비스 제공자에 의해서 제공된 자원 및 서비스들의 자원 사용량을 계측하고, 그에 따라서 요금을 지불할 수 있도록 하는 요소가 들어 있다.

유틸리티 컴퓨팅 운영 환경은 대형 데이터 센터에서 각 고객사에게 서비스를 제공할 때 유용하다. 그뿐만 아니라 개별 회사에 속한 IT 부서에서도 서비스하는 각 부서의 사용량에 따른 과금 체계를 구축함으로써, 자원 활용 효율화에 따른 총 소유 비용 및 ROI 관리를 통해 전사적으로 균형적인 인프라스트럭처 운영을 가능하게 해 준다.

도입 효과

가상화된 환경에서 과금 체계는 비용 산정과 비용 배분을 위한 기본 바탕이며 유틸리티 인프라스트럭처의 지속적인 최적화를 가능하게 한다. 따라서 과금 체계 역시 가상화와 더불어 서비스 지향 인프라스트럭처 구조를 구축하기 위한 핵심 요소이다. 만약 전사적으로 가상화된 환경에서 IT 자원 사용에 따른 정확한 비용을 산정할 수 있다면 다음과 같은 효과를 얻을 수 있다.

- 최종 사용자의 만족 수준을 높일 수 있다. 실제 사용량에 따른 정확한 과금이 가능해짐으로써, 비용 지불에 따른 명확한 책임 소재 파악으로 서비스가 향상되며 비즈니스와 IT 비용 사이의 합리적인 연계가 가능해지기 때문이다.
- 전체 인프라스트럭처의 비용을 줄일 수 있다. 무분별한 서버의 확산을 방지하고, 활용률을 높이도록 유도하고, 자원의 합리적인 사용을 가져올 수 있기 때문이다.
- 지속적으로 인프라스트럭처의 향상이 이루어질 수 있다. 비용에 대한 이해는 자연스럽게 운영 비용에 대한 이해로 연결된다. 따라서 사용량의 비교는 좀 더 효율적인 투자 방안으로 이어질 수 있다.

2. 유틸리티 솔루션의 예

유틸리티 환경 구현을 위해 고려 가능한 유틸리티 솔루션은 적용 범위에 따라 개별 자원 수준, IT 인프라스트럭처, 유틸리티 서비스로 크게 나눌 수 있다. 여기에 각각 해당하는 IBM의 솔루션은 유틸리티 CoDCapacity on Demand, ITUAMIBM Tivoli Usage and Accounting Manager, DCCoDDeep Computing Capacity on Demand 등 세 가지가 있다.

유틸리티 CoD

IBM에서 제공하는 개별 서버 수준의 유틸리티 서비스로는 CUoDCapacity Upgrade on Demand 오퍼링이 있다. CUoD는 크게 p. 262의 [표 5–6]과 같이 다섯 가지 세부 오퍼링으로 나눌 수 있다. CUoD 중 하나인 유틸리티 CoDCapacity on Demand는 사용자에게 예기치 않은 CPU 또는 메모리 수요 (주로 CPU에 많이 적용됨.)에 대해 사용한 CPU 시간 및 용량에 비례해서 사전에 체결된 계약 내용에 따라 사용료를 지불하는 오퍼링이다. 기존에 리저브 CoDReserve CoD라고 일컬어지는 유틸리티 서비스가 있었다. 그러나 이 방식은 1일 CPU 사용 단위의 선지불Pre-pay 방식이어서 1일 중 일부분의 피크 타임대를 사용하더라도 1일 사용 요금을 내야 하는 불합리성과, 선계약으로 인한 예측 오류의 위험성을 기업과 고객들이 떠안아야 했으므로 진정한 서버용 유틸리티 컴퓨팅이라고 하기에는 부족했다.

그러나 유틸리티 CoD 방식 아래에서는 1일보다 더 짧은 시간 또는 분 단위별로 비용 산정이 가능하며, 사후 정산이 가능하도록 하는 기술 구현이 서버 내 기능으로 완성되어 있다. 그러므로 개별 기업 입장에서는 사전에 유틸리티 CoD를 위한 계약을 맺기만 하면 된다. 이를 통해서 기업은 초기 서버의 규모를 갖출 때 충분한 여유분을 고려한 고용량 서버에 대한 높은 비용을 지불하지 않아도 된다. 따라서 비즈니스 성과에 연동되는 가변적인 IT 인프라스트럭처를 구축할 수 있다.

참고로 스토리지 서버에서도 머잖아 유틸리티 스토리지Utility Storage 형

표 5-6	다양한 CUoD 오퍼링	
Permanent CUoD	CoD	Processors : 1 Processor increment Memory : 1GB increment
Temporary CUoD	On/Off CoD	Activations : Manual Utilizing Reporting Required(Contract) Post-pay Integrated Into CBU Offering
	Capacity Backup(CBU)	CBU Offering for High-end Model
	Utility Cod	Post-pay or Pre-pay(1 processor-time Interval) Charges based on measured workload No Contracts Operates within Shared Pool
	Trial CoD	Standard Exception Web-based Distribution

태로 개별 스토리지에서 미터링할 수 있는 기능이 나올 것으로 예상된다.

IBM Tivoli Usage and Accounting Manager ITUAM

ITUAM은 기업들에게 전사적 차원에서 IT 자원에 대한 사용 비용을 측정하고, 측정된 비용을 애플리케이션별로, 팀Unit · 부서Division · 부문 Department별로, 비용 센터 또는 프로젝트별로 분배해 준다. 그렇게 함으로써 기업의 회계 구조와 일치시킬 수 있도록 해 주는, 통합 가상화를 위한 인프라스트럭처 기반 솔루션이다. 앞에서 설명된 유틸리티 CoD가 개별 서버 차원의 유틸리티 모델이라면 ITUAM은 기업이 가진 전사적 자원을 대상으로 사용량에 기반한 내부 유틸리티 비용 정산 인프라스트럭처라고 볼 수 있다.

ITUAM은 운영 체제 · 데이터베이스 · 네트워크 · 스토리지 시스템 및 애플리케이션으로부터 정보를 취합해 가상 환경을 만들고, 조직의 어떤 자원이 소비되었는지 파악한다. 이를 통해서 관리자는 해당 부서에 자원 사용에 대한 적절한 요금을 부과할 수 있다. 여기에서 중요한 점은 ITUAM을 적용할 때 운영 플랫폼의 영향을 받지 않는다는 사실이다. 따라서 메인프레임, 유닉스, 리눅스, 윈도우와 같은 다양한 플랫폼에 이용될 수 있다. 동시에 DB2, Oracle, SQL Server, CICS, 가상화, 웹, 스토리지, 이메일, 프린트 서버 등 다양한 애플리케이션 시스템을 지원한다. 또한 ITUAM은 [그림 5-40]처럼 보고서가 간편한 웹 형식으로 작성되므로 쉬운 조회가 가능하다. 그리고 드릴 다운Drill Down 옵션과 다수의 출력 형태를 지원해 사용자의 편이성을 최대한 높여 준다.

ITUAM의 사용자는 제공받는 다양한 이용 정보들을 정리해서 기술 측면보다 비즈니스 측면에서 기업 경영에 필요한 결정을 더 쉽게 하도록 도움을 받을 수 있다. 예를 들어 Top10 usage 리포트는 IT 자원 중 가장 많이 쓰이는 부분을 쉽게 확인 가능하게 해서, 기업의 의사 결정자들이 어느 부분에 더 많은 투자를 해야 하는지 또는 활용률이 위험 수위에 도달한 IT 자원 여부를 알려준다. 여기에서 제공되는 리포트는 기업 내의 각 부문별

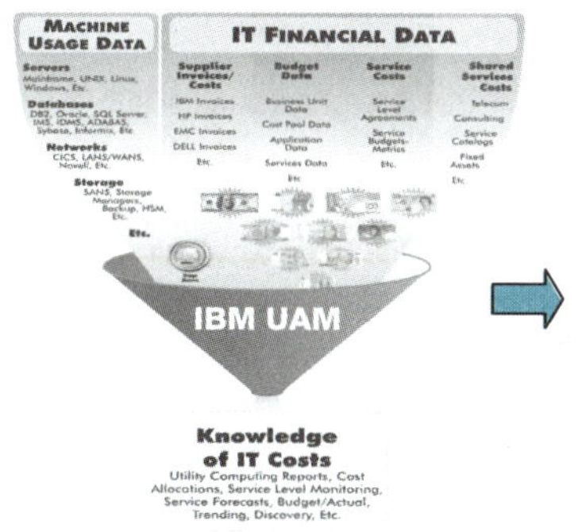

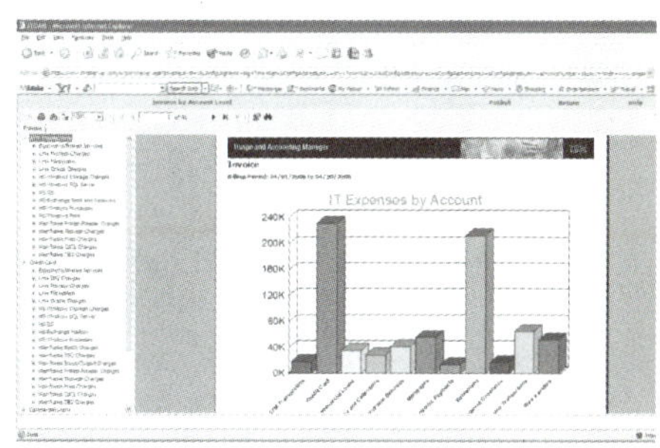

로 특정한 IT 자원을 얼마만큼 썼는지 알려줘서, 내부적으로 사용량만큼의 비용을 청구할 수 있도록 하는 표준화된 내부 과금 시스템을 지원해 기업 내 회계에도 필수 요소로 자리잡게 될 것이다.

DCCoD

DCCoDDeep Computing Capacity on Demand는 유틸리티 서비스를 제공하기 위한 데이터 센터 모델로서, IBM이 보유한 데이터 센터를 이용해 고객의 비즈니스 업무를 위한 컴퓨팅 자원을 지원하고 사용한 만큼 비용을 청구하는 모델이다. DCCoD를 이용하는 개별 기업 입장에서는 가상화의 발전 단계 중에서 마지막 단계인 기업 외부와의 가상화Virtualization Outside the Enterprise에 해당한다. DCCoD에는 컴퓨팅 자원에 대한 이용 형태에 따라 [표 5-7]과 같이 크게 세 가지 형태의 계약 관계가 형성될 수 있다. 이 중에서 가변 방식에 의한 데이터 센터를 이용할 경우에는 p. 265의 [그림 5-41]과 같이 고객별로 가상의 클러스터 인프라스트럭처를 제공하는 형태를 띤다.

표 5-7 데이터 센터를 이용한 유틸리티 서비스의 활용 형태

모델	개념	특징
전속 계약	단일 고객을 위해 전용 클러스터 인프라스트럭처를 제공하며, 보통 1~3년 사이의 전속 임대 계약을 체결함.	리스Lease 개념과 유사함.
가변 계약	고객별로 가상 클러스터 인프라스트럭처를 제공하며, 보통 1주일 단위로 사용 계약을 체결함. 사후 정산 방식을 채택함.	렌트Rent 개념과 유사함.
동적 계약	고객별로 가상 클러스터 인프라스트럭처를 제공하며, 대개 시간 단위의 사용에 따른 사후 정산 방식을 채택함.	유틸리티 컴퓨팅 모델에 가장 가까움.

그림 5-41 가변 계약에 따른 데이터 센터의 이용 형태

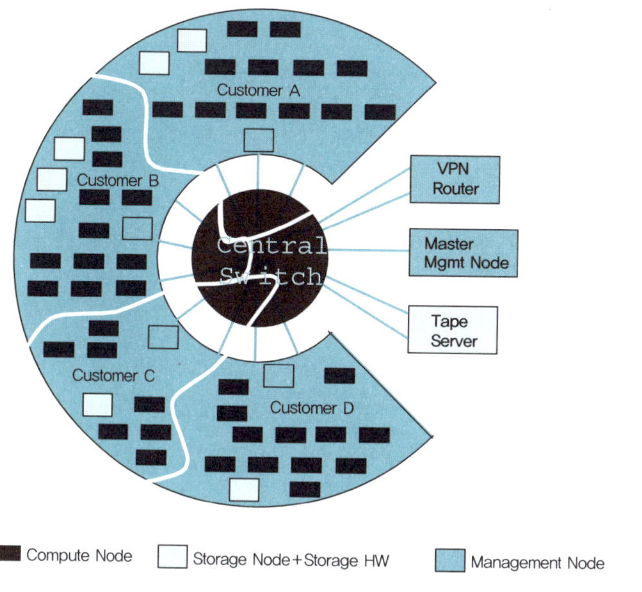

Customer A
Customer B
Customer C
Customer D
Central Switch
VPN Router
Master Mgmt Node
Tape Server
Compute Node
Storage Node+Storage HW
Management Node

가상화 적용 시나리오

앞에서 여러 분야에 걸쳐 현재 시장에 출시된 다양한 가상화 기술을 살펴보았다. 이번 장에서는 그러한 가상화 기술들이 실제로 어떻게 접목되어 사용될 수 있는지를 구체적인 시나리오를 통해 살펴보기로 한다. 특히 서버 가상화 부분에 가장 많은 지면을 할애했다. 그뿐만 아니라 시나리오와 관련된 어떤 기술들은 현재 개발 중이거나 머잖아 구현될 예정인 기술들도 있음을 미리 밝힌다.

01 서버 가상화의 영역

1. CPU 주문시 긴 리드타임

문제 상황

p. 269의 [그림 6-1]의 왼쪽 그림과 같이 하나의 대형 서버 안에 ERP 업무와 백업 소프트웨어인 Tivoli Storage Manager(TSM) 서버가 각각 운영되고 있다. 평소에 가장 많은 CPU를 사용하는 업무는 ERP R/3 데이터베이스 서버이며, 특히 업무 시간 중에는 응답 시간이 느려질 정도로 CPU 자원의 증설이 필요한 파티션이다. 특히 2~3일 뒤가 월말이어서 접속량이 더욱 폭주할 예정이며, 새롭게 CPU에 대한 추가 주문을 내더라도 실제로 적용될 때까지는 많은 시간이 걸릴 것으로 예상된다. 그리고 ERP R/3 Test 서버와 TSM 서버에 각각 2 CPU가 할당되었으나, 실제로는 1.5 CPU 만으로도 충분한 것으로 조사되었다.

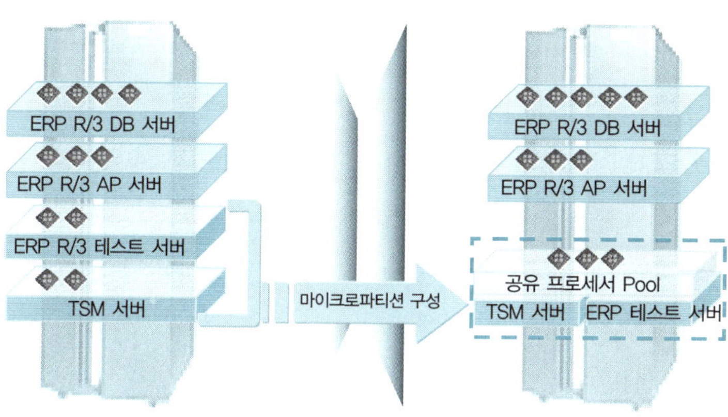

표 6-1 업무별 CPU 할당량 및 실제 요구량

서버 구분	CPU 할당량(단위 : 개)	최대 CPU 요구량(단위 : 개)
ERP R/3 DB	4	5
ERP R/3 AP	3	3
ERP R/3 Test	2	1.5
TSM	2	1.5

적용 기술 – 마이크로파티션

마이크로파티션Micro-partition은 한 개의 물리적인 CPU 자원을 더욱 작게
쪼개어 사용함으로써 필요한 용량만큼 파티션 구성이 가능한 기술이며,
이를 통해 자원의 효율적 사용 및 비용 절감을 기대할 수 있다. 이것은
CPU 단위당 성능이 대폭 향상되었지만 고객이 요구하는 업무의 요구 용
량이 최소 단위인 1 CPU보다 적을 경우에 유용하다.

실제 적용

ERP 테스트 서버와 TSM 서버의 필요 용량이 각각 1.5 CPU 용량이므로 이들 두 서버의 CPU 구성을 각각 2개의 물리적인 CPU에서 논리적으로 1.5 CPU 용량으로 줄여야 한다. 그런 경우에도 두 서버는 별도의 운영 체제 이미지를 가져야 한다. 이럴 경우, 3개의 CPU 전체에 걸쳐서 마이크로 파티션 기능을 적용하면 된다. 즉 3 CPU 용량에서 먼저 1.5 CPU 용량만큼을 ERP R/3 Test 서버에 할당하고, 남은 1.5 CPU 용량을 모두 TSM 서버에 할당하면 된다.

이때 여유가 생기는 1개의 CPU는 워크로드가 가장 많이 걸리는 ERP R/3 데이터베이스 서버로 새롭게 할당함으로써 전체적인 ERP 업무의 개선 효과를 얻을 수 있다. p. 269의 [그림 6-1]의 오른쪽 그림은 이처럼 마이크로파티션을 이용하기 전후의 CPU 구성 변화를 잘 보여 준다.

만약 ERP R/3 test 서버와 TSM 서버의 최대 CPU 요구량은 2 CPU이고, 이들 두 서버의 피크 타임에 대한 패턴이 서로 달라 어떤 경우에라도 두 서버의 총 요구 CPU 용량이 3 CPU를 넘지 않는다고 가정해 보자. 이런 경우에는 두 서버 파티션 사이에 단순히 마이크로파티션을 적용하는 것뿐만 아니라, 추가로 프로세서를 공유하는 공유 프로세서 풀 형태로 마이크로파티션 구성을 할 경우에 자원을 더욱 효율적으로 사용할 수 있다. 즉, 3개의 CPU를 공유 CPU 풀로 정의한 다음, ERP R/3 Test 서버에 대한 파티션을 생성할 때 최소 할당 용량은 1 CPU, 최대 할당 용량은 2 CPU, 그리고 언캡드 모드로 설정한다. 마찬가지로 TSM 서버에 대해도 최소 할당 용량은 1 CPU, 최대 할당 용량은 2 CPU, 그리고 언캡드 모드로 설정한다.

이제 각 서버의 활용률 여부에 따라서 CPU 자원의 할당량이 달라진다. 예를 들어 야간에 백업 업무가 한창 진행 중일 경우에 TSM 서버에는 2

CPU 용량이 할당되고, ERP R/3 Test 서버에는 1 CPU만큼만 할당된다.
주간에는 반대로 적용된다. 물론 최소 할당 용량을 반드시 1 CPU로 할 필
요는 없다. 예를 들어 0.4 CPU를 최소 용량으로 선택할 수 있다.

2. 온라인 업무 중 자원 재구성

문제 상황

[표 6-2]와 같이 서버 한 대에서 배치 업무와 ERP R/3 AP 업무가 동시에
가동되고 있으나 예산상의 제약으로 인해 충분한 CPU, 메모리, 네트워크
디바이스를 구매하지 못했다. 두 업무는 모두 24시간 중단 없는 상태로
운영되어야 한다. 두 업무의 패턴이 완전하게 달라서 주간과 야간으로 각
각의 피크 타임이 다르게 나타난다. 서버 자원을 두 업무에 동등하게 배
분할 경우, 사용자에게서 강한 불만이 제기될 것으로 예상된다. 당분간
추가 예산 확보가 어려운 상황에서 비용의 추가 소요 없이 제한된 서버
자원으로 두 업무의 응답성을 높여야 하는 과제가 전산 운영 팀에게 떨어
졌다.

표 6-2 업무별 CPU 할당량 및 실제 요구량

서버 구분	초기 CPU 할당량	초기 메모리 할당량	최대 CPU 요구량	최대 메모리 할당량	최소 요구 CPU	최소 요구 메모리
ERP R/3 AP	1 CPU	2GB	3 CPU	6GB	1 CPU	2GB
배치 전용 서버	3 CPU	6GB	3 CPU	6GB	1 CPU	2GB

적용 기술-DLPAR

DLPAR(Dynamic LPAR)는 변화하는 시스템 자원 요구에 유연하게 대처하기 위해서 시스템 재시동 없이 온라인 중에 CPU · 메모리 · I/O 슬롯을 동적으로 추가, 제거, 다른 파티션으로 이동할 수 있도록 하는 POWER5 시스템이 제공하는 기능이다. LPAR가 정적인 개념의 파티션이라면 DLPAR는 동적인 개념의 LPAR라고 볼 수 있다. DLPAR는 다음과 같은 상황에서 유용하게 사용될 수 있다.

- 피크 타임 때 테스트 파티션에서 프로덕션 파티션으로 CPU를 옮겨 시스템 자원 요구에 유연하게 대처.
- 페이징 스페이스 입 · 출력Paging Space In/Out이 과도하게 발생하는 파티션으로 메모리 자원 이동.
- 설치하기 위해 CD-ROM과 같은 I/O 디바이스를 파티션 사이에 동적 이동.
- 새로운 파티션을 생성하기 위해 기존 파티션에서 CPU, 메모리, I/O 자원을 제거해 프리 풀로 방출.
- 대기Standby 파티션은 최소한의 시스템 자원만 가지고 있다가, 장애가 발생한 CPU나 메모리 등의 시스템 자원을 동적으로 교체해서 원활하게 서비스할 수 있도록 함.

실제 적용

먼저 각 업무별로 시간대별 피크 값에 대한 분석이 필요하다. 이를 통해 ERP R/3 AP 업무는 오전 8시부터 저녁 9시까지 활용도가 높은 것으로 나

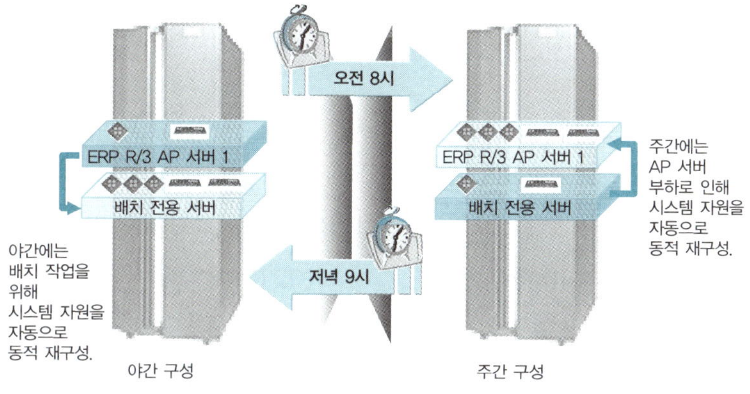

타났으며, 배치 전용 서버는 저녁 9시부터 오전 8시 사이에 워크로드가 높은 것으로 나타났다. 따라서 [그림 6-2]와 같이 오전 8시를 기준으로 배치 전용 서버에는 최소한의 CPU와 메모리만 할당하고 남는 여유 자원은 모두 AP 서버 쪽으로 할당하기로 했다. 이때 업무를 중단하지 않아야 한다는 요구에 맞추어 DLPAR 기능을 이용해서 온라인 중에 시스템 자원을 배치 서버에서 AP 서버로 이동했다. 주간 업무를 마치고 저녁 9시가 되자 마감 업무를 위해 배치 서버의 워크로드가 많이 올라가기 시작했다. 이번에는 반대로 DLPAR를 이용해 AP 서버에서 할당된 자원만큼을 다시 배치 서버로 할당했다.

위의 DPLAR를 통한 자원의 할당과 재할당은 관리자가 HMC라는 관리 서버를 통해 직접 수행하는 작업이다. 만약 이러한 자원의 동적 재구성 작업이 매일 주기적으로 발생한다면, 그때마다 관리자가 직접 HMC라는 관리 서버를 통해 할당하지 않는 대신 크론탭Crontab에 정의해서 일정 시간에 시스템이 자동으로 수행되도록 구성할 수 있다. 따라서 관리자는 해당 시간마다 관리 서버 앞에 있지 않아도 된다.

3. HA 구성과 불완전한 성능

문제 상황

ERP 업무를 수행하기 위해 A와 B 두 대의 서버를 파티션으로 나누어 각각 업무별로 할당했으며, HACMP를 이용해 [그림 6-3]과 같이 특별히 ERP R/3 데이터베이스 서버 파티션과 ERP R/3 QA 서버 파티션 사이에 HA 구성을 해 놓았다. 그런데 만약 데이터베이스 서버에 장애가 발생해 QA 서버 파티션이 데이터베이스 서버 파티션의 역할을 떠맡게 되면, HACMP에 의한 프로세스 자체는 문제가 없지만 전체적으로 성능의 극심한 저하 현상이 초래될 수 있다. 이를 방지하기 위해 정상적인 상태에서 구성된 현재의 구성을 완전히 변경하고 싶지는 않으며, 또한 CPU 자원을 추가로 구매할 여력은 없는 상태이다.

그림 6-3 정상 상태의 A, B 서버의 구성(장애 발생 전)

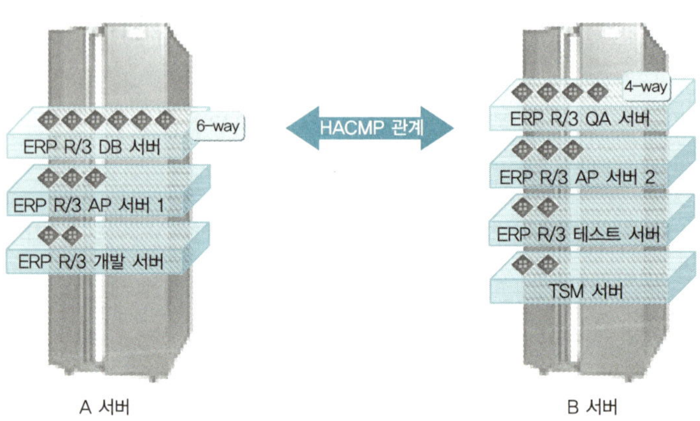

적용 기술-DLPAR

관리자의 판단에 의해서 온라인 중에 다른 파티션에서 사용 중인 CPU 자원을 회수해 워크로드가 많이 발생하는 파티션에 몇 초 안에 할당이 가능한 DLPAR 기능을 사용한다.

실제 적용

ERP 데이터베이스 서버에 장애가 발생하면 HACMP에 의해서 업무가 ERP QA 서버로 넘어간다. 이때 QA 서버는 4개의 CPU만 가지고 있으면서 QA 업무와 데이터베이스 업무를 해야 하므로 CPU 자원이 절대적으로 부족해진다. 이때 관리자는 DLPAR 기능을 이용해 [그림 6-4]와 같이 테스트 서버와 Tivoli Storage Manager 서버에서 각각 1개의 CPU를 가져와 QA 서버에게 총 2개를 할당한다. 이를 통해 ERP 업무는 최종 사용자 입

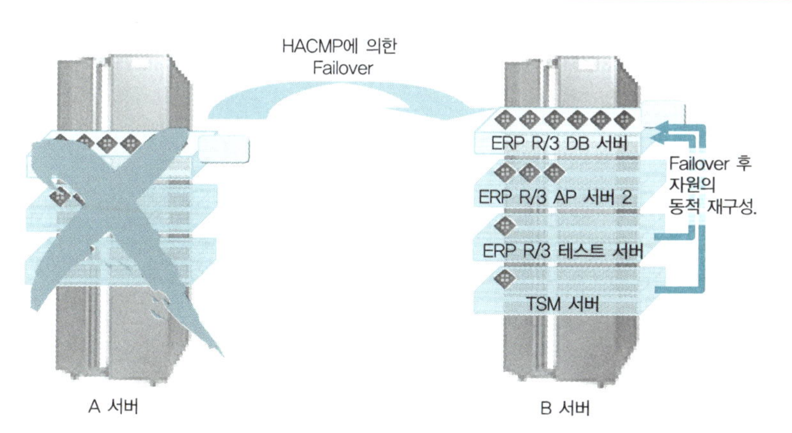

그림 6-4 장애 발생 후 B 서버 구성의 자동 재할당

장에서 장애 발생 이전과 별 차이가 없도록 운영될 수 있다. 만약 B 서버에 별도의 파티션을 구성해 ERP 데이터베이스 서버 파티션에 대한 HA 용도로 할당해 놓는다면 그만큼 비용 부담을 많이 안고 가야 하는 구조가 될 수 있다.

4. 업무 중단 없이 장애 부분 교체

문제 상황

중형 서버를 도입한 A사는 최근 워크로드가 증가해 서버를 증설하기로 결정했다. 동일 모델에서 최대 16 CPU까지(엄밀히 말해 16cores) 확장이 가능한 것으로 확인되었다. 문제는 서버를 증설할 때 업무 중단이 당연히 예상되지만, 현업 부서에서는 업무를 중단하지 않은 상태에서 서버를 증설하는 방안을 적극 요청했다. 운영 팀에서는 미처 생각하지도 못했던 현업 부서의 요청에 내심 당혹했지만, 이번 기회를 활용해 서버 증설 및 교체를 할 때에도 업무 중단이 필요 없는 시스템 전환을 검토하기로 결정했다.

적용 기술-노드 Hot Add & Repair

기본적으로 중형급 이상 POWER 서버의 아키텍처는 예전에 NUMA 서버에서 채택되었던 NUMA 아키텍처를 원용했다. 동시에 계속 높아지는 가용성RAS 요구에 따라 빌딩 블록Building Block 구조를 기본 아키텍처로 채택했다. 빌딩 블록 구조의 가장 큰 특징은 p. 277의 [그림 6-5]와 같이 PC의 플러그&플레이Plug&play 기능처럼 온라인 중에도 단위 서버들 사이의 연결

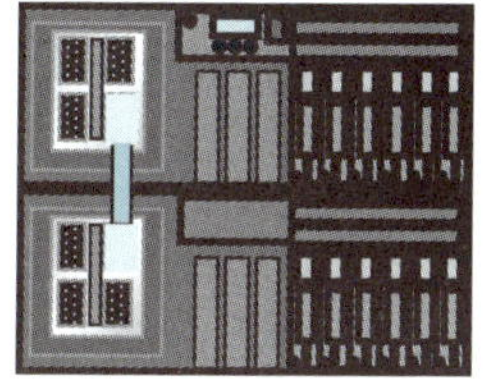
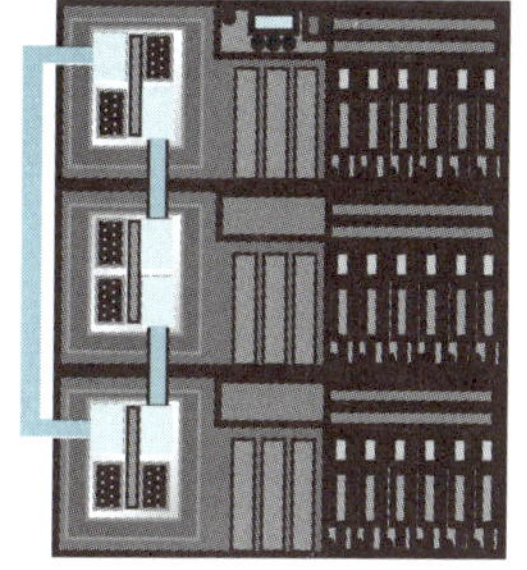
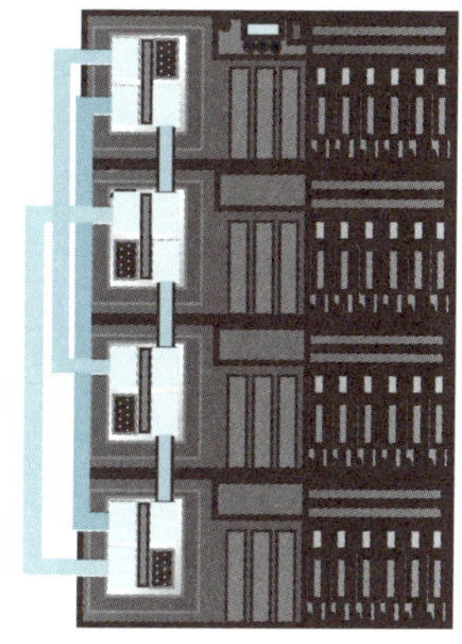

이 가능하다는 점이다. 바꾸어 말하면 이러한 온라인 연결을 통해 업무를 중단하지 않은 환경에서도 서버의 용량 증설이 가능하다는 것을 뜻한다. 운영자가 추가되는 단위 서버에 전원을 연결한 후 외부적으로 서버들끼리 통신할 수 있는 케이블을 연결하기만 하면 모든 작업이 끝난다. 또한 특정 서버 단위에 장애가 생겨서 교체할 경우에도 전체 서버 시스템을 정지시킬 필요가 없으며, 특정 부위의 단위 서버만의 교체가 온라인 중에도 가능하다.

실제 적용

8-way 서버에서 16-way 서버로 증설한 뒤 워크로드의 안정을 찾았으며, 작업자들에게서 응답 시간이 느려졌다는 불만은 더 이상 나오지 않았다. 그러고 나서 얼마 뒤 특정 서버 블록의 I/O 어댑터가 불량인 것으로 드러나서 교체가 필요했다. 예전 같으면 서비스 일시 중단 안내를 한

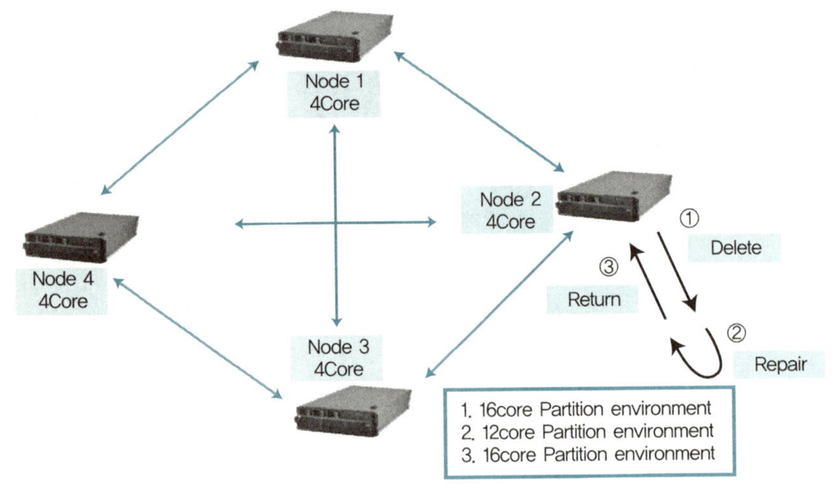

후 야간에 진행되었던 교체 작업이 p. 278의 [그림 6-6]과 같이 업무 시간에 그것도 서비스가 중단되지 않은 상황에서 진행되었다. 일시적으로 특정 서버 블록(예, 3번 서버 블록)을 전체 서버 시스템 자원 집합에서 제외하자 16-way 서버는 12-way 서버로 용량이 줄어들었다. 불량 I/O 어댑터를 교체한 후 해당 서버 블록을 다시 다른 서버 블록들과 연결하자 전체 시스템은 다시 16-way로 복귀했다. 전체 작업에 소요된 시간은 I/O 어댑터의 확보 등 사전 준비 작업을 미리 충분히 했으므로 몇 분밖에 소요되지 않았다.

5. 파티션의 물리적 이동

문제 상황

새로운 고객 관리 업무를 위해 중형급 유닉스 서버를 도입한 A사는 업무를 개시한 후 지속적으로 증가하는 업무량으로 때문에 점차 서버 용량의 부족을 겪기 시작했다. 서버를 도입할 때 산정된 고객 증가 비율보다 더 빠르게 고객이 증가하기 때문이다. 이로 인해 고객 팀에서는 서둘러 서버 용량을 증설하든지 아니면 대용량 서버로 교체해서 원활하게 업무가 돌아가도록 요구했다. 문제는 해당 업무가 24시간 운영되어야 하기 때문에 잠깐이라도 서버가 정지될 경우, 막대한 영업 기회의 손실로 이어질 수 있다는 점이다. HA 관계로 엮여 있는 다른 서버로 작업을 넘기는 것도 고려해 봤지만, 원래 서버보다 적은 용량으로 구성되어 그다지 바람직한 방안이 아니라고 판단되었다.

적용 기술–파티션 모빌리티

파티션 모빌리티는 인텔 서버 기반의 VMware처럼 POWER 서버 환경에서, 특정 파티션을 물리적으로 다른 서버에 있는 파티션으로 옮길 수 있는 기능으로 여러 가지 용도에 사용될 수 있다. 따라서 물리적으로 서로 별개인 두 서버는 기본적으로 가상 입 · 출력 서버Virtual I/O Server를 통해 SAN 스토리지를 공유하는 모드로 운영되어야 가능하다. 이런 파티션 모빌리티는 먼저 워크로드 통합 또는 워크로드 밸런싱을 위한 용도로 사용 가능하며, 필요한 경우에는 서버 마이그레이션을 위한 하나의 방안으로 사용될 수 있다.

예를 들어 처음에 설계한 파티션의 용량이 실제 업무량의 폭주로 부족할 경우, 그래서 용량이 더 큰 다른 물리적 서버로 이전해야 할 경우에 파티션 모빌리티가 이용될 수 있다. 또한 업무를 중단하지 않아야 한다는 요구가 강한 환경에서 패치나 업그레이드를 위해 다운타임Down-time이 필요하더라도, 파티션 모빌리티를 사용할 경우에는 계획된 다운타임을 거의 제로로 만들 수 있다. 파티션 모빌리티의 장점은 해당 파티션이 실제 운영 중인 동안에도 운영 체제와 애플리케이션의 중단 없이 가능하다는 점이다. 또 필요할 경우에는 해당 파티션을 중단해 놓고서 다른 물리적 서버로 옮겨 갈 수 있다.

한편, 서버당 전력 소비량이 많아지는 때에도 [그림 6-7]과 같이 파티션 모빌리티를 이용한다. 이를 통해서 워크로드가 낮아지는 야간의 경우, 여러 서버들에 들어 있는 업무를 하나의 서버로 통합해 운영한다. 그리고 나머지 서버들을 정지시키면 전력 비용 절감에 큰 효과를 얻을 수 있다. 데이터 센터처럼 대규모 서버들이 집적된 곳일 경우에는 더욱더 소비 전력량의 절감 효과를 크게 볼 수 있을 것이다.

그림 6-7 파티션 모빌리티의 또 다른 활용 : 소비 전력량의 절감

야간에 활용률이 낮은 서버 안에 있는 파티션들을 다른 곳으로 옮기고 전원을 종료시킴으로써 전력의 소비를 줄일 수도 있음.

실제 적용

[그림 6-8]은 파티션 모빌리티가 수행되는 과정을 간략하게 보여 준다. A 서버는 4개의 파티션을 운영하고 있으며, 앞에서 설명한 동적 LPAR 등의 기능을 사용한다 하더라도 유휴 자원의 추출이 힘들 만큼 서버 전체적인 사용률이 높은 편이다. 이와 같은 상황에서 관리자는 HMC와 같은 관리

그림 6-8 파티션 모빌리티를 이용한 파티션의 물리적 이동

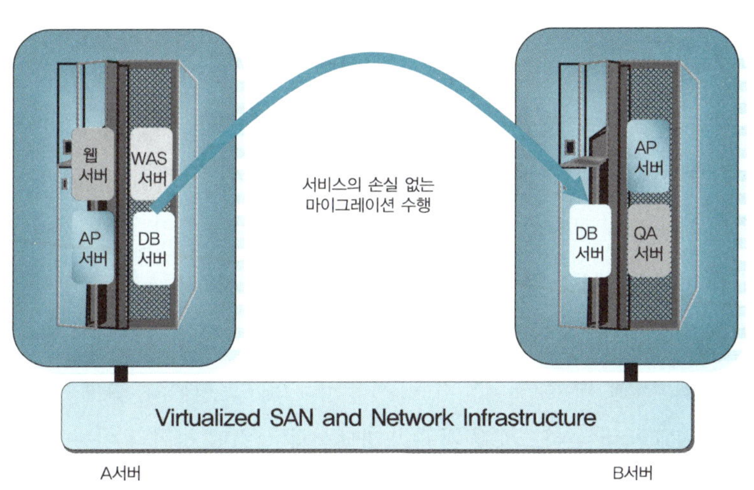

콘솔을 통해 데이터베이스 서버 파티션을 B서버로 이동하는 것이 전체 워크로드를 고려할 때 가장 효과적이라고 판단했다. 따라서 B서버 내에 충분한 용량을 가진 파티션 공간을 확보한 후 파티션 모빌리티 기능을 통해 A서버의 데이터베이스 서버 파티션을 B서버로 이동했다. 이동에 소요된 시간은 상황에 따라 다르지만 SAN 스토리지를 통해 빠르게 이동하며, 실제 사용자가 느끼는 서비스 단절 시간은 2~3초 내외에 불과했다.

6. 애플리케이션의 자유로운 이동

문제 상황

유닉스 서버 통합을 검토하고 있는 B 회사에서는 통합 방안 및 통합 수준에 대한 세밀한 분석을 통한 내부 협의 결과에 따라서 다음과 같은 방향으로 서버 통합을 진행하기로 결정했다. 즉, 단일 기종 및 단일 운영 체제로 가져가면서 하드웨어 파티션을 적용하되, 운영 체제 이미지의 개수를 최소로 구성한다. 그렇게 함으로써 관리의 효율을 높이며, 또한 워크로드 분배 및 가용성이 높은 구조로 진행하기로 결정했다. 내부 결정에 따라 하드웨어와 운영 체제를 검토하던 전략 기획 팀은 두 가지 주요 기능이 지원 가능한 플랫폼과 운영 체제가 선택되어야 함을 알았다. 즉 첫째, 하드웨어 파티션과 운영 체제 내 파티션 기능이 동시에 가능해야 한다. 둘째, 물리적 서버 사이에 서비스 중단 없이 업무 이전이 가능해야 한다는 것이다. 이에 따라 위 두 가지 기능이 가능한 서버를 검색하던 중 POWER6 서버는 하드웨어 차원의 파티션과 시스템 사이의 이동이 가능함을 확인했다. 그러나 운영 체제 내 파티션이 가능한지 여부는 아직 확인되지 않았다.

적용 기술 – 워크로드 파티션

이전에 설명된 적이 있는 LPAR 기술은 하드웨어적인 파티션 기술로서 각 파티션은 고유한 운영 체제 이미지를 가진다. 그러나 AIX 6에서 새롭게 소개되는 워크로드 파티션Workload Partition은 [그림 6-9]처럼 단일 AIX 운영 체제 이미지 내에서 여러 개의 독립된 애플리케이션들이 파티션된 것으로 볼 수 있다. 따라서 워크로드 파티션은 가상화를 위한 소프트웨어 측면의 접근이며, LPAR 기술을 보조하는 위치에 있다. 여기에서 운영 체제 자체가 가상화 레이어 역할을 하는 셈이며, 서버 통합을 할 때 고려되는 운영 체제 이미지의 개수를 줄여 줌으로써 단일 AIX 6 운영 체제 안에서 여러 개의 애플리케이션을 통합할 수 있다.

각각의 워크로드 파티션은 별도의 보안 체계와 사용자 목록을 갖는 등

그림 6-9 워크로드 파티션의 개념과 애플리케이션 모빌리티

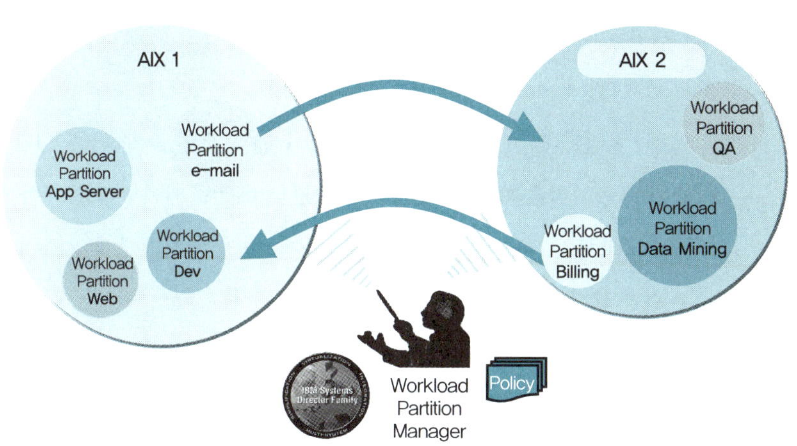

시스템 내의 다른 워크로드 파티션과는 별개로 관리된다. 워크로드 파티션은 AIX 6에 할당된 시스템 자원들 중에서 일정 부분을 얻으며, CPU · 메모리 · 커널 · I/O와 같은 부분을 공유한다. 그럼으로써 워크로드 파티션은 마이크로파티션과 같은 높은 단절성은 제공하지 않지만 대신 좀 더 세밀하게 자원을 활용할 수 있는 한 단계 높은 유연성을 제공한다.

또한 AIX 운영 체제 사이에는 수행 중인 애플리케이션의 중단 없이 워크로드 파티션을 이동시킬 수 있다. 이것을 애플리케이션 모빌리티 Application Mobility라고 일컬으며, 제약 조건이 동일한 AIX 운영 체제이면 가능하다. 따라서 물리적으로 다른 서버들(POWER5와 POWER6) 사이에 AIX가 설치된 경우에도 특정 워크로드 파티션을 통해서 자연스럽게 이동할 수 있다. 이를 통해 다중 시스템 환경에서 워크로드 밸런싱을 하거나 계획된 다운타임 시간을 피할 수 있다.

실제 적용

서버 통합 과정에서 단일 운영 체제 상에 함께 구성해도 무방한 애플리케이션들을 워크로드 파티션을 이용해 운영한 결과, 다음과 같은 이점들을 얻을 수 있었다.

첫째, 초기 구현이 쉽다. 이미 설치되어 있는 운영 체제 위에 해당 애플리케이션 영역만을 별도로 구성하면 되므로 애플리케이션을 설치할 때 겨우 몇 분 내에 모든 작업을 끝마칠 수 있다. 그리고 기존에 사용하던 SMIT 도구 역시 동일하게 이용할 수 있다.

둘째, 시작 · 재가동 · 중지 · 종료 등의 작업들이 버튼 하나로 가능해진다. 실제로 워크로드 파티션은 운영 체제 상의 공간을 구분해 업무별로 사용하는 것이므로 단일 소프트웨어만 설치되는 것은 아니며, 사용자 관리 서비스 등 다양한 모듈들이 동시에 관여할 수밖에 없다. 그러한 의미에서 개별 업무를 수행하는 워크로드 파티션을 한 번의 작업만으로 시작 · 중지 · 재가동 · 종료 등의 작업을 할 수 있다는 것은 원래 도입 취지였던 관리의 효율성을 높이려는 목적에도 부합한다.

02 스토리지 가상화 영역

1. 서비스 중단 없이 스토리지 교체 작업

문제 상황

이번에 새롭게 도입된 ERP 업무용 스토리지는 성능은 좋은데 스토리지 서버의 빈번한 패치로 인해 서비스가 중단되어야 하는 경우가 종종 발생했다. 서비스가 중단될 때마다 미리 작업을 진행하는 부서로 서비스가 중지될 것이라는 공지를 보내야 하며, 이로 인해 운영 팀의 책임자인 김 차장은 스토리지 선택에 문제가 있지 않았을까 하는 의구심을 가졌다. 김 차장은 스토리지 장비의 안정성과 부품 결함이 될 수 있으면 발생하지 않아야 한다고 생각했다.

더욱이 장애가 발생하더라도 서비스가 중단되지 않아야 하는 것은 기본이며, 시스템 패치와 같은 계획된 장애 사유 또한 적어야 함을 최근에 더욱 절실히 느꼈다. 여러 스토리지 벤더에게 문의해 봐도 각기 자사 제품

의 안정성이 높고 패치가 적다고 할 뿐 속 시원한 답변을 제시하지 못해서
김 차장은 이래저래 고민이 많다.

적용 기술－SAN Volume Controller

IBM의 SAN Volume Controller(SVC)는 다른 기종 스토리지 장비의 가상
화를 가능하게 해 주는 장비로서 SAN 네트워크에 연결되는 어플라이언스
형태를 띠고 있다. SVC를 활용하는 스토리지 가상화를 사용할 경우, 스토
리지 장비의 전반적인 활용률이 높아지는 것은 물론이고 온라인 중에 스
토리지 장비의 교체가 가능하다. 이것은 SVC의 스토리지 블록 매핑 기법
을 활용함으로써 다운타임 자체를 원천적으로 방지해 준다. 또한 SVC는
항상 물리적인 한쌍의 형태로 증설되기 때문에 단일 지점 결함Single Point
of Failure을 전혀 가지고 있지 않다.

실제 적용

김 차장은 오랜 고민 끝에 마침내 스토리지 가상화 기반으로 이전하기로
결정했다. 스토리지 가상화 방식은 대형 스토리지 방식, SAN 스위치 방
식, 어플라이언스 방식 등 세 가지 중에서 비교·검토했다. 그리고 벤더
종속성 탈피라는 측면에서 대형 스토리지 방식의 가상화 방안을 가장 먼
저 제외했다. 남은 두 가지 방안 중에서 p. 288의 [그림 6-10]과 같이 캐시
로 인한 성능 향상이 가능하고 많은 구현 사례가 있는 어플라이언스 방식
으로 최종 결정했다. 이번 주에 예정된 스토리지 장비의 패치 때 있을 서
비스 중단을 제외한다면, 스토리지 가상화로 완전히 이전한 뒤에는 더 이
상 작업 중인 부서로 스토리지 장비로 인한 서비스 중단을 공지할 필요가

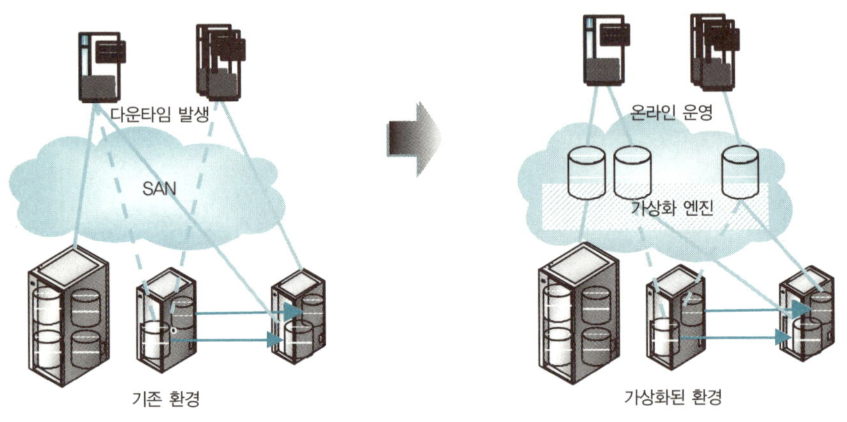

없을 것이다. 향후 또다시 스토리지 장비의 패치 또는 파트 교체로 인해서 스토리지 장비의 재시동이 필요할 경우에는, 미리 준비된 다른 스토리지 장비로 모든 데이터를 업무 중에 서서히 이전시킨다. 그리고 데이터 이전이 끝나면 기존 장비에 대한 패치 및 부품 교체 작업을 수행한다. 모든 작업이 끝난 후에는 다시 원래 스토리지 장비로 데이터를 이전시키기만 하면 된다. 그동안 서비스 중단은 단 1초도 발생하지 않을 것이다.

2. 이기종 스토리지 간의 순간 복제 및 재해 복구

문제 상황

은성택배의 김 부장은 최근 ISP 컨설팅을 받은 뒤 재해 대비 분야에서 가장 취약하다는 지적을 받았다. 지난해에는 추석 2일 전에 예상치 않은

UPS 장비의 장애로 서비스가 하루 종일 마비되는 사태가 발생했다. 그 사건 이후 경영진은 신속히 재해 복구 시스템을 도입하라고 강하게 독촉해 왔지만 김 부장의 고민은 다른 곳에 있다. 즉, 김 부장은 안정성이 높은 스토리지 하드웨어 기반의 DR 시스템으로 바꾸려고 하는데, 기능적으로 원격지 복제가 가능한 제품은 하이엔드급이어서 비용이 만만치 않았다. 그리고 주 센터에서 이미 사용하던 스토리지 장비를 여전히 활용하고 싶지만, DR에 적합한 원격지 복제 기능을 제공하지 않았다. 경영진의 독촉은 계속되고 있지만 예산은 넉넉하지 않아서 이래저래 김 부장의 고민은 늘어만 갔다. 전용 DWDM 네트워크 망을 사용함으로써 발생하는 고정 네트워크 비용도 적지 않게 소요될 예정이다.

적용 기술-SAN Volume Controller

IBM의 SAN Volume Controller(SVC)는 [그림 6-11]처럼 자체 컨트롤러 안에 하이엔드 스토리지 장비가 갖추어야 하는 고급 복제 기능을 가지고

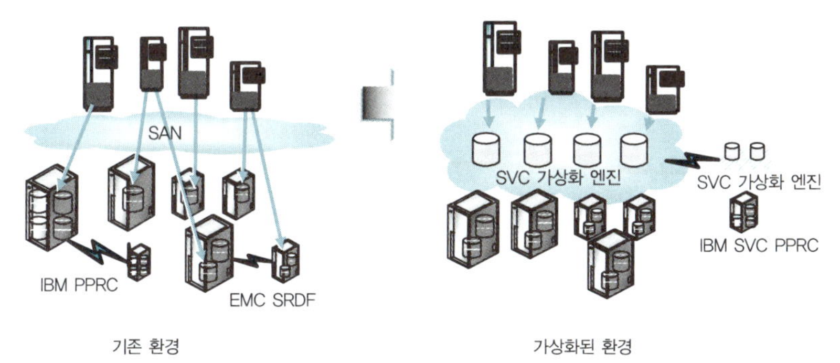

그림 6-11 스토리지 가상화를 이용한 원격지 재난 복구 시스템 구축

있다. 그러므로 로컬 센터 안에서 다른 기종 스토리지 사이의 순간 복제가 가능할 뿐만 아니라 원격지에 설치된 SVC끼리 원격지 미러링Mirroring이 가능하다. 즉, 같은 종류의 스토리지 장비끼리 가지고 있어야 하는 복제 기능을 SVC 가상화 엔진의 복제 라이선스만으로 구현이 가능하다. 그러 므로 비용이 절감될 뿐만 아니라, 원격지 복제 기능이 제공되지 않는 중 · 저가의 스토리지를 사용하더라도 충분히 구현이 가능하다. 또한 특정 스 토리지 벤더에 대한 종속성에서 탈피하는 부가 효과도 얻을 수 있다.

실제 적용

스토리지 가상화 세미나에 참석했던 김 부장은 마침내 비용 측면에서 경 쟁력이 있으면서도 안정적인 재해 복구 솔루션을 찾아냈다. 다음날 회사 로 출근해서 SAN Volume Controller 제품을 담당하는 영업 사원을 불러 기본적인 구성에 대한 가격 견적을 받아 본 결과, 처음에 구상하던 안보다 훨씬 저렴하다는 사실을 알았다. 또한 IP 라우터IP Router를 사용할 경우, DWDM 전용망을 사용할 때와 비교해 대역폭은 유사하면서 연간 지출 비 용이 훨씬 저렴한 것도 발견했다. 김 부장은 임원 회의 때 은성택배가 구 축해야 할 재해 복구 시스템의 기본 방향과 소요 예산에 대해서 발표할 준 비를 하느라 야근하고 있지만 그다지 힘들어 보이지 않는다. 그동안 고민 하던 사항들이 한꺼번에 해결되었기 때문이다.

03 애플리케이션 가상화 영역

1. 단종된 운영 체제 및 애플리케이션의 서비스 유지

문제 상황

흥부제강은 최근 노후화된 서버를 교체함으로써 업무 효율성을 높이려는 서버 리프레시Refresh 계획을 수립하는 중이다. 대부분의 장비는 교체 자체에 큰 문제가 없지만 예전부터 사용해 오던 오래된 PC와 애플리케이션을 어떻게 할 것인지로 인해 많은 논란이 있다. 왜냐하면 해당 서버의 운영 체제는 이미 단종된 Windows 98인데 신규 교체 예정인 서버는 단종된 운영 체제를 지원하지 않으며, 해당 애플리케이션에 대한 소스 코드도 오랜 시간이 지나면서 관리 소홀로 분실되었다. 이에 따라서 기획 팀 내부적으로는 개발 팀에게 새로운 프로그램을 개발하도록 하자는 의견도 나왔다. 그러나 해당 애플리케이션은 상당히 복잡한 로직에 따라 이루어져서 개발 기간과 비용도 만만치 않을 것으로 예상되며, 현업에 있는 이용자들도 변화를 바라지 않아 기획 팀장은 이래저래 고민이 많다.

적용 기술 – VMware ESX Server와 Assistant

기존에 아주 오래된 Win98, NT 4.0 버전 위에서만 작동하는 레거시 애플리케이션들은 서버가 노후화되어 신기종 서버로 교체될 경우, 새로운 운영 체제 상에서 애플리케이션의 호환이 이루어지지 않거나 문제를 일으킬 수 있다. 이 경우에도 VMware가 제공하는 P2VPhysical-to-Virtual 기능으로 업무 중단 없이 서버 가상화 환경으로 전환할 수 있다.

VMware의 P2V 마이그레이션은 [그림 6-12]처럼 오래된 운영 체제를 포함해서 운영 중인 서버의 애플리케이션 이미지를 그대로 복제할 뿐만 아니라 P2V 변환 기술을 통해 ESX Server가 설치된 가상 머신 위에서 운영될 수 있도록 마이그레이션시켜 준다. 마이그레이션된 기존 운영 체제와 애플리케이션은 기존 구형 서버 환경과 동일한 환경을 보장받으면서 운영되므로, 기업이 보관하는 오래된 애플리케이션을 폐기하고 재개발할 때 소모되는 노력과 비용을 막아 준다.

그림 6-12 VMware의 P2V 마이그레이션 과정

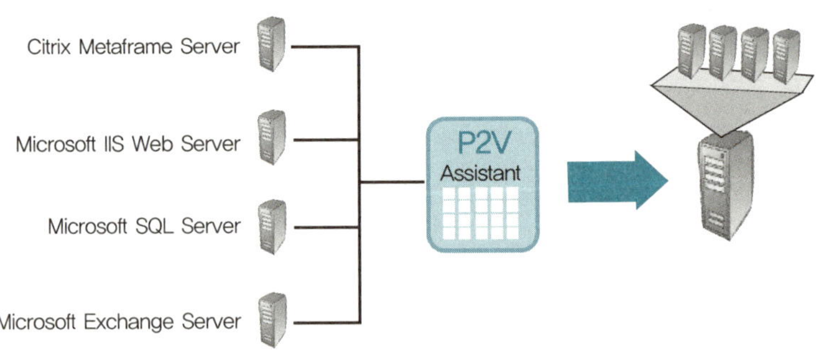

실제 적용

기획 팀장은 VMware ESX Server를 이용해 가상 환경을 구축하면 동일한 환경을 유지하면서 노후화된 운영 체제와 애플리케이션을 가동할 수 있음을 알았다. 그리고 실제 구축에 관련된 세부 절차를 살펴보니 상황에 따라 시스템을 중단하지 않고 마이그레이션이 수행될 수 있음 또한 발견했다.

이를 위해서는 우선 신규 서버 위에 VMware ESX Server를 설치한 뒤에 필요한 네트워크 구성 정보의 확인 등 사전 준비 작업이 필요하다. 다음으로 교체 대상인 구형 서버에 P2V 마이그레이션 에이전트를 설치한다. 에이전트는 네트워크 디바이스를 포함한 모든 운영 체제 데이터와 애플리케이션 데이터에 대해서 이미지를 복제한 다음, 네트워크를 통해 지정된 ESX Server로 넘겨준다. 마이그레이션 과정은 상황에 따라 온라인 업무 중에도 이루어질 수 있다. 이미지 복제된 데이터가 ESX Server로 완전히 전송되면 ESX Server에서 가상 머신을 하나 생성한 뒤에 전송받은 이미지 데이터를 수행하면 된다. 마지막으로 네트워크 정보 등 환경 정보를 수정해 주면 모든 마이그레이션 과정이 끝난다.

또한 비용 측면에서 볼 때 어차피 신규 서버를 도입할 예정이었으므로 이 부분은 제외하더라도, 추가로 소모된 비용은 VMware ESX Server와 P2V Assistant에 대한 라이선스뿐이다. 기존 애플리케이션을 분석한 뒤 새로운 버전으로 개발하기까지 개발 팀에 투입되는 인력 비용과 기타 테스팅 비용을 모두 합칠 경우, 오히려 VMware 환경으로 이전하는 것이 비용 측면에서 훨씬 효율적이라고 판단된다. 더욱이 개발 팀은 기존 애플리케이션의 리모델링에 종속되기보다 현업을 지원하는 더 중요한 애플리케이션 개발에 몰두함으로써 인력 자원 활용 측면에서도 더욱 바람직한 것으로 여겨진다.

비즈니스의 **혁신**은 **인프라**의 **혁신**과 함께

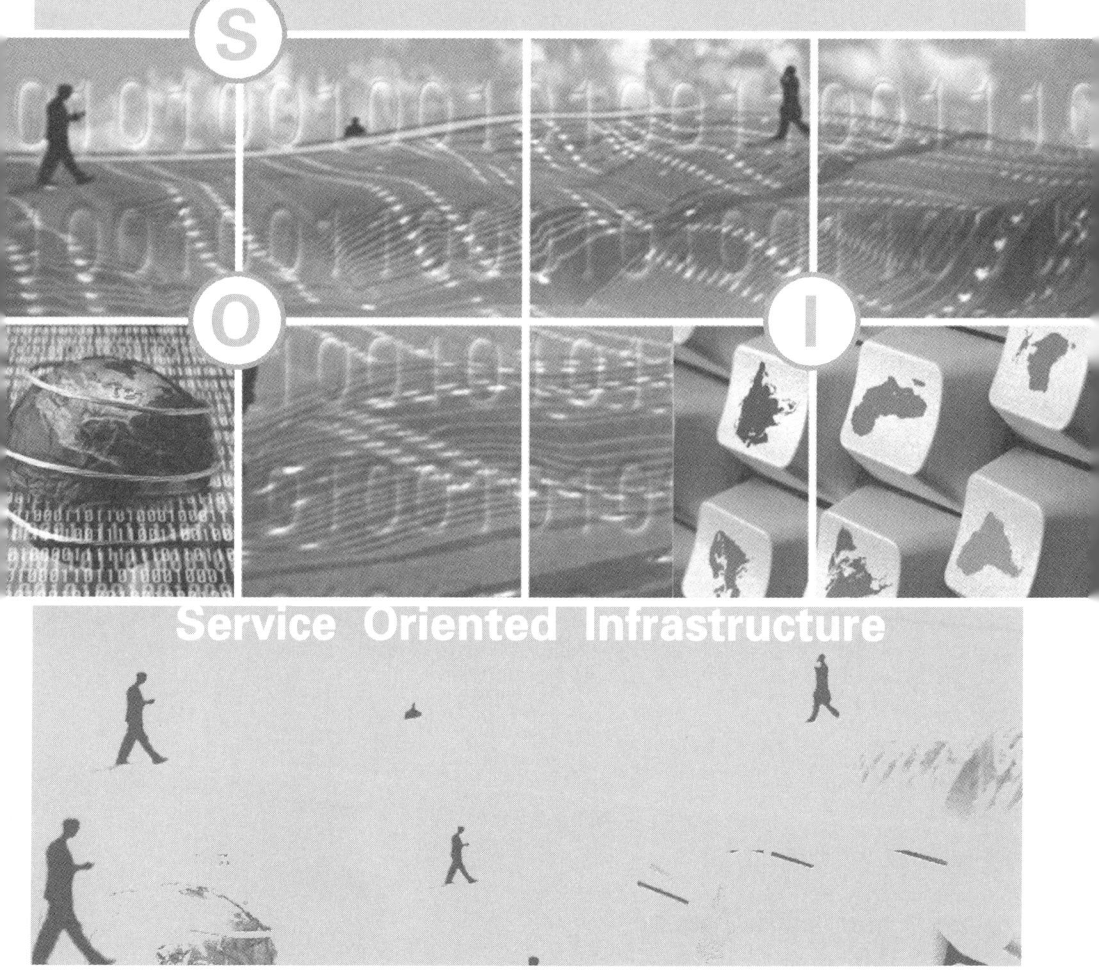

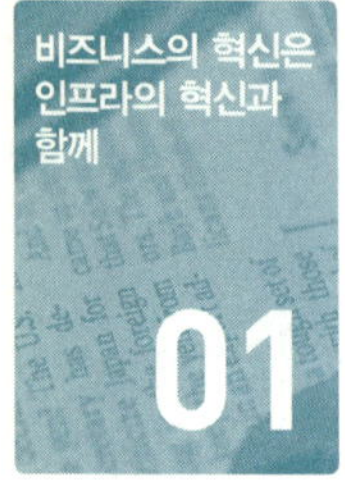

01 비즈니스와 IT의 선후 관계

새롭게 출시되는 IT 기술들은 해당 기술을 사용해야만 하는 비즈니스의 요구에서 출발되었다고 볼 수 있다. 가상화 기술은 최근 들어 화두로 떠오르는 훌륭한 기술이지만 이 또한 비즈니스의 요구나 비즈니스의 가치 증대에 기여할 수 있기 때문에 더욱 각광을 받고 있다. 비즈니스와 IT의 선후 관계를 본다면 분명 비즈니스가 먼저 존재한다. 하지만 비즈니스가 시작되어 일단 가동되기 시작하면 IT의 도움 없이 제대로 운영되기는 거의 힘들다. 그리고 이후로는 비즈니스와 IT의 선후 관계를 따지는 것이 무의미해질 수 있다. 특히 온 디맨드 비즈니스 시대가 도래하면서 IT 그 자체가 비즈니스로 탈바꿈하는 경우도 종종 있다. p. 297의 [그림 7-1]은 이러한 시각에서 비즈니스와 IT 기술이 선순환 사이클을 형성하면서 시간이 흐를수록 상호 연결성이 강화되는 관계를 보여 준다.

그림 7-1 비즈니스와 IT의 순환 사이클

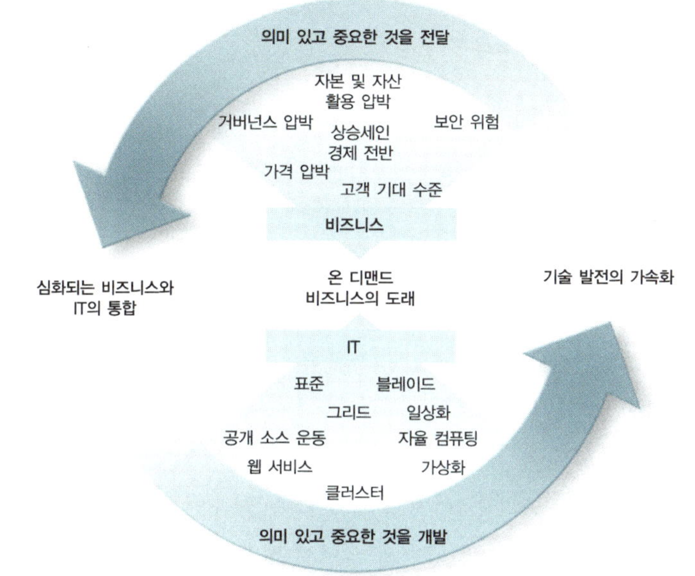
의미 있고 중요한 것을 전달
자본 및 자산
활용 압박
거버넌스 압박
보안 위험
상승세인
경제 전반
가격 압박
고객 기대 수준
비즈니스
온 디맨드
비즈니스의 도래
심화되는 비즈니스와
IT의 통합
기술 발전의 가속화
IT
표준
블레이드
그리드
일상화
공개 소스 운동
자율 컴퓨팅
웹 서비스
가상화
클러스터
의미 있고 중요한 것을 개발

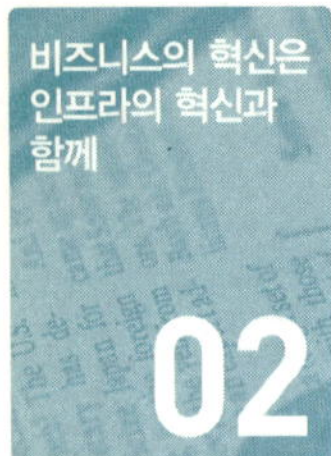

02 가상화의 혜택

가상화의 일반적인 혜택은 서버 활용도 증가, 컴퓨팅 총 비용 감소, 향상된 안정성뿐만 아니라 비즈니스의 유연성 향상 등에 두루 걸쳐 나타난다. 구현된 가상화의 출발점이 어디였는지, 형태는 어떤 것이었는지, 그리고 어느 범위까지 적용되었는지에 따라서 가상화의 혜택은 달라질 수 있다.

IT 인프라스트럭처를 가상화한다는 것은 또한 협업을 진행하는 데 필수불가결한 요소로 작용한다. 가상화는 기존의 개별 자원들이 가지고 있는 가용한 용량들의 한계를 뛰어 넘을 수 있기 때문에 가상화를 통해서 사용자들은 동적인 시스템 통합을 위한 새로운 기회를 맞이할 수 있다. 또한 그들의 IT 환경의 제약 조건에 구애받지 않고서 전 세계의 기존 또는 새로운 파트너들과 혁신할 수도 있다.

그러나 많은 기업들은 현재의 고비용이면서 점차 복잡해지는 기존의 IT 환경으로는 온 디맨드 비즈니스를 위한 핵심 역량인 상호 연동성과 유연성의 부족으로 새로운 비즈니스 환경을 감당할 수 없음을 깨닫게 된다.

　가상화는 이러한 제약들을 모두 극복하면서 협업을 수행하기 위한 요구 조건들을 충족시켜서 온 디맨드 기업 운영 환경 전략을 수행하는 데 핵심 위치를 차지한다.

03 가상화 인프라스트럭처의 구현

지금까지 가상화가 무엇이며, 가상화가 왜 중요하며, 어떤 기술들이 현재 또는 가까운 미래에 사용 가능한지 살펴보았다.

다음으로 살펴볼 내용은 '어떻게 가상화된 인프라스트럭처를 구현할 것인가?' 라는 주제이다. '어떻게 하면 기업 사용자들이 그들의 IT 인프라스트럭처를 올바른 방향으로 가상화할 수 있는가?' 라는 질문에 대해서 언제나 명확하게 답을 제공하거나, 어떤 경우에 대해서든 유일한 답만 있는 것은 아니다.

가상화된 IT 인프라스트럭처를 도입하려고 할 때 처음부터 전사적 차원에서 접근할 필요는 없다. 오히려 장기적인 IT 발전 방향에 대한 로드맵 Roadmap을 그린 다음, 단계적으로 기업 내에서 가상화를 확산해 가는 접근 방법이 더 바람직할 수 있다.

이러한 접근 방법에 맞추어 기업들은 스스로에게 적합한 경로를 선택하면 된다. 다시 말해, 앞에서 언급된 것처럼 가상화를 도입하는 순서는 동질적 가상화에서 시작해 이질적 가상화와 전사적 가상화를 거쳐 마지막

으로 글로벌 가상화로 점점 범위를 확대해 나가는 것이 일반적이다. 하지
만 반드시 이를 따를 필요는 없으며, 기업의 역량에 따라 보조를 맞추어
가는 것이 중요하다.

04 비즈니스를 이해하는
혁신적인 인프라스트럭처 구현

기업들은 혁신적인 비즈니스 환경 변화 요구에 탄력적으로 대응하기 위해 많은 노력을 해 오고 있으며, IT 부서들은 성장하는 비즈니스 목표에 부합하도록 IT 인프라스트럭처를 혁신적으로 운영하라는 압력을 많이 받고 있다. 이러한 최고 경영자의 요구에 적극적으로 대응하는 것은, IT 서비스가 단순한 지원 및 보수 차원의 관리를 넘어 비즈니스 서비스를 적극적이고 혁신적으로 지원할 필요가 있음을 의미한다. IT 인프라스트럭처를 혁신적인 환경으로 변모시켜 효율적이고 가용성 높은 IT 서비스를 제공하기 위해서, 비즈니스를 잘 이해할 수 있는 서비스 지향 인프라스트럭처는 더욱 필요해진다.

p. 303의 [그림 7-2]처럼 아무리 뛰어난 악기와 연주자가 있어도 전체 곡의 특성과 이해가 선행되지 않을 경우에는 단순한 음색의 중첩에 그칠 뿐이다. 하지만 전체 곡을 이해하는 지휘자의 지휘에 따라 다양한 악기들이 적절한 순간에 적절한 음을 낼 경우에 명연주가 탄생할 수 있다. 마찬가지로 IT 인프라스트럭처의 구성 요소 하나하나가 중요하지만, 개별 자

원으로서가 아닌 전체적인 인프라로서 비즈니스의 지휘에 따라 조율될 수 있을 때, 비로소 명품으로서의 IT 인프라스트럭처가 탄생한다.

이처럼 비즈니스의 지휘에 따라 수행되는 서비스 지향 인프라스트럭처의 구성에 필요한 핵심 기술이 가상화 기술이며, 가상화가 진척될수록 서비스 지향 인프라스트럭처의 성숙도는 높아져 간다. 이런 의미에서 비즈니스의 혁신은 인프라스트럭처의 혁신과 함께 진행된다고 볼 수 있다.

| 참고 문헌 |

일반 도서

1. 2007 IT 시장 백서, KRG, 2007
2. Server Based Computing(SBC)과 Thin Client, 장창훈 외 공저, Citrix-IBM 공동 출판, 2006
3. 전세계 전력 및 냉각 비용 예측, IDC, 2007
4. 위키노믹스, 돈 탭스코드 외 1인, 21세기북스, 2007
5. The World is Flat, Tom Friedman, 2005
6. 혁신의 지평을 넓혀라, IBM GBS, 2007
7. CEO들이 혁신의 범위를 확장하고 있습니다, IBM GTS, 2007
8. 기업 혁신을 위한 서비스 지향 아키텍처, 노버트 비버스타인 외 4인| 한국 IBM SOA SIG 번역, 한국경제신문, 2006
9. SOA 도입 어떻게 할 것인가? 에릭 풀이어 외 1인, IBM EIS 팀 옮김, 한국경제신문, 2006
10. 가상화 기술 백서, 한국 IBM 내부 발간 자료, 2006
11. 주간 기술 동향, 정보통신연구진흥원, 1302호

온라인 자료

1. 컴퓨팅 자원 대통합 '가상화 기술' 어디까지 와 있나? 이효 VMware 컨설턴트, 2006
2. 주간 기술 동향 : 유틸리티 컴퓨팅 시대를 여는 가상화 기술 동향, 김진미 외 공저, 한국정보통신연구진흥원, 2005

가상화 기술의 새로운 패러다임

지은이 / 한국IBM 시스템 테크놀로지 그룹
펴낸이 / 김경태
펴낸곳 / 한국경제신문 한경BP
등록 / 제 2-315(1967. 5. 15)
제1판 1쇄 발행 / 2007년 9월 15일
제1판 2쇄 발행 / 2007년 10월 20일
주소 / 서울특별시 중구 중림동 441
홈페이지 / http://www.hankyungbp.com
전자우편 / bp@hankyung.com
기획출판팀 / 3604-553~6
영업마케팅팀 / 3604-561~2, 595
FAX / 3604-599

ISBN 978-89-475-2620-3
값 18,000원

파본이나 잘못된 책은 바꿔 드립니다.

소중한 의견을 보내주세요

본 양식을 작성하신 후,
아래의 Fax로 보내주세요.

기한내에 보내주신 분들중
100분을 선정하여, 소정의
선물을 보내드립니다.

마감 : 2007년 11월 30일
Fax : 02)3781-6364

성 명		직 위	
회 사 명		부 서 명	
주 소	(－)		
전화번호		팩스번호	
E-mail			

* 고객께서 제공하시는 정보는 한국아이비엠 또는 관련 기관이 산업별 IT정보, 행사/세미나, 제품정보, 교육관련 정보, 관심분야 정보 등을 고객에게 제공하는 목적으로 사용될 수 있습니다.

* 상품발송을 위해 필요한 정보이므로 반드시 상기 정보를 모두 기재하여 주십시오.

1. 귀하는 가상화 기술에 대해 어느 정도 알고 있습니까?

☐ 상세 기술까지 잘 안다　　　☐ 중요한 개념 위주로 간단히 안다
☐ 잘 모른다　　　☐ 기타

2. 다음 가상화 영역 중 특히 관심있는 분야는 무엇입니까? (복수 선택 가능)

☐ 서버 가상화　　　☐ 스토리지 가상화　　　☐ 인포메이션 가상화
☐ 워크로드 가상화　　　☐ 가상화 환경 운영　　　☐ 관심 영역이 없다

3. 귀하가 속한 조직은 가상화 기술을 도입하여 사용하고 있습니까?

☐ 가상화를 도입하여 운용한다　　　☐ 가상화의 도입을 검토하고 있다
☐ 도입을 고려하고 있지 있다　　　☐ 잘 모르겠다

4. 시스템 가상화를 구현하고 있다면, 어떤 방식으로 사용하고 있습니까?

☐ 파티셔닝 중심의 단일 시스템 내의 가상화
☐ 복수의 동일 시스템(동일 OS 계열) 간의 논리적인 자원 공유
☐ 이기종 시스템 간의 논리적인 자원 공유
☐ 기타 (　　　　　　　　　　　　)

5. 가상화 기술 도입시 가장 중요한 요소는 무엇이라고 생각합니까?

☐ 운용의 편의성과 용이성
☐ 도입 후의 효과와 효용성
☐ 구입 및 라이센스 조건
☐ 기술 지원
☐ 기타 (　　　　　　　　　　)

6. 그 외 가상화에 대해 바라는 의견을 아래에 기재해 주시기 바랍니다.

(　　　　　　　　　　　　　　　　　　　　　　　　　　　　　　　　　　　)

KR7AU05D